子どもの本

ハンドブック

野上暁
ひこ・田中【編】

三省堂

はじめに

日本の子どもの本は、世界中のどの国と比《くら》べても豊富で、しかもバラエティーに富んでいます。しかし、その豊かさを実感できるくらい、子どもたちの周りに十分に本が用意されているとは言えないのが現状です。こんなにたくさん面白い本があるのに、子どもたちの目に触《ふ》れないのはとっても残念です。

そこでこの本では、まず日本の子どもの本の歴史を大まかにたどり、次にその豊かな広がりを、具体的な作品を通して案内していきます。現在簡単に手に入りやすい本を中心に、ユニークな配列で五〇〇編を紹介した、コンパクトで便利な誌上図書館をめざしました。

本の選者は、子どもの本に深く関わってきた作家や評論家や翻訳家や研究者です。膨大《ぼうだい》な作品の中から、比較的新しいものを中心に、今を生きる子どもたちがワクワクするような面白い本や、ぜひ読んでほしい本を取り上げました。この本を手がかりに、興味や関心のある本を書店や図書館で実際に手にとって見てください。子どもだけではなく、大人もびっくりするくらい楽しくて面白い本が、たくさん見つかるはずです。

幼い頃から本に出会い、本の楽しさを知ることは、これからの長い人生にとって、かけがえのない貴重な財産になるでしょう。そのきっかけを、この本から探していただけたら嬉《うれ》しいです。

2009年4月

野上　暁

目次

編集

野上《のがみ》 暁《あきら》（児童文学評論家）

一九四三年長野県生まれ。中央大学卒。小学館で児童書、子ども雑誌などの編集を経て現職。白百合女子大・東京成徳大学講師。著書に『おもちゃ遊び』『日本児童文学の現代へ』『子ども学 その源流へ』など。

ひこ・田中《たなか》（児童文学作家）

一九五三年大阪府生まれ。同志社大学卒。「児童文学書評」主宰。著書に『お引越し』（椋鳩十児童文学賞）『ごめん』（産経児童出版文化賞）『大人のための児童文学講座』など。

執筆

神戸《ごうど》万知《まち》（文芸翻訳家）

東京都生まれ。訳書に『バレリーナ・ドリームズ』『アイドロン』『ドラゴン 飼い方育て方』『ロンド国物語』『妖精フェリシティ』など。

三辺《さんべ》律子《りつこ》（英米文学翻訳家）

一九六八年東京都生まれ。訳書に『龍のすむ家』『心の宝箱にしまう15のファンタジー』『夢の彼方への旅』『モンタギューおじさんの怖い話』など。

鈴木《すずき》宏枝《ひろえ》（東京女学館大学専任講師）

一九七二年東京都生まれ。共著に『ほんとうはこんな本が読みたかった！』『12歳からの読書案内―海外作品』『世界児童文学百科』、訳書に『子どもの本を読みなおす』など。

「子どもの本五〇〇選」凡例

1. 書名表記

・書名、著者名、（画家名）、（翻訳者名）、出版社名、初版の刊行年の順に記述。
文・作・著、絵・画、写真、訳などの表記は、原則として、原本の記述に順ずる。
例 **『がたごと がたごと』**内田麟太郎・文、西村繁男・絵、童心社、 1999年

・原本が新版や文庫版に変わったり、出版社が変わった場合は→で記述を追加。
例 **『ぼくのくれよん』**長新太・作／絵 銀河社、1977年→講談社、93年

・取り上げた本が現在品切れや絶版の場合は、（現在、品切れ）（現在、絶版）と表示。

2. 表紙写真

・初版本が販売されている場合は、その表紙写真を掲載。

・現在、新版や文庫本で販売されている場合は、その表紙写真を掲載。

3. 解説文のマークほか

・：文字を読めない子どもを対象として作られ、読み聞かせでも楽しめる本。

・★：自分で本を読めるようになった子どもから楽しめる本。

・★★：ちょっと進んで読者が能動的に内容に関われる本。

・★★★：いろいろな読み方ができ、様々に考えさせられる本。

・くわしくは、「この本のねらい」（15ページ）をご参照ください。

・解説文のなかの固有名詞や動・植物名の表記は、原則として取り上げた本の表記に従ったが、文章としてそのままでは読みにくい場合には、傍点（、、）を付したり、一部漢字・平がな・カタカナに表記を改めた。

・解説の最後に（ ）で執筆者名を表示。

第一部　子どもの本への招待

子どもの本とは何か？

子どもとは？

「子どもの本」と言うときの、「子ども」とは、何歳までをさすのでしょう。二〇歳になると成人式を迎え、大人の仲間入りをしますから、それまでを子どもと言うこともできます。でも、国語辞典で「こども」を調べてみると、「①自分の得た息子や娘。②小児。児童。③幼稚なこと。…以下略」（『大辞林』三省堂）などと記されています。

一般に「子どもの本」と言うときは、②の「小児、児童」を対象とした本を指していると考えられます。「小児」というのは、現在では「小児科」ぐらいしか使われていませんが、「児童」は「児童福祉法」や「学校教育法」といった法律で、その対象年齢が決められています。「児童福祉法」では、最初に、「この法律で、児童とは満十八歳に満たない者をいい、児童を左のように分ける」とし、「一　乳児　満一歳に満たない者。　二　幼児　満一歳から、小学校就学の始期に達するまでの者。　三　少年　小学校就学の始期から、満十八歳に達するまでの者」と定義しています。ちなみに、「こどもの権利条約」でも一八歳未満を対象としていますから、同じですね。

「学校教育法」では、小学校在学中の子どもを「学齢児童」、中学校在学中の子どもを「学齢生徒」と区分けしています。つまり小学生は「児童」で、中学になると「生徒」に変わります。（では、「児童文学」というのは、小学生を対象にした文学かというと、そうではなさそうです。これについては、あとで説明していきます。）

このように、「子ども」や「児童」は、辞書の解釈や法律の文章でも、それぞればらばらではっきりしていませんから、「子どもの本」が対象とする年齢幅も、同じようにはっきりしないのが現状です。とりあえずここでは、おおまかに一八歳くらいまでを主な読者として想定した本として考えてみましょう。

日本は子どもの本の王国

いま本屋さんにいくと、絵本や読み物のほかにも、図鑑や実用書、辞典や事典、学習参考書、マンガやゲームの攻略本など、様々な子ども向けの本を目にすることができます。子どもを対象にした文庫や新書もたくさん出版されています。

　さらに、赤ちゃんや幼児向けの雑誌や、小学生から中学生あたりまでを読者に想定した、学年別雑誌やマンガ雑誌や趣味の雑誌など、子どもを対象とした雑誌も毎週毎月数えきれないくらいたくさん刊行されています。ですから、絵本や読み物などの書籍から、様々な雑誌まで含めると、新刊だけでもその数は年間で数億冊という、ほとんど想像を絶する膨大な量になります。これらはすべて、「子どもの本」です。世界中で、こんなにたくさんの子どもの本が出版されている国は、ほかにはありません。日本はまさに、子どもの本の王国です。

　まるで星の数ほどたくさん出まわっている本の中から、子どもたちが読みたい本を探すのは、とってもたいへんです。でも、幼児はともかく、小学生くらいになると、自分の好みや友だち同士の情報交換で、自分の読みたい雑誌やマンガをみつけてきたり買ったりするようになります。

　しかし、幼児向けの絵本や、童話や児童文学と呼ばれている読み物になると、子どもは自分で買えないし、親たちも何をどう選んだらいいか迷ってしまいます。そのため、これまでもたくさんのガイドブックが出版されてきました。幼稚園や保育園でも、親向けに案内書を配っているところがたくさんあります。小学校や中学校でも、夏休みの読書に向け、課題図書を推薦して、感想文を書かせたりもしています。子どもの頃から本に親しませようと、読書推進運動も盛んになって、いろいろな本を推薦して子どもたちにすすめる動きも盛んになっています。

　でも、本を読んで感想文を書いたり、感想画を描いたりするというのは、それが好きな子どもにはいいでしょうが、大人の教育的な目論見《もくろみ》がみえみえで、読書を勉強と感じたり、押しつけられていると思う子どもも少なくありません。それでは、本の楽しみを味わうよりも、本嫌《ほんぎら》いになってしまいかねません。ところが、本を読むことは勉強だとか、教育の一つだという考え方は、日本の子どもの本の歴史をたどってみると、意外に古くから浸透しているのです。そこで、日本の子どもの本の歴史を、おもに読み物とその名称の変化にそって大まかにみてみましょう。といっても、始まりは絵本からです。

子どもの本の歴史

江戸時代に誕生した子ども絵本

中世に描かれた「鳥獣《ちょうじゅう》戯《ぎ》画《が》」などの絵巻や屏風絵などは、いろいろな出来事を絵で表わしていましたから、文字の読めない子どもたちにも理解できたと思われます。室町時代に描かれた絵巻「鼠草子《ねずみのそうし》」や、奈良絵本や御伽《おとぎ》草子とよばれる絵入りの物語は子ども向けではありませんが、江戸時代になると、これらのお話などをもとにした、明らかに子ども向けと思われる絵本が登場してきます。それが一七世紀の後半に、江戸で刊行された「赤本」です。

赤本というのは、縦が約一八センチ、横が約一三センチの小型の本で、表紙が赤かったから、赤本と呼ばれていました。版木で刷られた和とじの本で、たいていは本文が五丁《ちょう》（一〇ページ）で、桃太郎や、猿蟹《さるかに》合戦、舌切り雀、花咲爺《はなさかじじい》、カチカチ山などの、いまでもおなじみの昔話がたくさん紹介されています。絵が主体で、そこに登場人物のせりふが加わって物語が展開していきますから、吹き出しこそ使われていませんが、マンガと同じような手法で、当時の子どもたちには親しみ深かったのでしょう。

現在確認されている最初の赤本は、『初春のいわひ』という本で、その最終ページに、「延宝六年正月吉日」と書かれているところから、延宝六年（一六七八年）に出版されたと推定されています。そこで、日本で最初の子ども向け絵本が誕生したのは一六七八年だった、と長いあいだ言われてきました。

ところが、一九八〇年頃に、赤本以前に出版されたと思われる子ども絵本が、三重県松阪市のお寺の、国の重要文化財になっているお地蔵様の胎内《たいない》から、一〇冊も出てきたのです。お金持ちが、幼くして亡くなった子どものために地蔵像を作って、そこに遺品を納めたのでしょう。いずれも江戸の赤本よりもひとまわり小さいのですが、その中の『牛若千人切《ぎり》・はし弁慶』が寛文七年（一六六七年）の出版だと確認されたところから、赤本よりも一〇年近く前に、上方（近畿地方）でも子ども向けの絵本が刊行されていたと推測されています。つまり日本で最初の子ども向けの本は、一六六七年に発行されていたのです。もちろんこれも、また新しい本が発見されれば修正される可能性は残っていますが、とりあえずいまのところは、一六六七年を子どもの本の出発点だと言って差しつかえないでしょう。

　これらの本の中には、『天狗そろへ』という日本各地の天狗を紹介した図鑑や、『諸国名産尽《づく》し』のような、知識絵本のようなものもありました。昔話や伝説や説話などのほか、図鑑などもふくめて、江戸時代にはいろいろなジャンルの本が、すでに子ども向けに出版されていたのです。そして初期には、面白くて楽しいエンターテインメントが中心になっていましたが、江戸時代も後期になると、寺子屋（手習い塾）が各地に広がり、そのための手本や、文字を読み始めた子どもたち向けの本がたくさん出版されるようになっていきます。子どもの本は娯楽的なものから始まって、だんだん学習的な内容のものが増えていくのです。

明治期の子ども雑誌と読み物

江戸から明治にうつると、文明開化によって海外から新しい文化や考え方がどんどん入ってきます。学校教育も始まり、文字を読める子どもの数も増えてきました。一九世紀の終わり頃になると、小学校の就学率も高まり、学校教育を補完したり強化するための雑誌が次々と創刊されます。一八八八年（明治二一年）に、月二回刊の「少年園」が創刊されたのを追うようにして、「日本之少年」「小国民」

「少年園」

「少年世界」

「幼年雑誌」といった、一種の学習雑誌が相ついで創刊されます。

九一年には、博文館から巌谷《いわや》小波《さざなみ》の『こがね丸』を第一巻とする「少年文学叢書」が刊行されます。小波は、「少年文学」とは、juvenile literature に由来する「少年用文学」という意味の言葉で、日本には適当な熟語がないので仮にそう名づけたと述べています。『こがね丸』は、日本で最初の児童文学作品だとも言われていますが、これが人気をよんだことから、シリーズは三二巻まで刊行され、「少年文学」という呼称は、子どもの文学の呼び名として一時期かなり浸透し、一九一二年（大正元年）には、日本で最初の児童文学団体として「少年文学研究会」が誕生しています。

その後巌谷小波は、一八九四年（明治二七年）に博文館から月二回刊の「少年世界」を創刊し、同じ年に「日本昔噺」叢書の第一巻として『桃太郎』を刊行します。このシリーズは二四巻まで続き、その後九七年より「日本お伽《とぎ》噺《ばなし》」全二四巻、九九年より「世界お伽噺」全一〇〇巻を刊行します。小波は、このような精力的な執筆活動と並行して、九八年からお伽噺の口演活動を始めます。そして、「少年文学」という言葉にかわって、次第に「お伽噺」が子どもの文学の呼称として定着していきます。

若松賤子

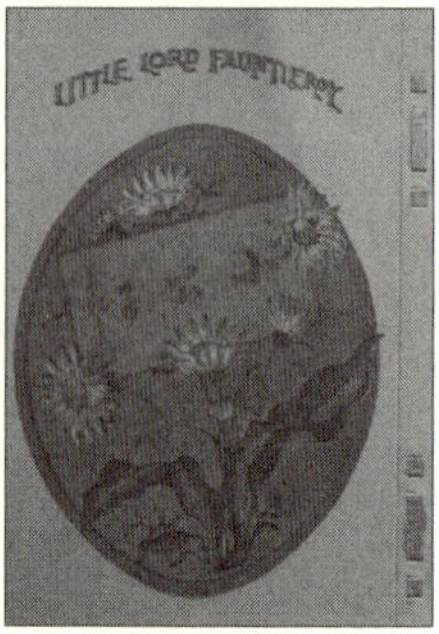

『小公子』女学雑誌社版

明治時代にはまた、グリムやアンデルセンの作品を始め、海外の児童文学作品が次々と紹介されてきました。小波が主筆を勤めた「少年世界」でも、海外名作の紹介が多くの読者に支持されました。中でも、森田思軒《しけん》がジュール・ヴェルヌの「二年間の休暇」を英文から翻訳した「冒険奇談十五少年」は、たいへんな人気をよびました。同誌には、キプリングの「ジャングルブック」の中から取った「狼少年」、トウェインの「乞食王子」なども翻訳掲載されています。

また、若松賤子《しずこ》が一八九〇年から九二年にかけて「女学雑誌」に連載したバーネットの「小公子」は、連載途中に『小公子・前篇』として出版され話題になります。若松賤子は九六年に三二歳の若さで亡くなりますが、その翌年には後篇も含めて博文館から単行本で出版され、以後長いあいだ読みつがれてきました。明治期には、ユゴーの「レ・ミゼラブル」が『噫無情《ああむじょう》』のタイトルで、「シェークスピア物語」が『沙翁物語集』の題名で翻訳出版されるなどのほか、『フランダースの犬』『家なき子』『青い鳥』など、その後世界名作と言われるようになる作品がたくさん翻訳されました。

「少年倶楽部」と子どもマンガの誕生

一九世紀末から二〇世紀にかけて創刊された子ども雑誌は、学校教育を補う学習雑誌の要素が強かったのですが、「少年世界」や、後に実業之日本社から創刊された「日本少年」などでは読み物が強化されていきます。そのような中で、一九一四年（大正三年）、大日本雄弁会講談社（現在の講談社）から、面白さを全面にアピールした「少年倶楽部」が創刊されます。「少年倶楽部」は、昭和に入って田河水泡《すいほう》の「のらくろ上等兵」や島田啓三の「冒険ダン吉」などのマンガや、佐藤紅緑《こうろく》の「あゝ玉杯に花うけて」や山中峯太郎の「敵中横断三百里」などの読み物が大ヒットし、七〇万部を超える子ども雑誌に成長していきます。

マンガが、コマによる展開と吹き出しを使った、現在のようなスタイルを生み出すのは、大正期の終わり頃になってからです。今日では、一九二三年一月、「アサヒグラフ」（朝日新聞社刊）の創刊号から連載が始まった、織田小星《しょうせい》・作、東風人《とうふうじん》（樺島勝一《かばしまかついち》）・画の「正《しょう》チャンのぼうけん」あたりが、最初期のマンガだと言われています。連載の冒険ストーリーマンガで、たいへんな人気を呼び、翌年には『お伽正チャンの冒険』というタイトルで、オールカラーで横長の絵本になって七巻まで刊行されました。

タイトルに「お伽」とついているように、メルヘン調のお話から冒険物語まで、わくわくするようなお話が入っていて、これが当時の子どもたちを夢中にさせたのはよくわかります。そして、この最初期のマンガを見ると、絵本とマンガがとっても近い関係にあることが理解できます。この人気を追って、さまざまなストーリーマンガが誕生し、昭和の初期にはちょっとしたマンガブームが起こるのです。

「赤い鳥」と童話の時代

明治時代に、坪内逍遥《しょうよう》からペンネームをつけてもらって、作家としてデビューした小川未明《みめい》は、一九一〇年（明治四三年）に最初の童話集『赤い船』を出版し、わが国最初の芸術童話と高い評価を得ました。しかし表紙には、「おとぎばなし集」と書かれていましたから、その頃でもまだ「お伽噺」が一般的だったのでしょう。

今日でも使われている「童話」という言葉が、「童謡」とともに一般化するのは、一九一八年（大正七年）に鈴木三重吉によって「赤い鳥」が創刊されてからだと思われます。三重吉の「芸術として真価ある純麗《じゅんれい》な童話と童謡を創作する最初の運動を起こしたい」という熱意に応えて、島崎藤村、小山内《おさない》薫《かおる》、芥川龍之介、泉鏡花、小宮豊隆、北原白秋といった豪華メンバーが創刊号から原稿を寄せています。

創刊号は一万部で、二号からは二万部を発行するという好調なスタートで、この成功を追って「金の船」（後に「金の星」）や「おとぎの世界」「こども雑誌」「童話」「お話」などの童話雑誌が次々と創刊されました。「赤い鳥」からは、芥川龍之介の「蜘蛛の糸」「杜子春《とししゅん》」、有島武郎の「一房の葡萄」などの童話や、北原白秋の童謡「赤い鳥小鳥」「トンボの目玉」など、今日でも親しまれている作品がたくさん誕生しています。

「赤い鳥」では、創刊当初は「童話」を昔話的な作品に用い、「創作童話」と区別して使っていましたが、後にこの区別はなくなります。現在でもたまに「創作童話」という言葉を目にしますが、それはこの頃の名残です。また低年齢層に向けた作品を「低年童話」と呼んでいましたが、後には「幼年童話」となり、この呼び名は現在でも使われています。「赤い鳥」は、最盛期でもわずか数万部の発行だったにもかかわらず、このように「童話」という言葉を一般化するとともに、「創作童話」などという奇妙な呼称や、「幼年童話」というカテゴリーなども現代につないできているのです。つまりそれだけ、子どもの文学に大きな影響を与えてきたと言えるのでしょう。

　この風潮に反旗を翻《ひるが》したのは、昭和初年代に登場してきた、プロレタリア児童文学運動です。ここでは「赤い鳥」につながる童話や童謡を、階級性を無視した童心主義だと批判し、金持ちの子どもたちだけではなく、労働者の子どもたちに向けた作品をと主張していきます。その理論的な中心を担った槇本楠郎《まきもとくすろう》の『プロレタリア児童文学の諸問題』（一九三六年）は、書名に児童文学とうたっているように、本文でも「赤い鳥」の創作童話を批判しながら、それに対置するものとして「プロレタリア児童文学」という言葉を頻繁《ひんぱん》に使っています。

「赤い鳥」3号表紙

　もっとも、「児童文学」を書名に使ったのは、一九二七年（昭和二年）に「家庭科学大系」の中の一冊として出版された、松村武雄・沖野岩三郎・西条八十《やそ》『児童文学』のほうが早く、ここでは童話と童謡を含むものとして「児童文学」という用語が使われています。

　プロレタリア児童文学運動は、その後の弾圧と言論統制により姿を消し、その考え方が「集団主義童話」の主張として継承されていき、さらにそれが「生活主義童話」となりますが、「主義」も抹殺されて「生活童話」として生き延びることになるのです。そして「生活童話」という言葉も、初期の思想性は消し去られたまま、つい最近まで使われてきています。その後、子どもの本の作家たちは、大政翼賛会傘下《さんか》の「日本少国民文化協会」に組織され、戦争協力を強いられていくのです。

童話から児童文学へ

　敗戦により、国家統制と言論弾圧から解放された子どもの本の作家たちを中心に、「赤とんぼ」「子供の広場」「銀河」

「赤とんぼ」

「子供の廣場」

「銀河」

「少年少女」

「少年少女」などの童話雑誌が次々と創刊されます。またこの時期には、戦時中に封印されていた海外翻訳作品も復刊され、新しい翻訳作品も次々と登場してきます。ワイルダーの『長い冬』『大きな森の小さなお家』をはじめとする、アメリカ児童文学も紹介され人気を呼びます。一九五〇年（昭和二五年）には、戦前に刊行されていたミルンの『熊のプーさん』『プー横丁』なども復刊され、五二年には『赤毛のアン』、五四年にはバートンの『ちいさいおうち』などの絵本も翻訳出版されています。

一九五〇年前後になると、たくさん出版されていた童話雑誌は、マンガや絵物語を中心にした「少年」「漫画少年」「おもしろブック」「冒険王」「少年画報」など、新しく登場してきた娯楽雑誌に押されて、あいついで休刊に追い込まれます。そこからマンガの全盛時代が始まるのです。

そのような中で、戦前からあった早稲田大学の学生サークル「早大童話会」のメンバーが、五三年に会の名称を「少年文学会」に改称するにあたって、〝「少年文学」の旗の下に！〟というマニフェストを発表しました。そこでは、従来の「童話精神」にもとづく児童文学ではなく、「小説精神」にのっとった「少年文学」をと主張し、前世代の作家たちとの論争が始まります。メンバーの一人であった古田足日《たるひ》は、これを期に積極的な評論活動を推し進め、先鋭的に伝統童話批判を展開します。古田は、小川未明の童話に代表される伝統的な童話を象徴童話としてとらえ、その曖昧《あいまい》な作品構造では、現実に生きる子どもたちをとらえることができないと述べ、リアリズムに立脚した児童文学の創造を提起していくのです。これらの評論は、五九年に『現代児童文学論』として出版されますが、この年、佐藤さとるの『だれも知らない小さな国』、いぬいとみこの『木かげの家の小人たち』、柴田道子の『谷間の底から』などの長編作品があいついで刊行されます。

六〇年には、石井桃子、瀬田貞二、いぬいとみこ、渡辺茂男ほかによる『子どもと文学』も出版され、小川未明や浜田広介の童話を痛烈に批判し、「子どもの本は、おもしろく、はっきりわかりやすくなければならない」と、それまでの伝統的な童話に批判を加えました。この本の執筆者たちには、五〇年からスタートした「岩波少年文庫」が紹介する、世界の古典的な児童文学作品や、次々と紹介される海外作品に比べ、日本の童話の古さが際立って見えてきたのです。この年には、山中恒《ひさし》の『赤毛のポチ』『とべたら本こ』『サムライの子』、松谷みよ子の『龍の子太郎』、今江祥智《よしとも》の『山のむこうは青い海だった』などの長編が堰《せき》を切ったように出版され、新しい作品群をとおして児童文学の多様な可能性がアピールされていきます。

こうして、童話から児童文学へと質的な転換をはたした子どもの読み物は、長編だからこそのエンターテインメント性も発揮し、子どもたちの心をとらえ、六〇年代以降の高度経済成長の波にも乗って、大きく市場を拡大していくのです。そして六〇年代末から七〇年代にかけては、海外からの翻訳絵本や大型の絵本もたくさん出版され、それまでは名作や昔話などが中心だった絵本の世界も、ビジュアルメディアとしての新たな可能性を推し進めていきます。

また、海外児童文学の翻訳も活発になり、六〇年代に入ると、『ドリトル先生物語全集』『ケストナー少年文学全集』『アーサー・ランサム全集』などの個人全集のほか、海外の新しい作品の紹介もにぎやかになります。六〇年代中頃に、トールキンの『ホビットの冒険』や、C・S・ルイスの『ナルニア国物語』などの翻訳が出版され、七〇年代に入って『指輪物語』が翻訳され始めると、ファンタジーに対する関心も高まり、これらの作品から影響を受けた作家たちの国産ファンタジーも、八〇年代から九〇年代にかけて登場してきます。

ヤングアダルトという分野

一九七〇年代後半から八〇年代に入ると、校内暴力から家庭内暴力、子どもの自殺など、子どもをめぐる事件が頻《ひん》繁《ぱん》に報道され始めます。高度経済成長を経て、子どもたちも消費社会に巻き込まれ、情報化社会の進展はまた、子どもたちにもさまざまな影響を与えてきます。そのような中で、消費社会の中での欲求不満やストレス、情報と現実とのギャップからくる苛立《いらだ》ちとともに、学校や社会の管理強化が、ただでさえ思春期特有の混乱の中にいる子どもたちの心を痛め傷つけてきました。それまでの児童文学という枠組みでは表現しきれない新たな状況に対応して、これまで以上に子どもたちに寄りそおうとする作品が、八〇年代後半から九〇年代にかけて次々と登場してきます。

読書感想文コンクールの課題図書が、小学生から高校生までを対象としているように、子どもの本や児童文学の範《はん》疇《ちゅう》は、高校生まで視野に入れて幅広く考えられてきました。しかし子どもたちの心身の成長速度が早まるにつれ、小学生から高校生までをひとくくりの子どもとしてとらえることは難しくなってきました。六〇年代末から七〇年代にかけて、ジュニア小説といわれるジャンルが、中学生から高校生あたりにかけての女の子にブームとなったのは、児童文学では扱わなかった、または扱えなかった性への関心をテーマに採《と》り上げたからです。八〇年代に入るとティーンズ文庫などの少女小説が、十代の少女たちの読書欲求に対応してきました。これらは、課題図書や推薦図書の枠外におかれ、親や教師からすすめられる本というよりも、マンガと同じように自分たちで選んで買う本でした。

こうして八〇年代後半から九〇年代にかけ、ハードカバーの児童文学作品の中に、十代の子どもたちのかかえる深刻なテーマや話題が様々に描かれるようになってきました。すでにアメリカでは、既存の児童文学と、サリンジャーの『ライ麦畑でつかまえて』に象徴されるような思春期の文学を、読者の視点から区別して「ヤングアダルト（YA）小説」というジャンルが確立していました。七〇年代、それらの作品が日本にも翻訳され、出版社や書店が中心となって、YAというジャンルと言葉を普及しようとしたのですが、定着にはいたりませんでした。その理由の一つは、海外で小説が果たしていた役割の多くの部分を、日本ではマンガやアニメのようなビジュアル媒体が担《にな》っていたことでした。ＹＡ向けの優れた物語を書ける作家たちが表現媒体として選んでいたのは小説ではなくマンガやアニメだったわけです。現在、日本のマンガやアニメが世界中に浸透している基礎はそうして築かれました。しかし子どもの本でも、七〇年代に子どもだった人たちの中から作家が現われてきました。彼らの中にはマンガやアニメで育ち、その影響を強く受けながら自分自身の表現媒体としては小説を選んだ者も多いのです。

日本でＹＡ小説が現われてきたもう一つの理由は、情報化社会の到来によって大人と子どもの境界がだんだん曖昧《あいまい》になり、思春期の子どもを、ただ単に養い・守り・導く存在としてではなく、大人と同じようにとらえる意識が芽生えてきたことです。彼らに寄りそい、彼らの悩みや抱えている問題を考えることは、作家や大人自身のそれを新たに問い直す作業としても有効になったのです。ですから、児童文学やＹＡ小説で現代の子どもと強く共鳴しあった作家の多くは、後に大人の小説でも活躍することになります。

子どもの本は、赤本から始まり、少年文学、お伽噺、童話、児童文学と、時代とともに名称をさまざまに変化させながら、その対象とする年齢層を曖昧にしてきたのですが、ＹＡというカテゴリーが登場することによって、十代を読者に想定した作品群が、初めて別ジャンルとして区分けされたと言ってもいいでしょう。

この『子どもの本ハンドブック』では、大きく絵本と読み物に分類しながら、小学校高学年ぐらいまでの子どもたちを対象にした本を中心にリストアップしました。そのため、ヤングアダルト作品は、あまり紹介されていません。といっても、もちろん高校生や大人が読んでも楽しめる作品がたくさんあります。教育的なねらいや読書の押しつけをできるだけ避けて、子どもたちが自分で読んだり、読んでもらったら楽しい本を中心に、五〇〇作品を紹介していきます。紹介するブックリストの分類の仕方やねらいについては、次をご覧ください。（野上　暁）

この本のねらい

５００作品はこうして選ばれた

本に限らず、完璧《かんぺき》な分類というものは不可能です。どんなに巧《うま》く項目を作っても、複数の項目に該当《がいとう》するものや、どれにも収まらないものが必ず出てきます。

それでも私たちは分類をしました。理由は、大量の本のリストを前にしたとき、どこから入ればいいかで悩んで立ち去ってほしくはないからです。

最初、子どもの年齢別も検討しました。実際、多くの子どもの本には、「〜歳から」といった表示があります。それも一つのわかりやすい入口です。しかし、年齢が表示されると、いくら「から」となってはいても、それより年上の子どもはなかなか読んでくれません。その本を彼や彼女は、自分にはもう「子どもっぽい」と考えてしまうのです。これではもったいない。なぜなら、子どもの本には、使用されている言葉によって読める下限はあるにせよ、年齢にかかわりなく面白いものが多いのです。それは、今このガイドブックを手にしてくださっている方ならどなたも同意されると思います。子どもの本でしか表現できないこと、伝えられないことがあると……。

そこで私たちは年齢別はやめてテーマ別を採用し、細かく分けるのではなく、できるだけ少ない項目にしました。あくまでこの分類は入りやすくするために仮に作ってみただけで、その本からあなたや子どもが何を受け取るかは、全くの自由だからです。

一つの本をどの項目に入れるかは、基本的には執筆者自身が決めました。たとえば、「家族・親子」「友だち」「遊びと冒険」、この三つのどれにも当てはまる物語は多いでしょう。執筆者が「友だち」に重心を置いてそれを紹介したいと考えたときは、「友だち」に入っています。でも、別の執筆者が書いたなら「家族・親子」に入れたかもしれません。

どうかこの分類に縛《しば》られないでください。決めるのはあなたや子ども自身です。作品を読んだ後、「へえ、これをあの評者は友だちの物語として読んだのだ。私は家族だと思うけどな」といった楽しみ方をしてください。

マークもまた、とりあえずの目安として個々の執筆者が付けたものです。

🦆マークは、まだ字を読めない子どもを想定して作られた、つまりは読み聞かせでも楽しめる絵本。もちろん読めるようになったときには、お気に入りの絵本は自分で再読するでしょう。何度も何度も。

★マーク一つは、文章が読めるようになった子どもが、一読で楽しめるもの。二つは読み手が能動的に内容を考えるであろうもの。三つは様々な読み方や、様々な受け止め方をするであろうものです。

もちろんこれも分類項目と同じように、人によって意見が分かれると思いますし、それで良いと考えています。

本の評価は読む人それぞれで違います。それは子ども読者だってそうであるはずです。ところが子ども向けの本は大人が評価を下し、選書し、手わたすことが多いのも事実です。この本もまたそうするための一助《いちじょ》にと作られています。しかし、だからこそ私たちは大まかな分類と、評者全員の統一見解ではないマークを付けることにしました。それらへの異論や違和感を持ってもらえるようにと。

もちろん、同意されるのもうれしいですけれど。

選書に関しても、執筆者それぞれのおすすめをリストアップすることにしましたので、三〇〇冊の予定がどんどんふくれあがり五〇〇冊以上になりました。その過程で、なんとなくわかってきました。どうやら、私たちが共通して抱いている思いは、「できるだけ活《い》きのいい本を子どもに伝えたい」ということだと。

直接子どもたちに本を手わたす現場の方々が、この本のリストをご覧になれば、「なぜ、あの名作が入っていないのだ」「あの定番が見あたらない」と疑問を抱かれるかと思います。しかし、それらはもう何冊ものガイドブックで紹介されています。また、現場でも、まるで伝承文化のように手わたされ続けています。なぜその本をいい本だと思っているのか？　そう問い返されたとき、「自分が子どもの頃面白かったから」が回答である方も多いのではないでしょうか。が、もしそうだとしたら、その本は本当に今の子どもにも面白いのかどうかを、ぜひ検討し直してみてください。二〇年、三〇年前と今では子どもを取りまく環境は大きく変わっています。あなたが三〇年前に面白かった本は、三〇年前の「今の子ども」をリアルに描いていたから面白かったのではないでしょうか？

　同じように、今を生きている子どもには、今の作品をできるだけ手わたすことから、まず始めませんか？　何十年も前の本のほうが評価は定まっていて間違いがないという考え方もあるのでしょうが、それだって出版されたとき、新しい世界を描いていたからこそ支持されたはずです。

　現在の子どもの心にフィットする新しい作品を探し、手わたすことから始めてみませんか？　評価の定まっている作品は逃げません。いつまでも待っていてくれますから。

　ということで、ここではできるだけ新しい作品を集めています。一応のリストアップが終わってからも、面白い本が出たからと、何冊もが差し替えられました。

　中には最近作ではないものも含まれています。それらは、評者たちが、この本は今の子どもにも必要だ、今の子どもにこそ必要だと考えたものです。もちろん、これらもいらないと考えられる読者もいらっしゃることでしょう。リストアップも、固定したものではなく、たえず時代とともに変化するものとお考えください。

　私たちが読む時間を費《つい》やして損はなかった本。子どもにも読んでもらえたなら、私たちが幸せになる本。それらをいっぱい、つめ込んでみました。（ひこ・田中）

第二部　子どもの本五〇〇選

絵本

家族・親子

ちいさなうさこちゃん

ディック・ブルーナー・文／絵、石井桃子・訳　福音館書店、１９６４年

世界中の子どもたちに愛されている「うさこちゃん」シリーズの一冊目。うさこちゃんの誕生が描かれます。ブルーナー・カラーと呼ばれる赤、青、白、緑、黄のはっきりした色使い、くっきりとした黒い輪郭《りんかく》、常に正面を向いている顔、安定した構図。この世に生まれ落ちて間もない赤ん坊にとって、いかにブルーナーの描く絵が適しているかは、様々な

研究が明らかにしています。また、オランダ語の発音やアクセントを参考にしながらつむいでいったという訳文は、聞くのはもちろん、読むほうにも心地よく、多少古い表現があるにもかかわらず、丸暗記してしまう子どもが多いのもうなずけます。本のサイズや文字の分量も、持ち歩いたり、読み聞かせたり、子どもが自分で持ってページをめくったりと、あらゆる用途に対応できます。迷ったらまずは、このシリーズから試してみれば、きっと期待にこたえてくれるでしょう。

（三辺）

きょうはなんのひ？　★★

瀬田貞二・作、林明子・絵
福音館書店、1979年

赤いジャンパースカートにおさげ髪の元気なまみこは、朝、「おかあさん、きょうは　なんのひだか、しってるの？　しーらないの、しらないの、しらなきゃかいだん　三だんめ」という不思議な歌を残して学校にスキップして行ってしまいました。さて、今日は何の日でしょう？

お母さんが階段に行くと、指令が書かれた手紙が置いてあります。ケーキの箱、状差《じょうさ》しの中。隠し場所には工夫が凝《こ》らされ、それぞれの場所から、赤いひもをかけた手紙が全部で九通見つかります。会社に行っているお父さんも巻き込んでの一大イベントです。一九七〇年代の作品なので、家のインテリアや黒電話に時代を感じる部分もありますが、まみこの楽しい工夫と「一本とられた」と思うラストは、林明子の生き生きとした絵によって、時代をこえて残る絵本になっています。親を驚かせ、喜ばせたいという子どもの思惑《おもわく》が、実際にとてもうまくいくという点でも貴重です。（鈴木）

赤ちゃんの誕生　★★

ニコル・テイラー・文、レナルト・ニルソン・写真、上野和子・訳
あすなろ書房、1996年

電子顕微鏡などの最新の機械を駆使《くし》して撮影された受精卵や胎児《たいじ》の画像で作られた写真絵本です。何ミクロンというレベルの卵子と精子の出会いから、三キロ近い赤ちゃんになって誕生するまで、おなかの中での成長に驚き、「いのち」そのものの前に、背筋《せすじ》を伸ばしたい気持ちにもなります。お母さんも妊娠《にんしん》に気づかない頃にすでに命となり、分裂を繰り返しながらしっかりと粘膜《ねんまく》にもぐりこんで着床《ちゃくしょう》する受精卵からは、生命の神秘そのものが感じられるでしょう。数週間で重要な器官が次々に形成され、胎芽《たいが》から胎児になっていく様子には目を奪われます。指をしゃぶり、まどろみ、動く赤ちゃん。妊娠八ヶ月をすぎると五感も鋭くなり、この世に生まれる準備ができてきま

す。だれもが、これだけの旅路を経て生まれてきたことに、ただただ感動してしまいます。（鈴木）

おこちゃん ★

山本容子
小学館、1996年

〝おこちゃん〟とは、著者の小さいときの呼び名です。「おこちゃんおこちゃん、おくちがおおきいのね。そうよ。かあさんも　おおきいのよ」「おこちゃんおこちゃん、びっくりするのがすきなのね。そうよ、じいちゃんも　ばあちゃんも　びっくりするのが　すきなのよ」からはじまって、幼いおこちゃんと家族の毎日が、ユーモラスに展開していきます。あんまり気持ちがいいので、ついついお風呂でウンチをしちゃったり、枯れるとかわいそうだからと、チューリップの花をみんな摘《つ》んでしまったり、おもらしパンツをイチジクの木にいっぱい干したり。自由奔放《ほんぽう》に遊びまわるおこちゃんに、家族は、びっくりひっくりかえります。場面いっぱいに、さまざまなしぐさで動きまわるおこちゃんの姿と、手書きの文字で「びっくり　ひっくり」だけを赤と青の籠文字《かごもじ》で踊るように強調した構成は、文字も含めて絵画的で、見ごたえのある「びっくり　ひっくり」絵本です。（野上）

あなたが　うまれた　ひ

デブラ・フレイジャー・作、
井上荒野《あれの》・訳
福音館書店、1999年

「あなたが　うまれる　まえのひに、どうぶつたちは　うわさした。『あのこがくるよ』と」。トナカイがアジサシに、アジサシがクジラに、クジラがサケに。「あなた」が生まれる知らせは、動物や鳥や魚の口伝えで広がり、すべてのものが「あなた」を迎える準備をします。明

るい空を見せようというお日さま。夜の窓辺を訪れようと約束するお月さま。森の木は酸素を生み、海の波は静かに寄せては返します。小さな赤ちゃんの誕生を世界中が歓迎するというメッセージの中に、科学的事象がさりげなく正確に盛り込まれています。「土」を意識したややくすんだ色あいから、逆に、地球の躍動《やくどう》するエネルギーが感じられ、赤ちゃんを迎える様々ないのちの慈《いつく》しみの心が爆発するようです。「あなたが　うまれて　とっても　うれしい！」というシンプルな言葉に、喜びが凝縮《ぎょうしゅく》されています。

（鈴木）

おおきくなりたい　ちびろばくん　★

リンデルト・クロムハウト・作、アンネマリー・ファン・ハーリンゲン・絵、野坂悦子・訳　ＰＨＰ研究所、２００１年

子どもの自立は喜ばしいことですし、それを促《うなが》すのは親として当然。それは重々わかっていても、いざその場に立ち会うとなると、そう単純にはいきません。どうやらこの絵本に出てくるちびろばくんのお母さんも同じ気持ちのよう。ちびろばくんは、トイレも着替《きが》えも食事も「ひとりで　できる」と言いはります。しかし、服は変なところに袖《そで》を通しているし、食べ物も手づかみ。しかも、「ひとりでいける」と言って友達の家にすたすた出かけてしまうのです。ちびろばくんは無事にいって、帰ってこられるのでしょうか？　一口に自立を促すといっても、親は大変です。子どもに汚されたり、子どもの心配をしたりするよりは、自分でやってしまったほうがずっと早いし、楽で、安心なのですから。でも、それをぐっと我慢《がまん》して見まもってやるのが、親の仕事。ちびろばくんのお母さんがちゃんと実践《じっせん》している「証拠」が、絵の中にありますから、探してみてください。子どものほうが先に見つけるようですよ。
（三辺）

オリビア　★

イアン・ファルコナー・作、谷川俊太郎・訳　あすなろ書房、２００１年

オリビアはブタ。シュールな女の子です。ブタだけど、ネコを飼っているし、歯磨きの時は耳にブラシを入れるのも忘れないし、着替えの時は手持ちの服をぜんぶ着てみないと気がすまないし（しかもぜんぶ赤！）、海岸ではニューヨークの摩天楼《まてんろう》みたいな砂のお城を作り、美術館ではドガの絵の前にしばしたたずみ、家に帰ってさっそくポロックの抽象画を実践《じっせん》します――家の壁に。そして、寝る前にお母さんにマリア・カラスの本を読んでもらうのですが、その時のお母さんのせりふは、世界中のお父さん、お母さんの共感を呼ぶでしょう。「ほんとにあなたにはへとへとよ。でもなんてったって　あいしてるからね」。そう、もしかしたら、この絵本は子どもたち以上に、大人に愛されてしまう本かもしれません。それでも、いいんです。大人が心から楽しんで読めば、子どもも楽しいのですから。最後のせりふに思いっきり気持ちをこめて、読んでやってください。（三辺）

だめよ、デイビッド！ ★

デイビッド・シャノン・作、小川仁央《ひとみ》・訳　評論社、2001年

デイビッドは、とってもいたずらっ子。フォークに、じゃがいもとフライドチキンといんげんをつきさして人形らしきものを作ってしまったり、お風呂から出たらそのまま外に飛びだしてしまったり……。だから、いつもお母さんに「だめよ！」とどなられてしまいます。この怒られる状況が様々で、部屋を片づけないとか、鼻くそをほじっているとか、だれでも一度は身に覚えのありそうなものもたくさんあります。怒られっぱなしのデイビッドですが、ちっともめげる様子はありません。どうしてでしょう？　それは、デイビッドはお母さんの絶対的な愛情がわかっているからです。成長の過程で叱られながら学び、まっすぐ育っている姿がきちんと描かれているのです。ずーっと叱りつづけているお母さんですが、最後に「よしよし」とデイビッドを抱きしめます。この時ばかりは、ふだんはやんちゃなデイビッドの顔も、天使のようですね。（神戸）

あかちゃんのゆりかご ★

レベッカ・ボンド・作、さくまゆみこ・訳　偕成社、2002年

生まれてくる赤ちゃんのために、家族

がそれぞれに手仕事をしてかわいいゆりかごを完成させます。まず、お父さんが、大工道具を使って、木のゆりかごを作ります。「こりゃあ　よくできた　ゆりかごだ！　だけど、ちょっぴり　さびしいな」。というわけで、おじいさんがペンキで海や魚の絵を描き、おばあさんが小さなはぎれをたくさんつなぎあわせてベッドカバーを作り、お兄ちゃんが紙でモビールを作ります。みんなの思いがいっぱいに込められたゆりかご。愉快《ゆかい》なのは、誰もが、自分の仕事を終えたあとにちょっとゆりかごの中で眠ってみること。赤ちゃんを迎える気持ちと、ゆったりした夢が重なりあって、やがて、赤ちゃんにとってこの上なくすてきな寝場所になります。家族の誰かが作業しているあいだは、別の誰かがそっとのぞいていて、家の中に必ず誰かいる「気配」がまた、安心感を与えます。こんなふうに赤ちゃんを待ちわびることのできる幸せを思います。（鈴木）

ぜったいたべないからね ★
（チャーリーとローラのおはなし1）

ローレン・チャイルド・作、木坂涼《りょう》・訳
フレーベル館、２００２年

「ぼく」は、出かけるパパとママに「妹にごはんを食べさせておいて」とたのまれました。でも、それって、すっごくたいへんなことなのです。妹には、好き嫌いがとにかくたくさんありますから……。にんじん、じゃがいも、りんご、バナナ、たまご、きのこ、まめなど、ページいっぱいに嫌いなものが書いてあります。その時、「ぼく」はいいことを思いつきました。妹が嫌いなものを、まったく別な食べものに仕立てあげてしまうのです。こうして、にんじんは木星から届いた「えだみかん」、じゃがいもは、山のてっぺんで採《と》れる「くもぐちゃらん」など。すると不思議なことに、ふつうのにんじんやじゃがいもが、とってもおいしくなってしまいました。すっかり気を

よくした妹は、一番嫌いなトマトに、みずから名前をつけて、勝ち誇ったように食べだすのでした。「ごっこ遊び」の発想ですね。子どもならではの発想の豊かさが、食事とうまくつながっています。実生活でも応用できそうで楽しい本です。（神戸）

きょうりゅうたちの　おやすみなさい ★

ジェイン・ヨーレン・文、マーク・ティーグ・絵、なかがわちひろ・訳
小峰書店、２００３年

夜、寝る時間になりました。お父さんとお母さんは、子どもたちにおやすみなさいを言いに行きます。けれど、子どもたちはぐずったり、いやいやをしたり、跳びはねたりして、なかなかベッドに入ろうとしません。ここまではよくある風景でしょう。でも、その子どもたちは、なんと恐竜なのです。ただ、見た目は恐竜ですが、やることはまるで人間の子どもと一緒。人間サイズの部屋に、きゅうくつそうにおさまり、お父さんとお母さんよりはるかに大きな体でだだをこねる様子が、なんともほほえましいです。ちょっと丸っこく、ユーモラスな恐竜の姿も親しみが持てます。しかも、恐竜の動作でありながら、ちゃんと人間の子どもっぽく見えるように描かれています。巻頭と巻末の絵を見ると、恐竜の種類もわかります。ステゴサウルスやアパトサウルスの丸くなって眠る姿が、とっても愛らしい。これなら、恐竜の種類も簡単に覚えられそうで、一石二鳥ですね。（神戸）

まおちゃんのうまれたひ

神沢利子《かんざわとしこ》・作、加藤チャコ・絵
のら書店、２００３年

赤ちゃんが生まれた喜びを、しなやかでみずみずしい詩のような文章と、やわらかで暖かみのある水彩調の絵で描いた絵本です。空いっぱいに虹が出て、イヌもネコも、ヒヨコを抱いためんどりも、餌《えさ》を運ぶツバメも、「みて　みて　うち

のこも　うまれたばかりよ」と、赤ちゃんの誕生を祝って集まってきます。林の木の芽も、花も草も光って揺れて、「まおちゃん　おめでとう　みんなのあかちゃん　おめでとう」って祝福します。海も山も、いっぱいのおめでとうを抱いて笑っています。光り輝く小さないのちの誕生に、草木も動物も、自然のすべてが祝福の声をあげます。お母さんが、おなかの赤ちゃんに語りかけると、きっと幸せな気分にひたれるでしょう。赤ちゃんと一緒に読むと、喜びが胸いっぱいに広がってきそうです。赤ちゃんとお母さんのための、とってもハッピーな絵本です。（野上）

うちにあかちゃんがうまれるの　★★

いとうえみこ・文、伊藤泰寛《やすひろ》・写真
ポプラ社、２００４年

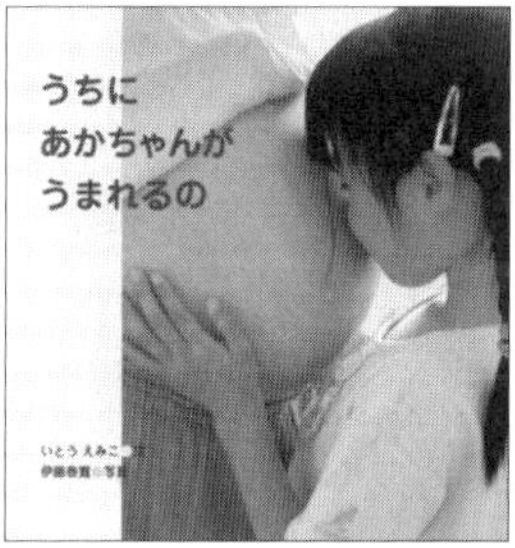

「自然育児の会」にかかわる筆者が四人目の子どもを産むにあたって、助産師の介助《かいじょ》を受けた自宅出産を選びます。大きいおなかや出産の様子を写真家の夫がカメラにおさめ、三番目の子であるまなかの視点で写真絵本にしました。妊娠《にんしん》中のおなかにまなかが顔をくっつける様子や、陣痛《じんつう》が始まったお母さんを二人のお兄ちゃんとお父さんがいたわり、その時を見まもる真剣なまなざしには写真ならではの迫力があります。お母さんはまなかと一緒におふろに入り、そこで赤ちゃんが誕生します。家族全員が誕生を見まもり、お兄ちゃんがへその緒《お》を切ります。

「かわいくて　かわいくて　どうしていいか　わからないくらい　かわいい」弟。出産の重みもさることながら、中学一年、小学四年、小学一年の子どもたちが、いのちそのものを素直《すなお》に受けとめていく様子も見逃せません。（鈴木）

だっこのえほん

ヒド・ファン・ヘネヒテン・作／絵、のざかえつこ・訳　フレーベル館、２００４年

少し前に「子どもを抱きしめてやろう」というような主旨の国の広告がありましたが、そんなことを国に言われたくない

とか、こんなふうに呼びかけないとだっこもできない時代なのかとか、逆に、兄弟が多かった時代はのんびりだっこなんてしてなかったはずだ、などと文句をつけつつ、一方で、やはりだっこはなかなかいいものだというのは認めざるを得ません。この絵本は、とてもシンプル。「みーんなだっこがだーいすき」から始まって、チンパンジーやカメ、アヒルや、ちょっと痛そうなハリネズミのだっこが、それぞれページいっぱいに描かれ、最後はぼくとママ、それからママのお腹の赤ちゃんとのだっこで締めくくられます。その潔《いさぎよ》い構成に目を奪われつつ、ふと気づくと、新聞紙を使ったコラージュにグアッシュの色あいが生きたイラストも素朴《そぼく》な魅力にあふれ、だっこのシンプルな力を存分に表現しています。そう、ただ単純にだっこをしたくなる絵本なのです。

（三辺）

エヴァは　おねえちゃんのいない国で　★★

ティエリー・ロブレヒト・文、フィリップ・ホーセンス・絵、野坂悦子・訳　くもん出版、２００６年

子どもと死は、遠い関係のように思いたいので、私たちはしばしば子どもを死の話題から遠ざけようとします。しかし、子どもであろうと大人であろうと、家族が死んでしまう可能性は同じです。遠ざけるのではなく、時間がかかっても受け入れることができるようにしてあげたほうがいい。それしかできませんしね。この絵本の主人公エヴァは姉ととても仲良しでした。みんなからも似ていると言われました。けれど一つ違っていました。姉は先に死んでしまったのです。エヴァには、みんなのなぐさめや励《はげ》ましが少し重いです。天国へ行ったなんて嘘《うそ》なのも知っています。エヴァに感じられるのはただ、姉がいない空虚感《くうきょかん》だけ。この絵本は、こうすればいい、ああすればいいといった具体的なアドバイスは描きません。いつかエヴァはこの事実を受けとめるようになるだろうと示すだけです。何も言えなくても抱きしめてあげる力が私たち大人にあればいいと。（ひこ）

おへそのあな　★

長谷川義史《よしふみ》　BL出版、２００６年

頭を下にして生まれる時を待っている胎児《たいじ》は、眠っている時もあれば、活発に

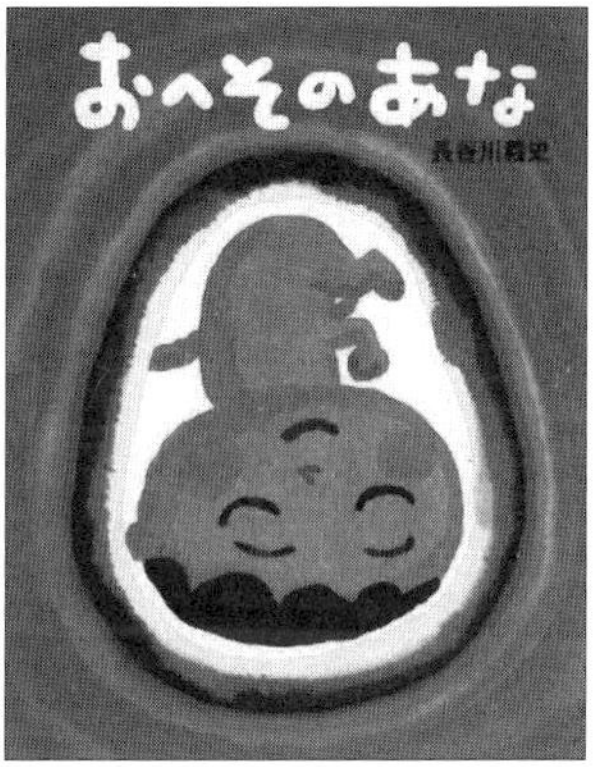

頭を働かせ、手足を動かす時もあります。そんな赤ちゃんが、おへその穴からこちら側の世界を見ている様子を描いた、まさに目からウロコが落ちる新鮮な絵本です。お母さんのおへその穴から見えるのは、赤ちゃんのために工作のロボットを作るお兄ちゃんと、赤ちゃんのために大切にチューリップのお世話をするお姉ちゃん。おへその穴を通して匂《にお》いがしてくるのは、お母さんの作るおいしい食事です。赤ちゃんが見ている通りのさかさまのページと、家の中の実際の家族の様子を描いたページが交互になっているので、視点の変化が楽しめ、すっかり赤ちゃんの気分になれるでしょう。名前を考え、赤ちゃんのために歌をつくるお父さん。禁煙を誓うおじいさん。みんなが心から幸せそうに赤ちゃんの誕生を心待ちにしているその空気だけで、読み手の心が満たされます。（鈴木）

ほんとに　ほんと　★

ケス・グレイ・文、ニッケ・シャラット・絵、よしがみきょうた・訳　小峰書店、２００６年

ママが夜中まで留守にするので、デイジーの面倒をみてくれるおねえさんがやってきます。名前はアンジェラ。彼女はデイジーにたずねます。「おやつはいつも何を食べているの？」。返事は、「アイスクリームとフライドポテト」。ほんとかなあ。疑うアンジェラに、デイジーは、「ほんと、ほんと」だって。やっぱり、ほんとかなあ。飲み物はミルク？　いや、レモネード。ほんとかなあ？　お風呂は？　入らなくていいの。「ほんと、ほんと」。夜は遅くまで起きていいの。ほんとかなあ？　デイジーのちょっとした嘘《うそ》はどんどん続きます。もちろんアンジェラにはそれがわかっているのですけれど、ママがいない間のデイジーのお楽しみを奪うことはしません。それがいいですよね。言いつけを守らないだけで、危ないことは何もしていないのですから。この絵本を読みながら、デイジーに

共感してクスクス笑う子どもはきっと多いと思いますよ。（ひこ）

ちいさいちゃん ★

ジェシカ・ミザーヴ、さくまゆみこ・訳　主婦の友社、2007年

ちいさいちゃんは、いつもつまらないです。だって、何をしたっておおきいちゃんにはかなわないし、プレゼントだって、絶対におおきいちゃんのほうが良い物をもらっているし。ある日いじわるをされて、怒ったちいさいちゃんは、おおきいちゃんがかわいがっていたオウムを逃がしてしまいます。なんだか、ちょっとやりすぎちゃった……。でもいいや。一人で遊ぶもん！　でも、でも、一人だとつまらない、楽しくない、寂しい、悲しい。オウムがいなくなって落ち込んでいるおおきいちゃんに近寄って……。一緒に遊びます。なんだかとっても楽しい、うれしい。兄弟姉妹で、下の子はいつも負けている気分でいるけれど、そうでもないよって、この絵本は優しく伝えています。兄弟姉妹で一緒に読んでもいいですね。ジェシカ・ミザーヴの絵は、「しぐさ」の表情がとっても豊かで、ちいさいちゃんの気持ちがよくわかりますよ。こういう絵を見るのも、心を豊かにしますね。（ひこ）

どうしてそんなに かなしいの？ ★★
―親がうつ病になったとき

ベス・アンドリューズ・作、ニコール・ウォング・絵、上田勢子《せいこ》・訳　大月書店、2007年

身のまわりに悲しい出来事が起こった時、子どもが困ったり落ち込んだりしてしまう理由は二つほどあります。一つは、その出来事が何なのかを大人がちゃんと説明してくれないこと。いったい何が起こっているのか誰も教えてくれない。でも、何か大変なことが起こっているのはわかる。こんな状態が不安でなくてなんでしょう。もう一つは、自分の不安感を

うまく言葉で伝えられず、孤立感を深めてしまうことです。この「心をケアする絵本」シリーズは、そうした子どもの不安感を取り除くために作られました。一巻目がこの「うつ病」です。子どもの目線に立って、実に丁寧《ていねい》にその病気について解説しています。今はよい薬があること、そんなに怖がらなくてもいいこと、誰にでも不安な気持ちがあること。そして、親がうつ病の子どもはたくさんいること。それと、親に対しても、自分がうつ病になった時、子どもにどう伝えるかも描かれています。知っておいて無駄《むだ》ではない情報がいっぱいです。（ひこ）

ふたりは　なかよし　★

イローナ・ロジャーズ・作／絵、かどのえいこ・訳　そうえん社、２００７年

小さな女の子のハニーには、大好きな人がいます。パパとママとそれからベビーシッターのネズおじさん。とっても大きなネズミです。ネズミはいや！　という人には無理にお勧めしませんが、一度読んでみてください。ベビーシッターっていうと女の人だと思ってしまうでしょうけれど、別にどちらでもかまいません。子どもが好きで、子どもの気持ちに寄り添える人ならね。というのはベビーシッターが必要なのは、親がいない時。小さな子どもは寂しいし、不安です。そうした子どもの心を温かくできる人が一番ですから。このネズおじさんは、ハニーを大好きで、彼女が楽しくなるように本当に心を配ってくれます。だめなことはだめって言いますが、彼女が泣いている時は、笑うまでいろんなことをしてくれます。ハニーの手袋が見つからない時は靴下で代用してしまうなんて、おかしいでしょ。雨の日には、水たまりに自分の長靴をボートにして浮かべます。ネズおじさんはネズミで男で大人ですが、ハニーの仲良しになれるのです。（ひこ）

天のおくりもの　★★

グスターボ・マルティン＝ガルソ・文、エレナ・オドリオゾーラ・絵、宇野和美・訳　光村教育図書、２００９年

おかあさんが子どもを迷子にすることはめったにありません。ところが人間のおかあさんがあかちゃんを迷子にしてしまいます。一方、ひつじのおかあさんも同じ時、あかちゃんを迷子にしてしまいます。自分のあかちゃんを探す一人と一

匹。人間のおかあさんはひつじのあかちゃんを見つけます。ひつじのおかあさんは人間のあかちゃんを見つけます。放っておけないので連れて帰るおかあさんたち。自分の子どもではないあかちゃんを育てます。でも、もちろん自分のあかちゃんを見つけたい。幸い見つかって、互いが育てていたあかちゃんを交換します。めでたしめでたしなのですが、おかあさんたちは、一時育てた自分のではないあかちゃんのことを思い出し、今でも愛しています。画面を絵が埋めつくさない、とても静かな絵本です。ですから子どもが飛びつくタイプの絵本ではないかもしれませんが、じっくりと読んでいろいろ考えることができる仕あがりです。（ひこ）

しかめっつら あかちゃん ★

テイト・ペティ・文、ジョージ・バーケット・絵、木坂涼《きさかりょう》・訳
ほるぷ出版、２００９年

とてもごきげんが悪い赤ちゃん。ママが足をこちょこちょしてもだめ。パパがたかいたかあ〜いをしてもだめ。おばあちゃんがいないいないばあをしてもだめ。犬や猫がいろんな芸をしてもだめ。いったいどうしたらいいのでしょう？　でもね、赤ちゃんはいつも笑ってないといけないのかなあ。笑顔を見たいのはわかるけど、私たちだって無理に笑いたくない時はありますよね。きっと赤ちゃんだって同じ。お兄ちゃんが登場。赤ちゃん、今日は笑いたくないんだと見抜《みぬ》きます。ママやパパたちよりずっと鮮明《せんめい》に、赤ちゃんの頃の記憶が残っていますからね。笑いたくないのだったら、やることは一つ。にらめっこ。さてさて、赤ちゃんはお兄ちゃんに勝てるかな？　下の子ができた時、お兄ちゃんやお姉ちゃんになった子どもは動揺《どうよう》します。そんな時ぜひ、この絵本を読んであげてくださいな。そうしたら、お兄ちゃんやお姉ちゃんってすごくかっこいいんだと思えますよ。（ひこ）

暮らし（生活・習慣）

ちいさいおうち　★

バージニア・リー・バートン・文／絵、石井桃子・訳　岩波書店、1954年

台形の屋根に、煙のあがる煙突が一本。真正面にドアがあって、両脇《りょうわき》に窓が一つずつ。玄関へ向かって小道がのび、芝生が広がって木が生えている。「おうちの絵を描《か》いて」と言うと、そんな絵を描く子どもが多いのではないでしょうか。この絵本も、まさにそんな絵から始まります。周囲の季節が移り変わっても、都会化の波が押し寄せ、まわりにビルや鉄道ができても、「ちいさいおうち」はじっと静かに建っています。やがて、ペンキははげ、あちこちが壊れ、このままビルにのみこまれてしまうのかと思った時、思わぬ救いの手が差し伸べられます。そして「ちいさいおうち」は再び美しい丘の上で「うれしそうににっこり」微笑《ほほえ》むのです。微笑んでいるように見えるのは、読者が無意識のうちに窓を目に、玄関を口に見立てているからでしょう。この絵本が先か、子どもがよく描く「おうち」が先か、と考えてしまうほど、幸福な家のイメージそのものを描ききった絵本の名作です。（三辺）

いない　いない　ばあ

松谷みよ子・作、瀬川康男・絵　童心社、1967年

赤ちゃんとの最初期の対話ともいえる、〝いないいないばあ〟を扱った絵本は、これまでたくさん作られています。最近では、仕掛け絵本のテーマとしてもよく見られます。この本は、刊行以来四〇年以上にもわたって相変わらず人気の、今や古典的とも言える一冊です。「にゃあにゃが　ほらほら　いないいないない……」

と、手で目を隠したネコの場面をめくると、右ページに手を開いたネコの顔があらわれ、左ページに「ばあ」という文字が。次は、「くまちゃんが　ほらね」で、ページをめくると「ばあ」。この繰り返しで、俵《たわら》から耳だけ出したネズミ、こんこんぎつねと続き、最後に人間の子が登場し、「こんどは　のんちゃんが　いないいない　ばあ」。〝のんちゃん〟のところは、一緒に本を見ている赤ちゃんの名前に置き換えて読まれるのでしょう。擬《ぎ》人化《じんか》された動物たちと一緒に、いないいないばあを繰り返しながら、本をめくる楽しみを最初に体験させてくれる絵本です。（野上）

ピーターラビットのおはなし ★

（ピーターラビットの絵本1）

ビアトリクス・ポター・作／絵、いしいももこ・訳　福音館書店、1971年

ピーターは、やんちゃなウサギの男の子です。お母さんの言うことを聞かずに畑に入り、人間のマグレガーさんに見つかり、必死で逃げました。一〇〇年以上前にイギリスで出版された絵本ですが、今でも変わらずに広く愛されつづけています。まずは、なんといっても、絵が、すばらしいのです。ひじょうにかわいらしいのはもちろん、現実の動物の特徴をきちんととらえた絵です。モデルになっているといわれるネザーランド・ドワーフというウサギを見ると、ほんとうにピーターにそっくりで、びっくりします。そして、ぴりりと辛口《からくち》でユーモアのきいた文章が、人間にとって家畜や害獣であるブタ、アヒル、ウサギ、ネズミなどの物語に合っています。ピーターのお父さんは、マグレガーの奥さんに、パイにされてしまったなんていうエピソードがさらっと出てくるのですから。ピーターのほかにも、あひるのジマイマ、りすのナトキン、こねこのトム、こぶたのロビンソンなど、すてきなキャラクターがたくさん登場しますので、ぜひ出会ってみてください。（神戸）

こっぷ ★

谷川俊太郎・文、今村昌昭・写真、日下《くさか》弘・AD　福音館書店、1972年

「こっぷは　みずを　つかまえる」「こっぷは　はえを　つかまえる」「こっぷは　はんにんも　つかまえる」と、水を入れたコップ、逆さにしてハエを捕らえたコップ、指紋の残ったコップなどが、

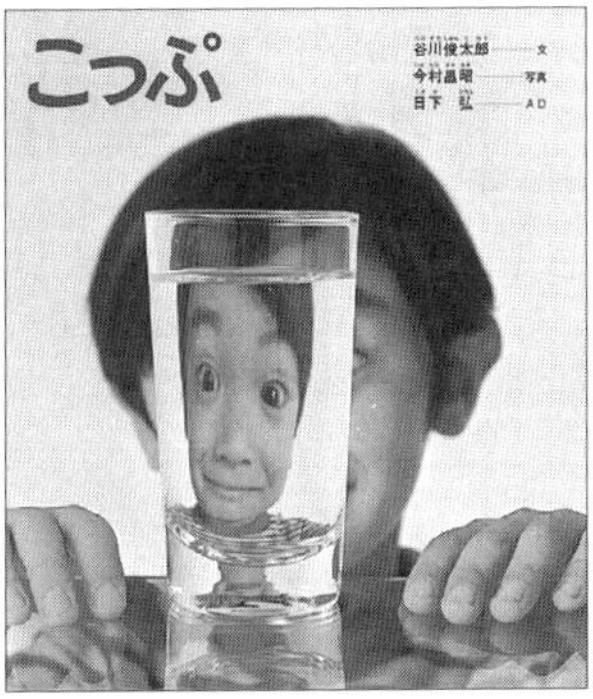

セピア色の写真で続きます。「こっぷはにじが　つくれるよ」で、はじめてカラーになり、水を入れたコップに光を当てて、虹色の影が映ります。「ときどき　こっぷは　とっても　おしゃれ」で、色とりどりのフルーツを盛ったコップが鮮やかに登場し、「ときどき　こっぷは　つかれて　ひるね」で横になったコップのページをめくると、「あっ！」という文字が場面いっぱいに。そしてテーブルから落ちたコップが割れるスローモーション写真。真っ暗な場面をめくると、いろいろな色や形をしたコップが、場面いっぱいにせいぞろい。なんとも見事な演出で、ふだん何気《なにげ》なく使っているコップを主人公にして、その特性をドラマティックに展開して見せた、画期的な写真絵本の傑作《けっさく》です。（野上）

しろくまちゃんのほっとけーき ★

わかやまけん
こぐま社、1972年

濃《こ》い灰色《はいいろ》のこぐまちゃんと白いしろくまちゃんが活躍する人気シリーズです。くまたちが表情を変えないぬいぐるみふうであるところがポイントでしょう。今回のしろくまちゃんはすてきなエプロン姿で、お母さんと一緒にホットケーキを作ります。用意するものはフライパンとボウルとお皿。材料は卵と牛乳、小麦粉、お砂糖《さとう》、ふくらし粉です。まだまだ手先がおぼつかないしろくまちゃん。冷蔵庫から卵を出す時には一つ割ってしまったり、ボウルからタネをずいぶんこぼしてしまったり。でも、そんなたどたどしい「はじめてのおやつづくり」が何より楽しい絵本です。圧巻《あっかん》は、「ぽたあん」と落としたタネがだんだん焼けて、おいしいホットケーキになっていく見開きのページです。白から黄色、黄色から茶色に焦《こ》げ目がついていき、ホットケーキ特有の「ぷつぷつ」もしっかり表現されていて本当においしそう！　最後はお片づけもしっかりやって、上出来のしろくま

ちゃんです。（鈴木）

おやすみなさい　おつきさま

マーガレット・ワイズ・ブラウン・作、クレメント・ハード・絵、せたていじ・訳
評論社、１９７９年

赤い風船が浮かび、壁に絵のかかった緑色の子ども部屋。暖炉《だんろ》では火が燃え、ウサギのおばあさんがゆりいすに座って編《あ》み物をしながら「しずかにおし」と言っています。ベッドの中のウサギの子どもは、七時から八時過ぎまでずいぶん長い時間をかけて、見えるものや感じるものすべてに「おやすみ　おつきさま」「おやすみ　おへや」「おやすみ　くしとブラシ」……と語りかけていきます。カラーとモノクロのページが交互に配置され、しだいに暗くなる部屋と静けさが絵本から伝わってきます。心を落ち着かせて眠りにいざなわれるべき幼児にぴったりでしょう。「よぞら」や日用品などさまざまなものに人格を感じる子どもの感性を見事にとらえ、アメリカでは三世代にわたるロングセラーになっています。おやすみなさいの前に、ぜひ親子で読んでみてください。（鈴木）

あかちゃんのえほん（全五冊）

ヘレン・オクセンバリー・作
文化出版局、１９８１年

『ともだち』『したく』『あそび』『しごと』『かぞく』の五冊セットです。字がないので、ページをめくりながら、読み手が自由に赤ちゃんに話しかけることができます。『ともだち』は動物や鳥ばかり。赤ちゃんが全身でしがみつくことのできるイヌや、身長がほぼ同じのニワトリなど、赤ちゃんの目の高さの表現が楽しいです。『したく』はオムツから始まり、下着と洋服を着て最後に帽子をかぶるまで、いかにも外国風のスタイルがおしゃれです。『あそび』は、泡立て器を振りまわしたり、段ボール箱に入ったりする、日常に根ざした遊び方にほほえんでしまいます。赤ちゃんの『しごと』は、おま

るにおふろ、手づかみの食事や乳母車での散歩です。一生懸命生きることが、まさに赤ちゃんの「仕事」ですね。『かぞく』にはいろいろな人が登場します。「おにいちゃんが肩車してくれているね」「お友達がこんにちはって言っているね」など、ぜひ語り手が自由にお話ししてみてください。（鈴木）

いそがしいよる ★

さとうわきこ・作／絵
福音館書店、１９８１年

肝《きも》っ玉《たま》母さんふうの「ばばばあちゃん」は、小さな家でネコと暮らし、いつでもせっせと働く元気者です。トレードマークはスカーフとエプロンです。ある晩、ばばばあちゃんは、夜空に美しく輝く星を見て思います。「このまま　うちのなかに　いるには　おしい　ほしぞらだね」。そうだ、いいこと考えた！　ばば

ばあちゃんは庭にゆりいすを持ち出し、ベッドを持ち出し、星空を眺めてご満悦《まんえつ》です。けれど、だんだん、「あつい　おちゃが　あれば　さいこうなんだけどね」「よなかに　おなかが　すいたら　どうしようかねえ」と欲求がエスカレートしていき、ついには大変なことに！　「いそがしいよる」という題名がぴったりの、真夜中の大奮闘《だいふんとう》です。同じ作者による『せんたくかあちゃん』にも通じる豪快ぶりが人気のもとでしょう。『よもぎだんご』や『ばばばあちゃんのおもちつき』など、シリーズでは季節にちなんだ作品が多く出ています。（鈴木）

じゃあじゃあ　びりびり

まついのりこ・作
偕成社、１９８３年

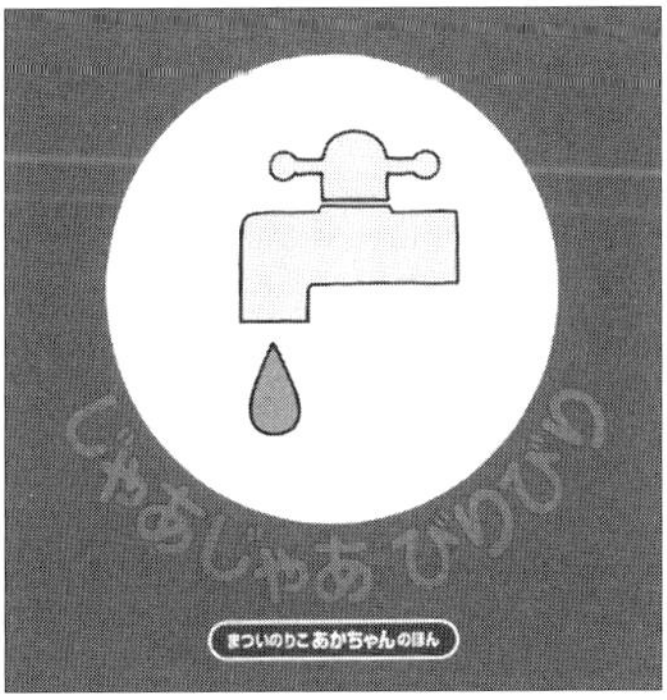

「いぬ　わん　わん　わん　わん」から「らっぱ　ぷっぷー　ぷっぷー　ぷっぷー」まで、生活に身近なものとそこから出る音を様々に描いていて、とても人

気のある厚紙製の赤ちゃん絵本です。月齢《げつれい》の低い赤ちゃんは「まんま」「わんわん」など繰り返しの音に敏感《びんかん》ですから、「ふみきり　かん　かん」や「ねこ　にゃん　にゃん」などの日常的な言葉によく反応するでしょう。単純な切り絵の図柄で、背景色とのコントラストも楽しめます。「かみ　びり　びり　びり　びり　びり　びり」では、黄色地にのせられた緑の紙がびりびりと二枚に破かれ、そのぎざぎざの切り口に、裏側の白い部分が見えているので、手で切ってはった過程まで見えるよう。読んだあと、家でも切り絵を工夫して、その子だけの「じゃあじゃあびりびり」も作れるかもしれませんね。『みんなでね』『ばいばい』など、シリーズで九冊が出ています。（鈴木）

おててがでたよ

林明子・作
福音館書店、１９８６年

表紙は、まるまるとした赤ちゃんがおむつ一枚でベビードレスをかぶろうとしている絵です。この服を、いったい一人で着られるのかな？　「あれ　あれ　あれ　なんにも　みえない　おてては　どこかな」「ぱっ　おててがでたよ　あたまはどこかな」。赤ちゃんの手が出て、頭が出て、顔が出て……。幼児にとって、いくつもの穴に正しく頭や手足を通さなくてはならない洋服というのは案外《あんがい》やっかいな関門でしょう。なかなか上手《じょうず》に着られるねえ、と思わず声をかけたくなるような動きが絵本の中で展開され、読んでいるこちらもつい力が入りそうです。ぽちゃぽちゃの赤ちゃんの手足と、真剣で楽しそうな顔に、手足も頭も全部出てきた時の達成感をともに感じることができます。同じ赤ちゃん絵本のシリーズに、散歩を楽しむ『くつくつあるけ』、お食事場面の『きゅっきゅっきゅ』、紺色《こんいろ》と金色の対比が鮮《あざ》やかな『おつきさまこんばんは』があります。（鈴木）

くんちゃんのだいりょこう ★

ドロシー・マリノ・文／絵、石井桃子・訳
岩波書店、１９８６年

冬ごもりをひかえた晩秋、こぐまのくんちゃんは、散歩の途中で南へ渡る鳥たちを見ます。「ぼく　いちどだけ　いっ

てみたい。ぼくも　わたっていってい い？」。丘のてっぺんにある松の木を目印に駆《か》けあがって行くくんちゃんの後ろ姿を、お父さんとお母さんは心配そうに見つめます。お母さんにキスをするのを忘れたことに気づいて戻り、丘の上では双眼鏡が必要だと考えて戻り、遠くに湖を見つけて釣《つ》りざおを取りに戻り……。結局、南国に渡るには至《いた》りません。でも、小さな好奇心を満たすための冒険を許し、その中で、やってみないとわからないことに気づくくんちゃんの姿は、世界を知りたいと全身で考える幼児そのものです。最後にすとんと眠りについたのも、満たされてこそだったでしょう。人気の古典シリーズで、計七冊が出版されています。（鈴木）

がたん　ごとん　がたん　ごとん

安西水丸・作
福音館書店、1987年

表紙には、いかにも「わたし、がんばります」といった表情の黒い機関車。「がたん　ごとん　がたん　ごとん」と進んでいって、いろいろなお客を乗せていきます。最初に「のせてくださーい」と声をかけるのは、牛乳の入ったほにゅうびん。続いて、プラットフォームに立っているのは、赤いコップとスプーンのペアです。機関車の引っぱる貨車には、次々にお客が乗り込み、最後は、機関車自身の頭の上にも、ネコとネズミがうれしそうに立ちます。さて、着いたところは、おいしいおやつの食卓。お食事のエプロンをつけ、子ども椅子《いす》に座った女の子のところに、みんな集合します。「がたん　ごとん　さようなら」と去っていく機関車を見送りながら、さあ、おやつの時間です。赤ちゃんの身のまわりのものが安西水丸らしい単純な線で表現され、「のせてくださーい」を繰り返しながら終点へ向かっていく流れもなめらか。おやつで完結して安心できる、短い絵本です。（鈴木）

せきたんやのくまさん ★

フィービとセルビ・ウォージントン・作／絵、いしいももこ・訳
福音館書店、1987年

「あるところに、せきたんやの くまさんが、たったひとりで すんでいました」。彼は、馬と荷馬車で小さな袋入りの石炭を売って生計を立てています。シリーズには「パンや」「ゆうびんや」「うえきや」「ぼくじょう」と様々な職業が登場し、「せきたんや」はその第一作になります。このくまさん、暖炉《だんろ》の前では絵本を読み、ベビーベッドに眠るような赤ちゃんっぽい外見（なにしろ小さなぬいぐるみ）なのに、どのシリーズでも、寡黙《かもく》に働いてきちんと日々の糧《かて》を得るあたりに、職業人としてのプライドが感じられます。見た目と堅実な仕事ぶりのギャップが絶妙《ぜつみょう》の面白さで、せきたんやとしては、馬を立派に御《ぎょ》し、重たい石炭袋を運んで生計を立てています。日々の仕事を繰り返すことに誇りを持つ、その人柄《ひとがら》にほれてしまいそうな男っぷり。なのに、かわいいテディベアです。（鈴木）

おやすみなさいコッコさん

片山健・作／絵
福音館書店、1988年

もう夜です。みんな眠っていて、起きているのはお月さまだけ。でも、まだ一人だけ眠っていない子どもがいます。

コッコさんです。お月さまが、「コッコさん おやすみなさい。もう そらの くもも ねむったよ」と言っても、「コッコは ねむらないもん」と、目をぱっちり。池の水が眠ったよと、お月さまが言っても「コッコは ねむらないもん」。池の魚が眠っても、鳥や、イヌや、お兄ちゃんや、おふとんや、大好きなぬいぐるみも眠ったよと、お月さまが言っても、「コッコは ねむらないもん」の一点ばり。「ほーら おてても ねむったよ」とお月さまが言うころになると、コッコ

さんもまぶたが重たくなってきます。それで最終場面、「おやすみなさい　コッコさん。おつきさまが　そっと　いいました」でコッコさんの寝顔が。柔らかなとろんとした絵を見ながら、コッコさんとお月さまの会話の繰り返しを聞いていると、次第に眠りに誘われてきそうです。（野上）

おひさま　あはは

前川かずお・作／絵
こぐま社、1989年

「おひさま　あはは」「おおきな　きが　あはは」といろいろなものの笑顔が続きます。すべて黄色を基調とし、輝くばかりのその「あはは」に、絵本であっても笑顔というのはこんなに相手をリラックスさせ、いい気持ちにさせてくれるものかと感心します。子犬はちょうちょと一緒に笑いながら跳びはね、ヒマワリも、耳から耳に届くくらいの大きな口で、合唱するかのように笑っています。その流れの中で、なぜか浮かない顔の男の子。口をとんがらせて布団の上に座っているのは、おねしょでもしたのでしょうか、一人で寝るのがイヤなのでしょうか。でも、お母さんが「あはは」と笑ってくれれば、心配な気持ちも吹き飛んで、「ぼくも　あはは」の気持ちになれます。難しいことは考えず、「あはは」を楽しめれば十分です。（鈴木）

ちずのえほん　★

サラ・ファネリ・作、ほむらひろし・訳
フレーベル館、1996年

ひところ、ネット上で「脳内メーカー」というサイトがはやりましたが、人気の理由は、脳の中（＝その人の考え）を「地図化」するという遊び心だったのではないでしょうか。この絵本の作者も、脳ならぬ「こころのちず」から「いちにちのちず」「かおのちず」「いろのちず」と、なんでも地図化してしまいます。もちろん、「こどもべや」や「ごきんじょ」な

どごくふつうの地図もありますし、地図の王道（！）である「たからのちず」もちゃんとあります。地図はどれも本当に子どもが描いたとしか思えないような絵ばかりで、内容もごくごく単純。たとえば「いちにちのちず」では、あさごはん↓がっこう↓ひるごはん↓あそび↓おうち↓よるごはん↓おはなしのじかん↓ゆめ、とこれだけ。ところが一冊読み終わると、この地図を描いた「子ども」の人間像が自然とできあがっているから不思議です。そうしたら、次は自分の地図を！表紙カバーの裏が、ちゃんとみなさんの地図用にとってあります。（三辺）

にこちゃん

南椌椌《くうくう》　アリス館、1998年

赤ちゃんの笑顔と、そのまわりの柔らかくあたたかい世界をそのまま表現したような絵本です。「くすっ　くすっ　にこちゃんがいるよ」。「にこちゃんがいるよ　あはっ」。水彩のにじみ絵に、様々な笑い顔が表現され、身のまわりの赤ちゃんたちを思い出すでしょう。「うふふ」のにこちゃんは、金色の巻き毛の赤ちゃんで、ほっぺのうずまきも、瞳《ひとみ》も同じ金色です。「ぴーるりるるる」のにこちゃんは、頭の上に、紺色の鳥を乗せています。くちばしや目は金色で、ターコイズブルーの空に一緒に浮かんでいるみたい。「うれしくて　たのしくて」「いつも　いつも　わらっている」にこちゃんは、きっと私の中にもいます。あなたのにこちゃん、私のにこちゃんが、いつも笑っていてくれますように。三日月形の口元でにっこり笑う愛らしいにこちゃんを見るだけで、心がふんわり軽くなります。（鈴木）

あと10ぷんでねるじかん

ペギー・ラスマン・作／絵、ひがしはるみ・訳　徳間書店、1999年

早く寝て！　子育て中のお父さんお母さんなら、必ず思ったことがあるでしょう。それくらい子どもを寝かしつけると

いう「仕事」は大変です。遊びたいとか、眠くないとか言いはる子どもを説得し、お風呂に入れて、歯を磨かせ、着替えさせて、ベッドに入れる。寝る前に絵本を読んだり、ミルクを一杯、なんて家庭もあるかもしれません。とにかく一大事業なのです――しかも、毎晩。そんな気持ちがたっぷり込められたこの絵本、文章は「あと9ふんでねるじかーん」「あと8ぷんでねるじかーん」とカウントダウンしかありませんが、それがかえって切実さを表わしていて、読むほうも自然と気合が入ります。なのに、あと一分になってもお祭り騒ぎを繰り広げる男の子とネズミたち。詳細に描きこまれた絵を眺めているだけで、軽く一分がすぎてしまいます。ようやくネズミたちが帰って、男の子が眠りについたころには、こちらもヘトヘトで眠くなっているという寸法です。（三辺）

わにわに（シリーズ）★

小風《こかぜ》さち・文、山口マオ・絵
福音館書店、2000年〜

とってもリアルなワニの「わにわに」の絵本です。ゴツゴツした深緑色の体も、爬虫類《はちゅうるい》らしいいかつい目も、平べったい歩きっぷりも、まさに人間を食べてしまいそうな獰猛《どうもう》さ。でも、わにわには、実はとっても穏《おだ》やかでのんびりしたワニなのです。『わにわにのおふろ』では、湯船におもちゃを浮かべてご満悦《まんえつ》。しっかり首までつかって温まります。お風呂あがりには、敷《し》いたタオルに、いかにもワニらしくごろごろのたうちまわります。『わにわにのごちそう』では、冷蔵庫の鶏肉《とりにく》を料理します。手間《てま》ひまかけても、食べるのは一瞬。でも、すっかりおなかいっぱいになってごきげんです。仰向《あおむ》けにごろんと寝るわにわにの無防備さがユーモラスです。『わにわにのおでかけ』では、人の気配《けはい》に誘われて川向こうの夏祭りに出かけ、金魚すくいや花火を堪能《たんのう》します。わにわにの見た目と性格のギャップが楽しめるシリーズで、版画による絵に深みがあります。（鈴木）

ももんちゃんあそぼう（シリーズ）

とよたかずひこ・作／絵
童心社、2001年〜

『どんどこももんちゃん』で、ももんちゃんが初登場です。桃のような頭をした赤ちゃんのももんちゃん。オムツ一枚で「どんどこ　どんどこ　どんどこ」一心不乱《いっしんふらん》に進みます。丸木橋はハイハイ

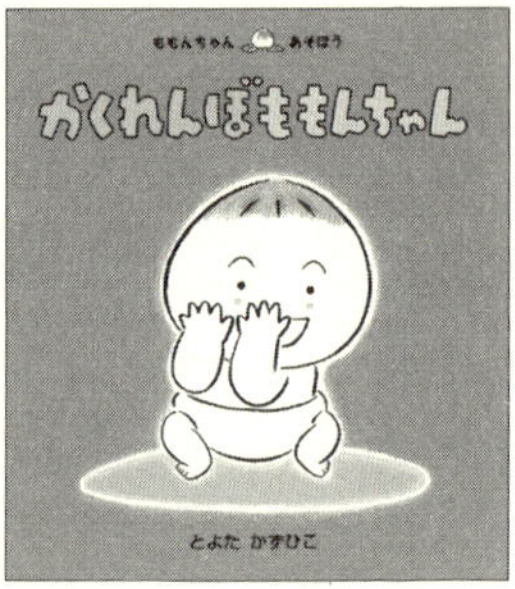

で、お山のてっぺんで待ちかまえていたクマさんは「どーん」とふっとばし、そんなに急いでどこに行くのでしょう？　転んで痛い思いをしても、涙目で走っていくももんちゃんが本当にけなげです。最後にどーんと飛びついた先にいるのは大好きな……。ももんちゃんの四肢《しし》にサボテンと金魚が飛び出す『ももんちゃんどすこーい』、赤ちゃんのいい匂いにみんなが寄ってくる『すりすりももんちゃん』、ウシと散歩する『ももんちゃんのっしのっし』、「もういいかい？」が楽しい『かくれんぼももんちゃん』、温泉につかる『ごくらくももんちゃん』。いずれも赤ちゃんのかわいさ満点です。（鈴木）

ありんこぐんだん　わはははははは ★

武田美穂・作
理論社、２００２年

砂糖のにおいを嗅《か》ぎつけて、どこからともなく現われるアリの行列には、ちょっと不思議で不気味な感じがしますね。表紙をめくった最初のページ、地平線の向こうからアリンコ軍団の笑い声が聞こえてきます。つぎのページでは、「さとうを　こぼしちゃ　いけないよ　ひとつぶだって　いけないよ」「なぜなら　どこからともなく……」と、真っ黒なバックに黄色の文字。地平線からのアリンコたちの笑い声が、どんどん大きくなってくるのが不気味です。そして、ぞろぞろぞろとアリンコたちの登場です。画面いっぱいに真っ黒なアリンコたちの顔がアップされ、真っ白な目と口に奇妙な笑いを浮かべています。男の子はおやつを持って、ロケットで宇宙に逃げ出します。ところが、そこにもアリンコ軍団はやってきて、お菓子は奪われてしまいます。砂糖に集まるアリンコたちの行列を、奇想天外な展開でダイナミックに表現し、ちょっと怖いけれど、そこにユーモアがあって笑えます。（野上）

アンジェリーナはバレリーナ（シリーズ）★

キャサリン・ホラバート・文、ヘレン・クレイグ・絵、おかだよしえ・訳
講談社、２００３年～

アンジェリーナは、バレエが大好きなネズミの女の子です。いつも、バレリーナのつもりで、おどってばかりです。そのため、お母さんの言うこともきかず、食べものを落としてしまったり、ものをこわしてしまったりして、しかられています。困ったお父さんとお母さんは相談しました。こうして、アンジェリーナは、バレエ教室に通うことになります。バレエ教室でたっぷりおどれるようになり、アンジェリーナはとってもいい子になりました。そして、大きくなったらほんもののバレリーナになれるよう、一生懸命《けんめい》練習したすえに、夢をかなえました。バレエショップには、チュチュを着たクマやウサギのかわいらしいぬいぐるみが置いてあります。アンジェリーナは、そんなぬいぐるみから生まれたのかもしれません。バレエ、ぬいぐるみ（動物）、かわいいものなど、女の子の大好きなものが、ぜんぶまとめて物語になっています。遊び心たっぷりの絵もすてきで、とくに劇場の様子は見ていてあきません。プレゼントにとても喜ばれそうな一冊です。

（神戸）

メアリー・スミス ★★

アンドレア・ユーレン・作、千葉茂樹・訳
光村教育図書、２００４年

世の中にはいろんなお仕事があります。お仕事というのは自分や家族が生きていくためにします。ところがこれから仕事につこうとする人の中には、時々それを自己実現のためだと考える人がいます。お金を稼《かせ》ぐことが自己実現である人ならともかく、そうでないならお金を稼

ぐことと自己実現を一緒にしようなんていうのは虫が良すぎるでしょう。さて、このメアリー・スミスさん、どんなお仕事をされているかというと、町の誰よりも早く起きて、家々をまわり、ゴムのチューブに入れた豆を吹いて飛ばし、窓に当てるのです。なぜそんなことがお仕事になるのか？　それはぜひ読んでみてくださいね。ファンタジーではありません。実際にあったお仕事です。もちろん自己実現のためではありませんよ。でもね、市長さんもパン屋さんも、みんな彼女に感謝をしていましたから、メアリーは自分の仕事に誇りを持っていましたよ。（ひこ）

わたしの足は車いす　★★

フランツ＝ヨーゼフ・ファイニク・作、フェレーナ・バルハウス・絵、ささき たづこ・訳　あかね書房、2004年

アンナは自分の足では歩けないので車いすを使っています。それはアンナにとってはごく普通のことです。ある日アンナは一人でお使いに出ます。でも、アンナを見るまわりの人たちは、彼女に同情したり、必要もないのに手伝おうとしたり。小さな女の子が車いすに興味を持って声をかけてくれたのに、その子のおかあさんはアンナに失礼だからと引っぱっていってしまいます。なんで？　せっかく自分のことを話せるいい機会だったのに。みんなが自分を特別な眼で見るのがアンナにはとても不愉快《ふゆかい》です。まわりの人は車いすの人に慣れていないからそんな反応をしてしまうのです。一人の男の子にアンナは、自分はみんなと同じなのにと言います。ところが男の子は違うよと言うのです。違って何が悪いのかと。そう、アンナもまたかたくなでした。同じではなく違うことを互いに認めあって、その上で共に生きることが大切なのです。こんな絵本を読んで、子どもの時期からそんな生き方を身につけられればすてきですね。（ひこ）

あめが ふる ひに…　★

イ・ヘリ・文／絵、ピョン・キジャ・訳
くもん出版、2005年

雨が降っている日が好きな人ってあんまりいませんよね。服が濡《ぬ》れるし、傘《かさ》が荷物になる。陽《ひ》が照らなくて薄暗いから気分が落ち込む。犬のお散歩だって大変。でも、子どもってけっこう雨が好き。たぶんそれは、雨の日はいつもとちょっと違う感じがして、ドキドキするから。水

たまりや泥で遊ぶのは楽しそうだから。雨のにおいがおいしそうだから。雨の音は誰かが話しかけているみたいだから。この絵本は、そんな雨の日を、すてきな想像力で描きます。最初のページ。画面いっぱいに激しく降る雨だけが描かれています。そして言葉は、「こんな　あめが　ふるひ、チーターは　なにを　してるかな？」。ほら、もうなんだかわくわくしてきませんか。そんなふうに考えると楽しいと思いませんか？　ちょうちょは？　ティラノサウルスは？　と次々と想像は広がります。もちろん、大人だって子どもだって、読者一人一人が好きなように想像して、イ・ヘリさんの作品に参加してくださいよ。（ひこ）

だれも知らないサンタの秘密　★

アラン・スノウ・作、三辺律子・訳
あすなろ書房、２００５年

クリスマスが近づくとたくさんのサンタさん絵本が出ますが、これもその一つ。少しユニークです。クリスマスにはサンタさんがプレゼントを持ってきてくれるというだけで、ウキウキワクワクできる時代もありましたし、今でもそうである子どもも多いでしょう。でも、サンタさんとはいったい何者なのか知りたい子どもも、かなりいるはず。ということで書かれたのが、この絵本です。え、知ってるよ、サンタさんって本当はいなくて……ですって？　いえいえそんなお話ではありませんよ。サンタさんはちゃんといるけれど、どんな人なのか、どんな生活をしているのかを詳しく解説しているのです。あの衣装の中はどうなっているのか、知りたいでしょ。この絵本を読めばサンタさんがとても身近な存在となります。身近じゃなく、やっぱり子どもにとってのサンタさんは不思議な存在でいてほしい人は、子どもに読ませちゃだめですよ。サンタさんが友達になってしまいますから。（ひこ）

アストンの石　★

ロッタ・ゲッフェンブラート・作、菱木《ひしき》晃子《あきこ》・訳　小峰書店、２００６年

アストンくんは、水たまりで石を見つけます。触《さわ》ると冷たい！　かわいそうに思った彼は石を持って帰り、毛糸の帽子で暖めてあげます。次の日、水たまりに氷がはって寒い、寒い。また石を見つけたアストンくんは持ち帰って、お風呂に入れてあげる。その心は優しくてすてきだけど、家中どんどん石が増えてきて両親はいささか困《こま》り気味。だからといって、アストンを叱りません。彼にとって石たちが愛《いと》おしいのを知っているからです。そこがとてもいいですね。でも、困るものは困ります。そこで……。ここはやっぱり読んでもらわないといけません。言えるのは、この両親が子どもに納得《なっとく》させる知恵を持っている点。どうすればいいかですって？　子どもの側から物を考えることができるかどうかです。この場合だと、アストンのように、石を愛おしい生き物のように考えること。ゲッフェンブラートはこれがデビュー作だそうです。楽しみな作家ですね。（ひこ）

おじいちゃんは水のにおいがした　★★

今森光彦

偕成社、２００６年

琵琶湖の近くで生まれ育った写真家の著者が、湖のほとりで八〇歳をこえる一人の漁師さんに会いました。漁師さんの体からは、子どもの頃に嗅《か》いだ水のにおいがして懐かしくなり、著者はたびたび水辺の町に通います。著者は、琵琶湖に注ぎ込む川のほとりで、六〇年以上も漁をしている三五郎さんというおじいちゃんに同伴し、大正時代に作られたという木船に乗って仕事をする姿や、四季折々の暮らしぶりを、すばらしい写真で紹介していきます。琵琶湖西岸の美しい風景を背景に、人と自然が織りなす里山の水と命の物語が、深く静かに心に刻まれていく感動的な写真絵本です。「魚がいる川には、きれいな水があるんだ」という三五郎さんの水への思いと自然に感謝す

る気持ちが、切々《せつせつ》と伝わってきます。「ぼくがなつかしいと感じた水のにおいは、さまざまな生命を育む〝生きた水〟のにおいだったのです」という結びの言葉が、とっても印象的です。（野上）

こよみともだち ★

わたりむつこ・作、ましませつこ・絵
福音館書店、２００６年

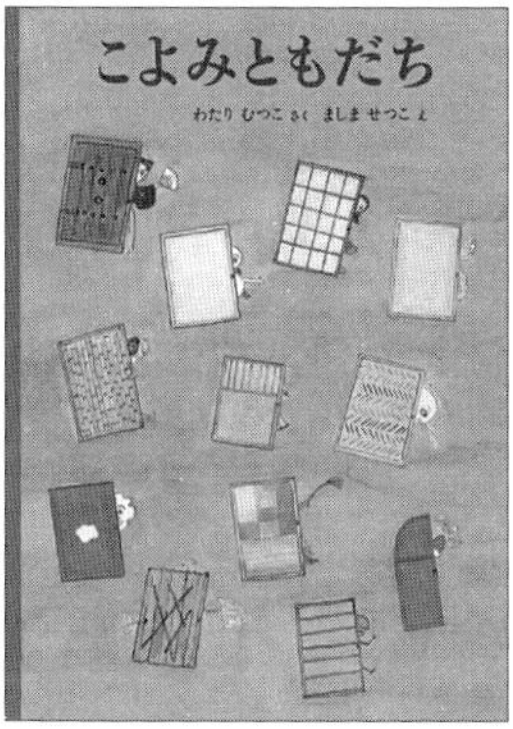

一二ヶ月のこよみたちは、戸建《こだて》の家に、それぞれ一人ぼっちで住んでいました。けれども、ある年の初め、1がつさんは、たくさん揃《そろ》えたお正月のごちそうを一人で食べるのはつまらないと考え、隣家に出かけていきます。「とんとんとん　あそぼじゃないか　2がつさん」。2がつさんの家で雪合戦をし、意気投合《いきとうごう》した二人は、仲間を求めて3がつさんの家に。さらにおひなまつりの白酒でうっとりした勢いで、みんなそろって4がつさんの家に……。こうして、一二の月たちはすっかり仲良しになり、別々の家ではなくみんなで集合住宅に暮らすことになりました。なんといっても、それぞれの月の季節感あふれる風物の数々が目に楽しい絵本です。満面《まんめん》の笑みの太陽で表現された7がつさん、木の実やキノコに山の恵みを思う10がつさん。最後はみんなでクリスマスケーキを囲んで幸せ。一緒に暮らす引っ越し先の家も、ドアが開けられる楽しい仕掛けになっています。（鈴木）

すてきなおうち ★

マーガレット・ワイズ・ブラウン・作、
J・P・ミラー・絵、野中柊《ひいらぎ》・訳
フレーベル館、２００６年

まず最初に、「これは　だれの　おうち？」という問いかけのあと、馬や小鳥やリスの家が出てきます。骨がころがっている洞穴《どうけつ》にはライオンの家族、木のうろにはリスというように、動物の生態をさりげなく紹介してくれています。当てっこしながら、楽しく知識がつきそうです。そして、後半には、空飛ぶなぞの物体が出現します。飛行機？　ＵＦＯ？

ここから一気に、発想が自由になっていきます。ピエロの家？　大男の家？　でも、いくら考えても、だれの家だかわかりません。しまいには、帽子やイヌのビスケットまで家の持ち主の候補にあがってしまうくらいです。やがて、登場するのは、水・陸・空にすべて対応して、風船つきで、窓には花も咲いていて、人間も動物も一緒に住める、とびきりすてきな家でした。とはいえ、見た目はちっとも奇抜《きばつ》ではありません。ほんのちょっとの工夫で、こんなに高機能な家に、みんなで仲良く暮らせるんだよ、という一つのヒントになっているように思えます。（神戸）

ぷれいぶっく

フィオナ・ランド
主婦の友社、2006年

「赤ちゃんの脳を育てる」という、なんだか物々しい副題のついたこのシリーズ。子どもの能力をできるだけ伸ばしてやりたいと願うのは自然な親心ですし、脳科学など科学の発展で、効果がある程度実証されているのも事実ですから、こうしたタイトルに引かれて本書に手を伸ばすのも、いいと思います。でも、そんな大げさな理由がなくても、生まれた子どもに一刻も早く本を読んであげたいお父さんお母さんや、赤ちゃんとどうやって遊んでいいのかわからない人に、この本はうってつけです。鮮やかな色や、きらきらした加工や鏡は赤ちゃんの興味を引くでしょうし、各ページに貼《は》りつけられた布やスポンジ、綿、ざらざらの紙などがもたらす触感は、赤ちゃんにとって面白いものにちがいありません。「ぶるるん！」「すーいすーい」などの擬音《ぎおん》も、赤ちゃんは大好きです。まだこの世に生まれて間もない赤ちゃんとのコミュニケーションに一役買ってくれる、楽しい絵本なのです。（三辺）

やまおやじ　季節がめぐる　命がめぐる　★★

今森光彦・写真／文
小学館　2006年

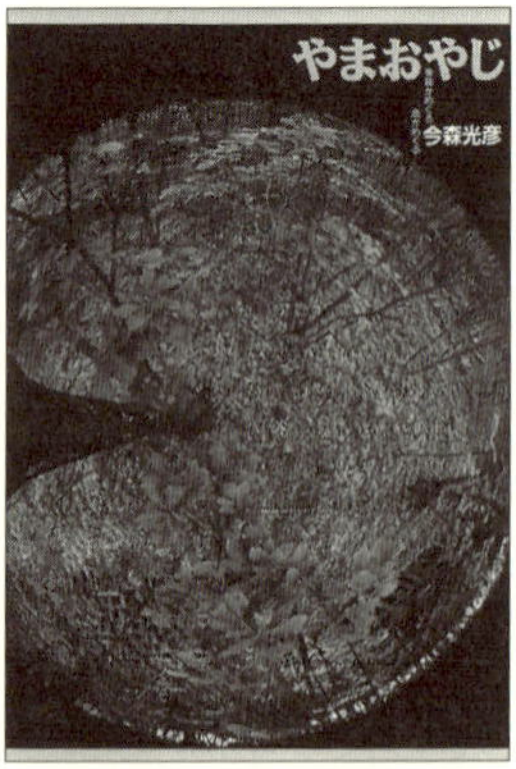

「やまおやじ」なんておもしろい名前ですね。それは、幹が太くなったクヌギのことを指します。地面に腰を下ろしているようにずんぐりむっくり、人の良さそうなおやじさんに見えますよ。この写真絵本は、そんなやまおやじを中心に、自然豊かな雑木林の世界を切り取っています。やまおやじが冬から目覚《めざ》めると、ピンク色のカタクリの花にヒラヒラと飛ぶギフチョウが出迎えてくれます。シイタケ栽培をする人間もやって来ます。夏にはたくさんの昆虫。雑木林はとても涼しい。秋、ドングリの落ちる音。そしてまた冬。日本人はたくさんの山を杉林に変えてしまいました。今、外材に押されてあまり売れなくなったそれらは管理もままならず、山崩《やまくず》れも起こっています。今、自然なバランスで高木、低木、下生《したば》えが寄り添い季節を営んでいる雑木林がようやく見直されてきました。人間もその中に入ると自然の一部になれます。都会の子どもにも、その楽しさをぜひ一度味わってほしい。今森さんはそう言っているようです。（ひこ）

ルリユールおじさん　★★

いせひでこ・作
理論社、２００６年

ソフィーは、ばらばらになってしまった大切な植物図鑑を直してくれる人を探して、町のルリユール（製本屋さん）のところへ行きます。紙を選び、表紙の皮をなめし、ばらばらになったページを糸でかがって綴《と》じなおす。宝物を直してくれるルリユールの手仕事を間近《まぢか》に見て、ソフィーは魅了されます。木のこぶのように節《ふし》くれだった手は、紙と本を知りつくし、そのまなざしは、知恵を継承していく本への敬意と慈愛に満ちていました。ルリユールが名のらず、「ルリユールおじさんでいい」とソフィーに言うのは、「名をのこさなくてもいい。『ぼうず、いい手をもて』」と言いながら仕事を教えてくれた父親の言葉を記憶していたからでしょう。木のように長く生き続ける「本」の文化にかかわる何世代ものルリユールのプライドが、じんじんと伝わってきます。美しく装丁しなおされた図鑑には、重々《おもおも》しいルリユールと、軽やかなソフィーの人生がともに重ねられているようです。（鈴木）

はたらくくるま　よいしょ

三浦太郎・作
偕成社、2007年

とくに教えたわけでもないのに、男の子は赤ちゃんのうちから乗り物が好きなのは、どうしてなのでしょう。中でも働く車には異常なほど反応します。この本は、色紙をはりつけたような濃淡のない単純な表現で、ダンプカー、ホイールローダー（大型特殊自動車）、フォークリフト、ブルドーザー、パワーショベルが紹介されます。「ダンプカーが　つちを　はこんできました」で、真横から描かれたダンプカーが登場し、次のページで「よいしょ！」と土砂を下ろします。「ホイールローダーが　すなを　もちあげます」で、次のページで「よいしょ！」。この繰り返しが一一場面。一歳になったころから親しみ始め、一歳半になるとページをめくるごとに「よいしょ！」と掛け声をかけます。そのうち、ミニカーを持ってきて「おんなじ、おんなじ」と、興味が広がっていきました。シンプルな構成で展開する、赤ちゃんにとって魅力的な絵本です。（野上）

おえどの　おなら　★

越智《おち》典子・作、牧野伊三夫《いさお》・絵
教育画劇、2008年

子どもは、おならの話が大好き。江戸を舞台に、いたるところで住人たちがおならをぶっぱなし、それがなんとも大らかです。始まりは長屋の片隅で、赤ちゃんが大きなおならをブー。びっくりたまげた、おかみさんがブウッ。笑った拍子に姑《しゅうとめ》がプピー。表で飛脚《ひきゃく》がププップップッ。番頭さんがブリブリブリッ。大旦《おおだん》那《な》が笑いをこらえてプププププ……。寺子屋の生徒がパペッピッポッ。先生がプッ。ネコがブニャッ、イヌがブォーン。歌舞伎役者も火消しの纏《まとい》持ちも、ボワン、バスンと、お江戸八百八町はおならだらけ。それぞれのおしりから、まるでマン

ガの吹き出しみたいに、目・鼻・口の描かれたおならキャラクターが飛び出します。おならをした人の顔はのっぺらぼうで、おならのほうが表情をだいたんに誇張して表現されているのも笑えます。侍同士の果たし合いや婚礼の場面などをからめて、最後は、ご隠居《いんきょ》さんのすかしっぺ。展開も落ちも楽しい、痛快なおなら絵本の傑作です。（野上）

3びきのこいぬ

マーガレット・G・オットー・作、バーバラ・クーニー・絵、あんどうのりこ・訳　長崎出版、２００８年

ダックスフントの三匹の子犬と、二人の子どもの、小さなお話です。子犬たちの元気な姿が描かれ、彼らと出会った子どもたちが、飼《か》い主の家に遊びに行きます。三匹と二人はおおはしゃぎ。今度は子犬三匹だけで森へ遊びに。小鳥を追ったり、森をかけたり、楽しい楽しい。でも、帰ろうとしたけれど戻り道がわかりません。泣き出す三匹。その声を聞きつけた二人の子どもが見つけて連れて帰ります。喜んだ飼い主は二人においしいお菓子を出してくれます。これでおしまい。ずいぶん単純ですね。だからつまらないと思われるかもしれませんが、そうではありません。バーバラ・クーニーの描く子犬たちのなんて表情豊かなこと！　そしてシンプルですが危機があり、そこから子犬たちが救われる展開は、読む子どもたちに安心感を与えてくれるでしょう。ずいぶん昔の作品（１９６３年）ですが、今もとても面白い。（ひこ）

ぽいぽい　ぷーちゃん

たるいし まこ・作
ポプラ社　２００８年

赤ちゃん絵本って、そんなにたくさんのエピソードをつめ込めません。一つか、多くて二つです。ですから、何をテーマに選ぶか、そしてどう表現するかが重要になります。この『ぽいぽい　ぷーちゃん』

は、お片づけをテーマに選びました。といっても、「ちゃんとお片づけをできるようになりましょう」なんてお話ではありませんよ。そうしたしつけは保護者が直接やるもので、絵本に肩代わりさせないでくださいね。そんなことしたら、絵本を嫌いになってしまうかもしれませんから。さて、この絵本、もうタイトルからして楽しいでしょ。ぽいぽい、ですもん。ぷーちゃんはおもちゃのお片づけ。えらいねえ。おもちゃばこにボールをぽい。いいねえ。つみき、ぽい。やるねえ。ねずみさんもぽい。あれ? ねこさん、ぽい。あれれ。いぬさんもぽい。おいおい。それから、自分もぽい! あははは。そしてみんなでおもちゃばこを船に見立てて遊びます。最高ですね。(ひこ)

わんわん にゃんにゃん

長野ヒデ子・作
ポプラ社、2008年

ものすごく単純な赤ちゃん絵本です。犬と猫の日常を切り取っているだけです。でも、長野ヒデ子のおなじみの絵で描かれているわけではありません。なんとそれは折り紙を切り抜いた新しい手法で表現されています。絵を描いてなら、いくらでも豊かに表現できる絵本作家が、あえてそれを封印して折り紙を選んだわけですから、折り紙の魅力が伝わってきます。赤ちゃんにこの絵本を読んであげる大人には、絵本という表現の懐《ふところ》の深さをぜひ味わってほしいです。言葉も、なき声や擬音《ぎおん》を使っていますから、リズムよく声に出して読めば、赤ちゃんも一緒に声を出してくれるでしょう。最後に、折り紙の作り方もちゃんと書かれています。読んだあとに折り紙を使って、わんわんやにゃんにゃんを作り、赤ちゃんと一緒に遊んでください。きっと心がうきうきしてきますよ。そうそう、せっかく作った折り紙の動物が、赤ちゃんに破られても怒らないでくださいね。(ひこ)

おむつをみせて!

ヒド・ファン・ヘネヒテン・作、
のざかえつこ・訳
主婦の友社、2009年

トイレ・トレーニングのための絵本です。需要が多いからか、この手の絵本はいろいろあります。でも、子どもが自分

でトイレをするように導くのが主眼ですから、絵本としての面白さには力が注がれないものも。ところがこの絵本は、まあ面白いこと面白いこと。だっておむつの仕掛け絵本なんですもの。主人公の子ねずみくんに聞かれて、いろんな動物の子どもが、自分のおむつを開きます。ここが仕掛けなんですね。すると、それぞれの動物の特徴的なうんこがポロっと見えるのですよ。うさぎさんはコロコロのうんこ。犬さんはグルグル巻いたうんこ。子うしのうんこはベターって。子どもは大笑いしながら、人間以外のどうぶつのうんこの形を知りたくてどんどん読んでいくでしょう。彼らのおむつを何度も開けたり閉めたりするでしょう。トイレ・トレーニングは必要ですが、それがおむつ否定になるのはまずいのです。そうではなくて、楽しいおむつから楽しいおまるへ。この絵本は見事にそれを表現しています。(ひこ)

いろいろな友だち

おんなじ　おんなじ

多田ヒロシ・作
こぐま社、1968年

言葉を覚えはじめた赤ちゃんが、好んでつかう〝おんなじおんなじ〟を、象徴的に表現した人気絵本です。最初の場面は、「ぶうの　くつと　ぴょんの　くつ」とあって、左右のページにおなじ靴を履《は》いた下半身だけ描かれ、「おんなじ　おんなじ」。次の場面で、帽子をかぶった、ブタのぶうとウサギのぴょんが登場します。おもちゃの消防自動車は、ぶうも持ってるし、ぴょんも持ってる。おんなじおんなじを繰り返しながら、ぶうとぴょんが逆立《さかだ》ちをします。すると、ポケットに入れていたものが、ころころと転がり落ちます。「こまと　ぼうる　ちがったね　うっふっふ」と、ぶうが言うと、「おんなじもの　たくさん　あったね　あっはっは」と、ぴょん。そして最終場面、「さよなら　さよなら　また　あしたね」。赤青黄の三色を基調に、太い墨線でくくったキャラクターが、ほとんど同じ構図で左右に描かれた、シンプルな構成もわかりやすい、ロングセラー絵本です。（野上）

スイミー　★

レオ＝レオニ・作、谷川俊太郎・訳
好学社、1969年

赤い魚の中で一匹だけ黒い魚として生まれたスイミー。彼の冒険を描いたこの絵本の魅力をあげればきりがありません。グラフィックデザイナーであるレオ＝レオニの質の高い挿絵はもちろん、協力することの大切さや、異質であることの強さ、広い世界を知る喜びなど、物語から数々の寓話《ぐうわ》的メッセージを読み取ることができます。反ファシズム運動に身を投じ、アメリカに渡った後、故国イタリアに戻ったレオ＝レオニの生涯と重ね

合わせると、様々なメッセージがより深い意味を持って訴えかけてきます。でも一方で、この本が今も輝き続けているのは、黒いスイミーが目になるという、そのアイデアにつきるのではないでしょうか？　物語の筋、挿絵、テーマ、メッセージ、すべてがこの場面で見事に結合し、読者は「なるほど！」とひざを打つのです。この爽快感《そうかいかん》を味わいたくて、何度もこの本を開いてしまう――幼児期の読書はまさに「実感」なのだと思わずにはいられません。（三辺）

すてきな 三にんぐみ ★

トミー・アンゲラー・作、いまえよしとも・訳　偕成社、1969年

くろマントにくろいぼうしの三人組は、人々に恐れられている山賊《さんぞく》。ところがある夜、襲った馬車に一人で乗っていた孤児のティファニーちゃんを隠れ家へ連れて帰ったことから、三人の暮らしはがらりと変わります。宝の山を見たティファニーちゃんの「まぁぁ、これ、どうするの？」という質問に、三人は答えられません。「どうするつもりもなかった」からです。それに気づいた三人組が宝を「どうする」かは、絵本を読んでのお楽しみ。

金持ちから盗んで貧しいものに分け与える――義賊《ぎぞく》というのは、なぜか昔から人気があります。もちろん、金持ちなど強い立場の者たちにひと泡吹かせてやれるということもあるでしょうが、泥棒と正義の味方という相容《あいい》れないはずのものが、一つになるところに、人は惹《ひ》かれるのかもしれません。そう思うと、夜のおどろおどろしいシーンの多いこの絵本が子どもたちに大人気な理由も、わかるような気がします。（三辺）

ねずみくんのチョッキ ★

なかえよしを・作、上野紀子・絵　ポプラ社、1974年

お母さんがねずみくんに、とてもすてきな赤いチョッキを作ってくれます。チョッキを着て、腰に手をまわしたねずみくんはとっても得意そう。ところが、「いい　チョッキだね　ちょっと　きせ

てよ」とたずねてきたアヒルに「うん」と言ったのが運のつき。アヒルにサルが、サルにアシカがおねだりし、大きな動物たちが次々にねずみくんのチョッキを着ていってしまいます。「すこし　きついが　にあうかな?」。すこしきつい?　いえいえ、最後にはチョッキが大変なことに！　ねずみくんの悲哀《ひあい》に満ちた背中は涙を誘いますが、謝罪の意味もこめた発想の転換が、ストーリーをうまく着地させています。枠《わく》は深緑に、動物たちはモノトーンで、チョッキの赤が映える色構成も見事です。チョッキを編んだお母さんはがっかりでしょうが、子どもは、ふりかかってきた問題にこんなふうに自力で対処していくのかもしれませんね。（鈴木）

とりかえっこ

さとうわきこ・作、二俣《ふたまた》英五郎・絵
ポプラ社、1978年

かわいいひよこが、ニワトリのお母さんに、「あそびに　いってくるよ　ぴよ」、と出かけていきます。ひよこはネズミと出会って、鳴き声をとりかえっこします。ネズミは、ぴよぴよ、ひよこは、ちゅうちゅう。つぎに、ブタと声をとりかえて、ブタはちゅうちゅう、ひよこはぶうぶう。それから、カエルと声をとりかえて、カエルはぶうぶう、ひよこはけろけろ。イヌととりかえっこして、イヌはけろけろ、ひよこはわんわん。そこにネコが現われて、「にゃあうー　たべちゃうぞ」。ところが、ひよこが「うー　わんわん」と吠《ほ》えたので、ネコはびっくりして逃げ出してしまいます。ひよこは、にゃあにゃあとネコの声になり、カメと出会います。カメと声をとりかえっこしたら、ひよこは「む」としか言えません。「おやまあ　このこ　どうしちゃったのかしら」と、ニワトリのお母さん。鳴き声が変わるたびに、子どもたちも大喜び。思わず笑ってしまう、ユーモラスな絵本です。（野上）

ねこざかな（シリーズ）★

わたなべゆういち・作／絵
フレーベル館、1982年〜

ネコは魚が好物というのは、海に囲まれた日本ならではの常識だそうですが、この話のネコも、例にもれず魚が大好きです。ところがある日、ネコは、釣りあ

げた魚に逆に飲みこまれてしまいました。食べられる側からの逆襲です。そのまま魚は海に飛びこみ、すいすい泳ぎます。すると、ネコもなんだか楽しくなってきました。魚の口から顔を出し、海での生活を満喫《まんきつ》します。魚のほうも、ネコの影響で木に登ったり、フラダンスをしたりと、この共生を気に入ります。ネコと魚が合体しただけでもナンセンスですが、その先もまったく歯止めがかかりません。ネコと魚の具合のいいところを取り、まるで水陸両生の新種のように暮らす様子がおおらかで愉快《ゆかい》です。犬猿《けんえん》の仲でも、きっかけがあれば案外仲良くなれるのかもと、こちらも楽観的になれてしまうゆるさがすてきです。「ねこざかな」の共同生活は、このあとも続き、海のお化けにあったり、空を飛んでしまったりします。（神戸）

だくちる　だくちる　はじめてのうた ★

V・ベレストフ・原案、阪田寛夫・文、長新太・絵　福音館書店、1993年

何億年も昔、一人ぼっちのイグアノドンは、仲間がいなくて、とてもさびしい思いをしていました。そこにある日、プテロダクチルスが飛んできます。絶え間《たま》なく聞こえてくる火山の噴火音の中にかすかに聞こえる「だくちる　だくちる」という小さな翼竜《よくりゅう》の鳴き声は、大きなイグアノドンにとってこの上なくうれしいものでした。荒《あら》ぶる地球の絶え間ないとどろきの中に聞こえた「だくちる　だくちる」は、地球で最初の友情のあかしになります。イグアノドンが「うれしくて　うれしくて　どんどん　うれしくて　もう　どんどん　ばんばん　うれしかった」ことは、大胆《だいたん》な構図と色合いで表現され、ページからあふれてきそうな喜びに引き込まれます。イグアノドンはどんな雄《お》たけびをあげたのでしょう。つながりあいたいという素朴《そぼく》な願いが、時代も種族も超《こ》えて届くことを感じます。（鈴木）

ともだちや ★

内田麟《りん》太郎《たろう》・作、降矢《ふりや》なな・絵
偕成社、１９９８年

キツネが、提灯《ちょうちん》をぶらさげ幟《のぼり》を立てて、「えー、ともだちやです」と叫んでいくと、最初のお客さんはクマでした。友だちと食うイチゴはうまいとクマは言いますが、キツネはまずくてたまりません。そのうえ、蜂蜜までなめさせられ、シクシクするおなかを押さえながら二〇〇円もらいます。次に声をかけてくれたのはオオカミで、トランプの相手をさせられます。お金をもらおうと手を差し出すと、「おまえは、ともだちから　かねを　とるのか。それが　ほんとうの　ともだちか」と、オオカミは牙《きば》をカチカチ鳴らしました。本当の友だちと言われたキツネが、じゃあ明日も来ていいのと聞くと、「あさってもな、キツネ」と、オオカミは一番大事な宝物のミニカーをくれました。本当の友だち、キツネとオオカミのお話は、『ともだちくるかな』『あしたもともだち』と、続いていきます。ダイナミックに誇張《こちょう》された絵も楽しい、人気の「ともだち絵本」シリーズです。（野上）

ふたり

瀬川康男・作
冨山房、１９９８年

ネコはネズミが大好物。獲物を見つけて「にやり」。震えあがるネズミを前にしてネコの目が「きらり」。手をかざしてネコは「ばさり」。ネズミが倒れて、ネコは「にたり」。ネコが食べようとす

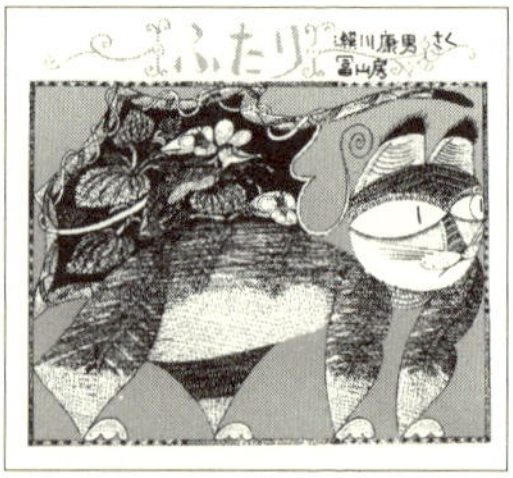

ると、ネズミは「ひらり」と身をかわし、「とぷり」と池に飛び込みます。ネコはそれを追って「どぶり」。水の中で、メチャクチャ泳いで、ネズミを追いかける場面が、とってもユーモラスです。水からあがったネコが、口から魚を吐き出して「げろり」。さすがに疲れて、ネコは「ばたり」。そのまま「ねたり」と、寝てしまったネコの横に座ったネズミが、心配そうに顔を見つめています。そして最後の場面。幸せそうに寝ているネコのしっぽを枕に、ネズミもおやすみして「ふらり」。「にやり」「きらり」「ばさり」と、三文字の

ことばだけでネコとネズミの追いかけっこを、豊かな表情と動きのあるしぐさで表現した、ユニークななかよし絵本。伝統絵画の技法を思わせる、装飾的な場面作りも味わいがあります。（野上）

トゥートとパドル　★

―ふたりのすてきな12か月

ホリー・ホビー・作、二宮由紀子・訳
BL出版、1999年

トゥートとパドルという仲良しのブタがウッドコック・ポケットという農場で一緒に暮らしていました。パドルは家が好き、トゥートは旅が好き。一月のある日、世界一周旅行に出るトゥートをパドルは家から見送ります。一年間、トゥートは世界中で見聞を広げて絵葉書を書き送り、パドルは家で季節を楽しみます。「きみがいなくてさみしいな」。「ホットケーキ、きみもいっしょに食べられたらいいのに」。旅の空で、森の中で、二人は互いを思います。けれども、この友情のすごいところは、相手の好みをあくまで認め、自分のことも相手のことも尊重することです。やがて大旅行から帰ってきたトゥートを最上級の喜びで迎えるパドル。同じ空の下で友情は変わらず、それぞれがすごした一年のどちらもすばらしいものだったと思える一二月の夜です。（鈴木）

あの子　★★

ひぐちともこ・作／絵
エルくらぶ、2000年

表紙は、白地に子どもの顔が描かれているだけです。女の子か男の子か、何歳かもわかりません。今、楽しいのか、悲しいのか、怒っているのか、幸せなのかもわかりません。「なー。なー。なー。あのな　きいてんけどな」「どしたん。どしたん。どしたん」「あの子といっしょにおらんほうがええで」「えー」「うそっ」「なんでー」「ほんまに」。というふうにページを繰《く》っていくと子どもたちの噂話《うわさ》が聞こえてきます。それを言っている子どもたちの絵もみんな同じ顔です。どんどん顔が増えて、噂も広がります。いったい何がどうなっているかもわからない

まま、「あの子」に関する悪い評判だけが一人歩きしていく様子が、怖いくらいよく伝わってきます。具体的な何かが描かれているわけではありませんから、誰にでも思いあたることがあるはず。それぞれが、読んで、感じて、考えることができる貴重な絵本。最後をひぐちさんは、こう結びます。「あの子と　はなしてみたら　ええやん。　…ん」。（ひこ）

ざぼんじいさんのかきのき ★

すとうあさえ・文、織茂《おりも》恭子・絵　岩崎書店、２０００年

ざぼんじいさんの家には、甘い実をつける大きな柿の木があります。でも、ざぼんじいさんはケチで、だれにも実を分けようとしません。そんなじいさんのお隣に、まあばあさんが引っ越してきました。引っ越しの挨拶《あいさつ》にきたまあばあさんに、ざぼんじいさんが差し出したのは、

柿の実ならぬ、柿のへただけ。ところが、まあばあさんは「まあ」と言って喜びます。柿の葉でも、枝だけでも、まあばあさんはいつも大喜びで、たちまちうまい利用法を思いつきます。それが面白くないざぼんじいさんは、実もへたも葉も枝もやるまいとして、ある大変なことをしでかしてしまうのです……。どこか昔話風の筋と挿絵が、この絵本が子どもにも大人にも人気のある秘密でしょう。文章にリズムがあって、ページをめくりやすく、ざぼんじいさんとまあばあさんのセリフの言いまわしもおかしくて、読み聞かせると、こちらまで楽しくなります。（三辺）

けんかのきもち ★

柴田愛子・文、伊藤秀男・絵
ポプラ社、２００１年

自主保育グループと思《おぼ》しき「あそび島」でのけんかの約束は「素手《すで》でやる」「１対１でやる」「どちらかがやめたくなったらやめる」の三つです。たいとこうたのけんかも、蹴《け》りやパンチが入り、なかなかの迫力です。たいは、負けたことも

さることながら、「やめ」の後にどつかれてしりもちをついたことが悔しくてたまりません。ダメ押しされたことが悔しい。お母さんが笑っているのも悔しい。こうたに謝《あやま》られたらもっと悔しい。たいの「けんかのきもち」をまるごととらえた文も絵も秀逸《しゅういつ》です。気持ちを客観化することで、子どもは感情と折りあいをつけやすくなるのでしょう。午前中にみんなで作った手作りギョーザで、「けんかのきもち」はおさまりますが、最後の一文に、たいの男の意地を感じます。こうして少年は強くなり、友だちと絆《きずな》を深めていくのですね。泣きながら意地を張るたいの顔にも、それを見まもる大人たちの笑顔にも、日常に密着した実感があります。（鈴木）

ほんとうのことを　いってもいいの？　★

パトリシア・C・マキサック・文、ジゼル・ポター絵、ふくもとゆきこ・訳、BL出版、２００２年

うそをついちゃだめ。ほんとうのことを言わないといけませんとママに言われたリビー。早速ルーシーの靴下に穴が開いているのをみんなの前で指摘します。怒ってしまうルーシー。学校では、ウィリーが宿題を忘れたことを先生に言います。近所の人の庭が雑草だらけだと、きれいな庭じゃないって言うリビー。でも、なんだか変。ほんとうのことを言っただけなのに、みんながリビーから離れてしまうみたい。なぜ？　どうして？　うそはついていないよ。私はほんとうのことを口に出して言っただけなのに。ほんとうのことは正しいんでしょ？　違うの？　リビーに悪気は全くありません。それでも人を傷つけてしまうほんとうのこともあるのです。確かにそのあたりのさじ加減をわかるのは難しいですけれど、だからといって空気を読んでばかりいては、ほんとうの気持ちは伝わりません。だから、人を傷つけるのはどうしてかを考えてほんとうのことを言うための力を身につけるには、リビーのように間違ってしまうのも大切なんですよね。（ひこ）

かお

おぐまこうじ・作
くもん出版、２００３年

人が人とコミュニケーションするために一番重要な要素は、言葉ではなく実は表情です。俳優という職業が特殊技能な

のは、その表情を自由に操《あやつ》ることができるからなんですね。でも、そんな職業についていない私たちは、自然な表情を豊かにしたい。この絵本は、様々な顔の表情を描いています。すばらしいのは、それを落書きとして見せてくれている点。いかにも落書きをしそうなブロック塀や、アスファルトの地面の写真を背景にして、マジックで書かれています。いいなあ、こういう発想。これなら子どもたちにも親しみやすいですよね。笑顔、怒り顔、泣き顔、困った顔、くすぐったい顔、すっぱい顔。いっぱい、いっぱい、表情がいっぱい。こんなにたくさんの気持ちが顔だけで伝わるのは感動的。子どもと一緒にページを繰《く》りながら、それぞれの表情を二人でしてみてください。どっちが豊かに表現できるかな。（ひこ）

ロンパーちゃんとふうせん ★

酒井駒子
白泉社、２００３年

ロンパーちゃんは、町でもらった風船が大好きです。お母さんは、風船が飛んでいってしまわないよう、ひもをレンゲに結びつけてくれました。ところが、おままごとをしている時に風船は強い風に吹き飛ばされ、木にひっかかってしまいました。お母さんがどんなにがんばっても、風船は取れません。ロンパーちゃんは悲しくて、ごはんもちっともおいしくないし、ベッドに入る時まで泣いたままでした。人形やぬいぐるみに感情移入することはよくありますが、この話では風船というのが面白いです。しかも、レンゲにくくりつけられた風船は、ロンパーちゃんよりほんのすこし高い位置でゆらゆら浮いて、ほんとうに生きているようです。食卓に一緒についたり、ナイトキャップをかぶせてもらったり……。ロンパーちゃんにとって、風船はごっこ遊びではなく、ほんとうに友だちなのだと、作者はよくわかっているのでしょう。だからこそ、離ればなれになった悲しさもひしひしと伝わってきます。（神戸）

てん　★★

ピーター・レイノルズ・作、谷川俊太郎・訳　あすなろ書房、2004年

ワシテは絵の時間が大嫌い。絶対に描きたくない。白いままの紙を見て先生は、「ふぶきのなかの　ほっきょくぐまね」なんて言います。うー。何も描いてないだけなのに。先生はいつまでも待っています。イライラしたワシテは、白い紙にペン先で思い切り点を打ちます。ところが先生は怒ることなく、それにサインをさせます。翌日その絵は金色の額縁に入れて壁に飾られたのでした。「ふーん！　もっと　いい　てんだって　わたし　かけるわ！」。それからのワシテは、すっかり点を描くことにはまって、いろんな色の点、いろんな大きさの点の絵を制作します。絵を描くのを嫌いな子どもって多いと思います。私もそうでした。たぶんそれは、絵を何か難しいものだと思い込んでしまっているからでしょう。絵なんて簡単。心のままに、どんどん描けばいいのです。この絵本を読んでいると、絵を描く勇気が湧《わ》いてきますよ。子どものころに読みたかったなあ。（ひこ）

とくべつな　いちにち　★

イヴォンヌ・ヤハテンベルフ・作、野坂悦子・訳　講談社、2005年

子どものころ、初めて学校に通う日、大喜びで出かけた人、緊張していた人、いろいろいるでしょう。私は幼稚園と学区が違ったので、緊張組でした。建物の匂《にお》いが初めてのものだし、大きさも幼稚園とは全然違います。そしてクラスメイトが違う！　いつから慣れてしまったのかは覚えていません。何かきっかけがあったのか、ズルズルとなのか。この絵本は、緊張する子どもを描いています。アルノはドキドキしながら学校へ出かけます。学校の校舎が見えたところで立ち止まっている彼の背中のなんと心細そうなこと。なんとか教室に入りますが、先に来ていた子どもたちがアルノを見つめます。ぼくもう、帰っちゃおうかなあ……。図工の時間、体操の時間、なじめないアルノ。胃が痛くなりそうです。け

れど、おゆうぎで「赤ずきんちゃん」のオオカミの役をさせてもらったあたりから気持ちは少し変化してきます。緊張している子どもがいたら、この絵本を読ませてあげるのもいいかもね。（ひこ）

学校つくっちゃった！　★★

佐藤よし子・佐久間寛厚《ひろあつ》
ポプラ社、２００６年

学校って、子どもが毎日通うところなのに、どれだけ子どもの希望を聞いて作ったかはちょっと疑問。子どもは教わる側だから、大人の与えた場所で素直に学べばいいって意見もあるでしょうけれど、どうせなら気持ちがいい場所のほうがやる気は出ますよね。大人だって、職場環境は気持ちいいほうが効率もあがるでしょ。同じことです。この写真絵本はダウン症の子どもたちが、自分がほしい学校を作った姿を切り取っています。「テーブルが真っ白だから　絵をかこうよ」と一人が言って、さっそくそれぞれが自分の机に絵を描く。なるほど。勉強机だから無地《むじ》って必要はありませんね。トイレのタイルもカラフルに。たまには教室をカフェにしちゃえ！　もちろん、既成《きせい》の学校でここまで自由にするのは大変でしょうけれど、学ぶ子どもが楽しく快適にすごせる空間にするために、当事者である子どもにまず聞いてみるという、単純だけれど忘れがちなことを気づくにはいい絵本です。（ひこ）

いっちゃん　★

二宮由紀子・文、村上康成・絵
エルくらぶ、２００７年

いっちゃんは、友だちがそんなにいません。クラスの中でひとつめはいっちゃんだけだからです。仲良しは、ののちゃん。顔がのっぺらぼうでなんにもないのも、ののちゃんだけです。そんな二人ですから、クラスの両目のみんなは、からかいます。いっちゃんは、ののちゃんのようにのっぺらぼうだといいなんて思います。のっぺらぼうだと、図工の時間におかあさんの顔を描くのも簡単だし、

授業中によそ見をしてもわかりませんしね。いやいやそれだけではありません。自分ものっぺらぼうだと、のっぺらぼうが二人になって、一人ぼっちのひとつめじゃなくなるからです。でも、ののちゃんは言います。いっちゃんがのっぺらぼうになったって、たった二人だけじゃないって。そういうことじゃないんだけどなあ……。いっちゃんの気持ちは通じるかしら？　おかしく、ちょっと変だけど、楽しい物語。村上さんの絵がとぼけて、怖くて、実によいですよ。（ひこ）

だいすきなもの　★
―ネパール・チャウコット村のこどもたち

公文《くもん》健太郎・写真
偕成社、２００７年

表紙の写真、女の子の表情をご覧ください。どうしたらこんな笑顔ができるのかな。ちょっとうらやましい感じです。

あれ、小鼻にかわいいピアスをしていますね。ＯＫなんだ。日本なら怒られそう。ページを開いて、チャウコット村の子どもたちに会いにいきましょう。公文さんがみんなに質問をしています。大好きなものは何？　みんなの答えは、「土」「おかあさん」「ちょきんばこ」「勉強」「牛」。ケイタイもコンビニもなさそうですが、みんな思い切り幸せそう。そんなのがなくても毎日を充実してすごせる暮らしが、ここにはあるのでしょう。でもね、だからチャウコット村の子どもたちの方が純粋で幸せなのだと考えなくてもいいのです。いろんな国があって、いろんな文化があることがわかれば。そして、やっぱり笑顔というのはそれを見ている人も幸せな気分にしてくれるのを実感できれば。もし、最近、自分はこんな笑顔をしたことがないなと思ったら、その時は考えましょう。どうすれば笑顔になれるかな？　と。（ひこ）

リサとガスパール　にほんへいく　★
（リサとガスパール　にほんシリーズ21）

アン・グットマン・文、ゲオルグ・ハレンスレーベン・絵、石津ちひろ・訳
ブロンズ新社、２００７年

今ではすっかり人気キャラクターの仲間入りをした、「リサとガスパール」。親しみやすい姿をしていますが、どんな動物でしょう？　ウサギ？　イヌ？　いいえ、どちらでもなく、作者が作りあげた未知《みち》の生きものだそうです。シンプルでへなちょこ気味のかわいい姿が一番大きな魅力ですが、お話も絵に負けないくらいへたれ感たっぷりの癒《いや》し系です。今回は、なんとリサとガスパールは、パリから日本へやってきます。日本語もちんぷんかんぷんで、たたみの上にふとんをしいて寝るのも初めて。わたしたちがあたり前に思っていることを、驚いているのが新鮮です。圧巻《あっかん》は、シャワートイレを見て、面白半分にボタンを押してしまい、噴水のように水が噴きでる場面です。好奇心旺盛《おうせい》なリサならやりかねないことですが、日本とフランスの文化的な違いを、うまく紹介しています。このシリーズはほかにも、飛行機に乗ったり、病院に行ったり、子イヌを飼《か》ったりというような、「ほのぼの&ずっこけ」満載《まんさい》の楽しい話がたくさん出ています。（神戸）

けんか　その手をだす前に　★
（学校のトラブル解決シリーズ1）

エレイン・スレベンス・作、オノビン・絵、上田勢子・訳　大月書店、２００８年

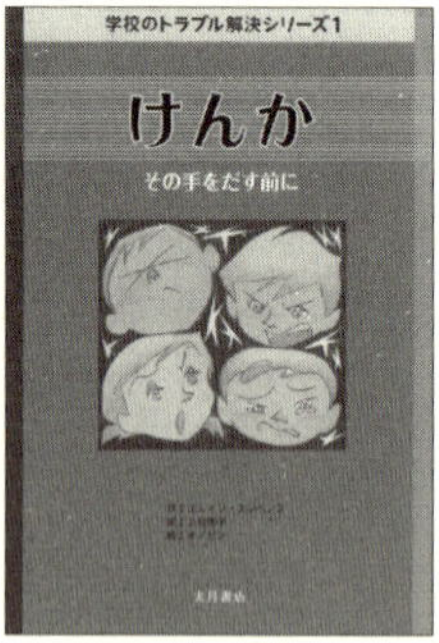

学校での時間が全部楽しかったらいいのですが、なかなかそうもいきません。残念ながらトラブルは必ず起こります。けんかやいじめや、病気や怪我。学校は、それまで一緒に遊んだことのない子どもや、趣味や性格の異なる子どもが一緒に行動することを求められる場所ですから、トラブルは起こらない方がいいにしても、起こるものだとかまえておくことも必要です。そこで、トラブルはどうして起こるか、起こったらどう対処すればいいか、どう解決するかが大事になってきます。このシリーズは、トラブルを冷静に考えるためのガイドブックとして使えます。昔なら、トラブルの解決法は体で覚えていくものだなどと言えたのかもしれませんが、友達との距離感が難しい現在、こうした本は必要でしょうね。子どもたちが気軽に読めるように、学校の図書館にはぜひ置いておいてほしいシリーズです。（ひこ）

はずかしがりやのれんこんくん　★

二宮由紀子・文、長野ヒデ子・絵　童心社、２００８年

「あなーのあいたレンコンさん」は、童謡でもよく歌われていて、小さな子どもたちにも親しまれています。でも、レンコンが池の底の泥の中に埋まっているなんて、知っている子は少ないでしょうね。この絵本は、穴が開いていることを恥《は》ずかしがっている、〝れんこんくん〟が主人公です。穴なんてよく見なくちゃわからないよと、ドジョウがなぐさめたり、ぼくなんか穴だらけだよと魚取りの網が言っても、レンコンは聞く耳をもちません。池の生きものたちは、レンコンの良いところをいろいろと探して励《はげ》まします。大きな葉っぱの上で、トンボやカエルが休憩《きゅうけい》できるし、葉の陰《かげ》でお昼寝できると魚たちが言っても、レンコンの恥ずかしがりは変わりません。ところが夏の朝、レンコンは大きな花をいっせいに咲かせてみんなをびっくりさせます。それでレンコンは、ちょっと得意になります。内気なレンコンを主人公に、その個性をみごとにとらえた絵本です。（野上）

りんちゃんとあおくん ★

あいはらひろゆき・文、あだちなみ・絵
ポプラ社、２００８年

あかいりんごのりんちゃんと、あおいりんごのあおくんの友だち物語です。といっても、単に仲が良いだけではありません。お互いをほめっこするのではなく、競争もします。ファッションはどっちがかっこいい？　負けたくないよ。かけっこはどっちが速い？　絶対勝ちたい。本当に信頼しあっていると、こんなふうに競争もして、互いに高めあっていくのです。ちょっと難しい友情のお話ですが、それがわかりやすく描かれているので、まだ小さい子どもでも大丈夫。いやいや、小さいうちから本当の仲良しってどんな関係かを、こうした絵本でちゃんと伝えたいな。それとね、男の子だから、女の子だからっていう価値観でものを見ないようにも作ってあります。シンプルですが、よく練《ね》り込まれた絵本です。（ひこ）

ことばで遊ぶ・絵で遊ぶ

ことばあそびうた　★

谷川俊太郎・詩、瀬川康男・絵
福音館書店、1973年

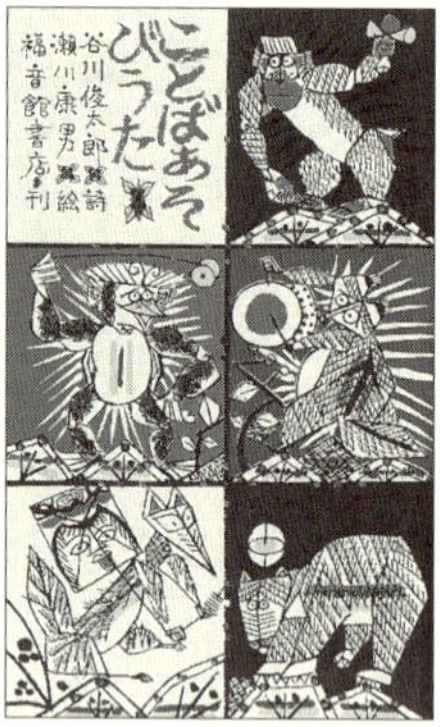

ことばの面白さや不思議さが、いっぱいつまった詩集です。最初の詩が、「ののはな」。「はなののののはなはなのななあに」と、文字を目で追い始めると、思わず声を出して読んでいる自分に気づきます。それが「花の野、野の花、花の名なあに」だとわかって納得。「かっぱかっぱらった／かっぱらっぱかっぱらった／とってちってた」は、早口言葉を読んでいるみたいで、舌をかみそうになります。促音《そくおん》を重ねて、リズミカルに展開するので、意味もわからずに幼児でも覚えてしいます。「河童、かっぱらった　河童、喇叭《らっぱ》かっぱらった　トッテチッテタ」という意味ですが、思わず笑ってしまいますね。読むたびに笑いがこみあげ、言葉と遊ぶ楽しさが満喫《まんきつ》できるので、思い出したように本を開いてしまいます。瀬川康男の、版画のような絵と手書きの文字で構成された本づくりもおしゃれで、絵を読む楽しみも味わえる、ハンディでお得な詩集です。（野上）

ごろごろ　にゃーん　★

長新太・作／画
福音館書店、1976年

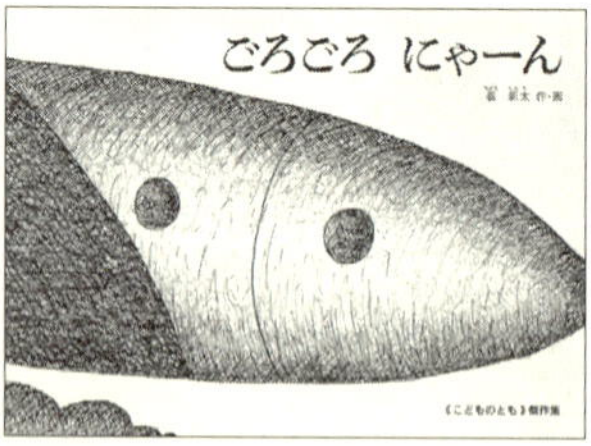

冒頭は、「ひこうきは　ごろごろ、ねこたちは　にゃーん　にゃーん　ないています」で始まります。ボートに乗っているネコたちが、水面に浮かぶ飛行機に乗りこむようです。その後、どのページも、ひたすら「ごろごろ　にゃーん　ごろごろ　にゃーん」と、ひこうきは　とんでいきます」と進んでいきます。絵をよーく見ると、それぞれの窓からネコが

のぞきこんでいたり、飛行機の下から糸がたれて、魚を釣《つ》っていたり、次に窓から見えるネコたちはそろって魚を食べていたりします。巨大なクジラや、UFOに追いかけられたり、ビルの上を飛んでいったり、シンプルな文章に対して絵は、これでもか！　というくらい、遊び心にあふれています。また、飛行機をあらためてながめると、トビウオそっくりなんです。ネコが魚を食べているようで、じつは食べられていたとは、なんてシュールなんでしょう。でも、そもそもなぜネコが飛行機？　という疑問を抱かせる暇《ひま》さえないほどの、見事な力技が光っています。（神戸）

きんぎょが　にげた

五味太郎・作
福音館書店、1977年

金魚が、水そうから逃げてしまいました。しかも、鳥でもトビウオでもないくせに、飛んで逃げてしまったのです！　さて、金魚はどこにいるのでしょう？　空を飛べるのですから、かくれ場所だって、もちろんふつうではありません。食べもの、植物、おもちゃなど、いろいろなところに紛《まぎ》れています。このページにはいないだろうと思ってめくろうとしたら、ちゃっかりカモフラージュしていたりして、気が抜けません。でもじつは、もうかくれていない金魚だらけのページのほうが、見つけにくかったりします。なかまの中が一番のかくれ場所ってことでしょう。ここまでの逃避行《とうひこう》は、なかま探しの旅だったのかもしれませんね。シンプルな線と、はっきりした色づかいの金魚ですから、ほかにもまだ、かくれ場所が見つかりそうですね。どんなところにかくれそうか、読み終わったあとに考えたりして、まだまだたくさん遊べそうな本です。（神戸）

これは　のみの　ぴこ　★

谷川俊太郎・作、和田誠・絵
サンリード、1979年

「これは　のみの　ぴこ」という文章にそえられた絵は、茶色のノミが勢いよく跳《は》ねているところにズームインしています。絵の下には何やら薄茶色の地面？　ページをめくると、「これは　のみの　ぴこの　すんでいる　ねこの　ごえもん」と続き、視線をぐっと引いて、のんびり寝そべっているネコとその上に跳ねているごくごく小さなノミの絵になります。ナーサリーライム（わらべ歌）の「これはジャックのたてた家」のように、文を重ねていく楽しさを追求した言葉遊びの絵本で、お母さんや銀行員、ホルンの先生など、思いがけない人物まで次々に登場するナンセンスが愉快《ゆかい》です。左側の文章がめいっぱいになったところで、ぐっと回転し、再びノミに戻ってくる手腕《しゅわん》はさすが。白ネコのシャルルの背中で跳ねる極小のノミのぷちは、ぴこの友達かもしれませんね。（鈴木）

みみをすます ★★

谷川俊太郎
福音館書店、1982年

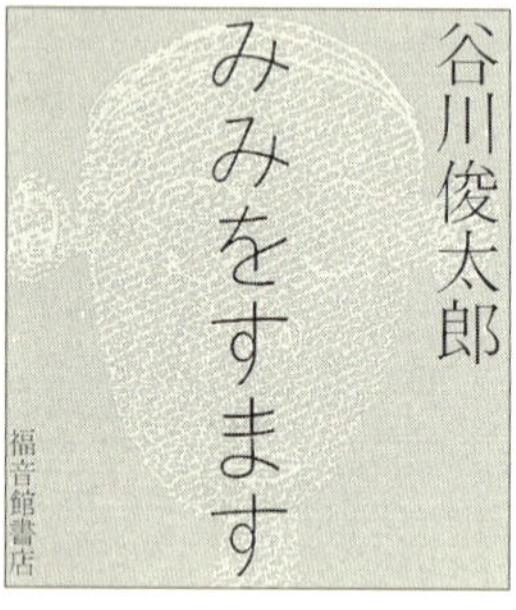

「みみをすます」「えをかく」「ぼく」「あなた」「そのおとこ」「じゅうにつき」の六編の詩がおさめられています。太古から現在まで営々《えいえい》と続いてきた時の流れと、その時々の音に「みみをすます」。「えをかく」では、目の前の白い紙に未来を描きます。「ぼく」は、生まれてから死ぬまで、その人の一回性の関わりに満ちた人生がたどられ、自分を見つめたあとは、まだ会ったことのない、あるいは会ったことのある「あなた」へのメッセージが続きます。「まるで／くらい／あなのように」立ちつくしているホームレスを見つめる「そのおとこ」には深い悲しみがあり、威勢《いせい》のいい六月から始まる「じゅうにつき」の時間の流れには、自分を取りまく大きな自然を感じます。すべてひらがなですが、言葉の重みは大人のものでしょう。子どもが幼いうちは、大人が静かに暗誦《あんしょう》し、この豊かな言葉の世界にふれさせたいものです。（鈴木）

おなら ★

長新太・作
福音館書店、1983年

だれでもするけれど、人前でしちゃうと恥ずかしいのがおなら。子どもが大好きな話題の一つです。へえ、人間だけじゃなくて、ゾウもライオンもカバも、おならをするんですね。さて、ライオンとカ

バで、おならが臭いのはどっちでしょう？　ほお、人間は、毎日、五〇〇ミリリットルのおならを出すそうです。ペットボトル一本分もおならをしているなんて、びっくりです。このように、この本は、ついついお笑いのネタにしてしまう「おなら」の知識を、いたって真面目《まじめ》に教えてくれます。でも、絵がユーモラスですから、読んでいてついつい笑っちゃいます。おまけに、おならの音がユニークで面白い。巻末には、いろいろなおならの音がのっています。「ぶばー」とか「ぷうすーぴ」なんて、名人芸のようですね。訓練したら、こき分けができるようになるのかしら？　そうそう、おなかをがまんしすぎると、おなかが痛くなっちゃいます。だから、無理せず、どんどん出しましょうね！（神戸）

ねえ、どれが いい？ ★

ジョン・バーニンガム・作、まつかわまゆみ・訳　評論社、１９８３年

「どれなら食べられる？／くものシチュー／かたつむりのおだんご／むしのおかゆ／ヘビのジュース」。もちろん「ぜんぶイヤ」なんて答えは許されません。

昔から、子どもたちは（大人も？）こんな「究極の選択」ごっこが大好き。究極の「究極の選択」を作り出すのも面白ければ、さんざん悩みぬいて答えを出すのも楽しくて、ばかばかしいと思いつつ、ついつい遊んでしまいます——いえ、ついつい本気になってしまうのです。そんな究極の選択が次々に提示されるこの絵本。読むほうも、読んでもらうほうも、必死になってしまうこと請《う》けあいです。さらに「究極」さを盛りあげるのがイラスト。「おとうさんが学校でおどっちゃうのと／おかあさんがきっ茶店でどなるのと、どっちがいや？」のページの息子の顔を見たら、一晩中考えても結論が出せないかもしれません。ぜひ大勢で読んで、わいわい盛りあがってください。（三辺）

言葉図鑑（全一〇冊）★

五味太郎・作
偕成社、1985~88年

さまざまな言葉を、絵で紹介する品詞別の絵辞典です。「うごきのことば」は動詞、「ようすのことば」は副詞、「かざることば」は形容詞というように、全部で一〇冊。たとえば「ようすのことば」。大判《おおばん》の絵本の表紙には、いろいろな動きをしている二四人の子どもたちの姿が、様子を表わす言葉とともにユーモラスに描かれていて楽しそうです。そして本文は、見開きで各月ごとの特徴的な情景の中に、様子を表わす言葉がびっしりと紹介されていきます。最初の四月は、公園のサクラが満開の小学校の入学式に続く道路のまわりに、いろいろな人が様々な活動をしている場面です。五月は、こいのぼりの下の田園風景。六月は、梅雨時の川沿いの町の光景。巻末には、全ページに登場した約四七〇語の副詞が、それぞれの絵とともに、あいうえお順に並べてありますから、その絵を本文の中から探すのも楽しみです。「うごきのことば」（動詞）には、約五七〇語が収録されています。（野上）

ねこが いっぱい

グレース・スカール・作、やぶきみちこ・訳
福音館書店、1986年

ネコは、人間に身近な存在。田舎でも都会でも、ちょくちょく見かけます。最近は、「地域ネコ」という、町ぐるみで野良ネコと共生をはかろうという活動もさかんになってきました。子どもが生まれてはじめてふれあう人間以外の動物も、ネコかイヌが多いのではないでしょうか。大人でしたら、「ノルウェイジャン・フォレスト・キャット」「アメリカン・ショートヘア」といった品種や、三毛《みけ》、茶トラのような毛色で区別するかもしれません。では、小さい子はどうでしょう？

この本は、はじめてネコを認識するくらいの子どもの目線で、ネコを紹介してくれます。見開き二ページに、ネコの絵

と「おおきい　ねこ」「しましま　ねこ」と書いてあるだけ。とってもシンプルです。でも、ネコの表情がとても豊かです。ひもにじゃれたり、ちょうちょを追いかけたり、ネコの特徴もきちんととらえています。見た目はいろいろなネコも、鳴き声だけは一緒です。大人にはあたり前のことも、ネコ初心者の子どもには大きな発見なのですね。（神戸）

いちねんせい　★

谷川俊太郎・詩、和田誠・絵
小学館、1988年

小学一年生になった喜びや驚き、初めての学校や先生、友だちとの出会いなどの新鮮な気持ちを、しなやかに歌った詩の絵本です。「せんせいが　こくばんに／あと　かいた／あ　びっくりしてるみたい」から始まる「あ」。「あたし　しってる／あたしの　あと／あなたの　あは／おんなじ　あなのよ」という、「ひみつ」。「せんせいが／わたしの　なまえをよびました／せんせいは／わたしの　なまえを　しってるんだね」で始まる「せんせい」では、先生はちょっぴりお父さんに似ているとか、先生は南の島で生まれ、お母さんは亡くなったんだって、と続いて、「せんせいは／なかよくしようと　いいました／せんせいも／ともだちが　ほしいのかな」で終わります。「なまえ」「あたらしい　こ」「たかしくん」「あいしてる」「わるくち」「どうして？」など、新一年生だけではなく、学校にあこがれる幼児や、かつて一年生だった大人たちも、微笑《ほほえ》ましく爽《さわ》やかな気分に誘われるでしょう。（野上）

うたえほん

つちだよしはる・絵
グランまま社、1988年

つちだよしはるの柔らかい絵を全編にちりばめた名前の通りの歌の絵本です。一ページあるいは見開きで一曲を扱い、歌にふさわしい挿絵をそえて、歌詞と楽譜の両方を載《の》せています。「ぞうさん」「やぎさんゆうびん」のような誰でも知って

いる童謡のほか、季節や行事を重視した「うれしいひなまつり」「たなばたさま」「むしのこえ」まで全部で二八曲が収録されています。基本の歌を中心にした『うたえほん』に対し、『うたえほんⅡ』には、応用編で少し年長の幼児も意識した「やまのおんがくか」「どじょっこふなっこ」など二八曲、『うたえほんⅢ』には、「おおブレネリ」「おおきな古時計」など外国の曲を多く入れた二六曲が選ばれています。うろ覚えの歌詞を確認しながら一緒に歌ったり、簡単な伴奏をつけたりするのに便利です。歌は親子のコミュニケーションにもとても大切。ぜひ、お役立てください。（鈴木）

なぞなぞあそびうた ★

角野《かどの》栄子・作、スズキコージ・絵
のら書店、1989年

子どもは、なぞなぞが大好きです。問いを読んだり聞いたりしながら、何だろうと考えるのが楽しいし、ちょっとひねった意地悪な問題も、なぞなぞ遊びの魅力の一つです。「つぶつぶ　つぶつぶ　つぶつぶ　つぶつぶ　つぶつぶ　くっつき　つぶつぶ　ひとふさ　ぶつぶつ　いわずに　ひとつぶ　いかが」というように、日本の伝統的なことば遊びでもあるなぞなぞの新作ばかりが、リズミカルな歌のように五七問。それぞれに工夫されたユーモラスな挿絵を見ると、そこに答えのヒントがありますから、幼児でも楽しめます。「あな　みっつ　ふたつに　あしくぐり　ひとつに　おなかくぐり」「はなのうえに　のってる　ふたつのまど」「おおさむ　こわい　こおりの　きばが　やねから　さがる」なんて、声に出して読んでも、面白いでしょう。ちなみに、ここに紹介したなぞなぞの答えは、ブドウ、パンツ、めがね、つらら。ハンディーで持ち歩きにも便利な、洒落《しゃれ》た絵本です。（野上）

ミッケ！ ★

ジーン・マルゾーロ・文、ウォルター・ウィック・写真、糸井重里《しげさと》・訳　小学館、1992年

タイトルの「ミッケ！」というのは、かくれんぼの鬼が見つけたときに叫ぶ言

葉。原題の「I　SPY」を、「ミッケ！」としたところに、訳者の遊び心が表われているようです。各場面は、「もういいかい？」の呼びかけで始まり、おもちゃ箱をひっくり返したように、カラフルな小物が色とりどりに散らばった、にぎやかで楽しい写真の中から、指示されたものを探すのです。最初の場面は、今にも倒れそうに積みあげられた積木の上に、ミニカーや小さな動物やビー玉などの小物が、バランスよくのっかっています。この写真を見ただけでも、とっても楽しい気分になります。「うさぎは　どこだ」「くまは　ぜんぶで　11とう」といった呼びかけに応えて、写真の中からものを探し、「ミッケ！」で次のページへ。そこは「やねうらの　おもちゃ」。ヨーロッパの古いおもちゃが場面いっぱいに広がり、「もういいかい？」。続編が何冊もある、大人気のかくれんぼ絵本です。（野上）

ピカソの絵本《えほん》 ★

結城昌子・構成／文
小学館、1993年

世界的に有名なスペインの画家、パブロ・ピカソ。けれど、ピカソの絵は、ぱっと見ただけでは、なにがなんだかよくわかりません。そんな抽象的な絵を、もっと気軽《きがる》に楽しんじゃおう！　というのがこの本です。キュービズムと呼ばれる図形のような様式を、「あっちむいてホイッ！」という遊びに重ねてみたら、たしかにぐっと身近《みぢか》なものに思えてきます。でもピカソの絵は、あっちを見ながら、こっちを向いていたりするんですよ。すごいけれど、ちょっとずるい気もしますね。また、一つの絵を二つに分けてみると、それぞれに違った表情があるのがわかったり、一つのお皿に三つの表情が入っているのをたしかめたり……。いつのまにか、絵の見方が身についてきます。さらに、絵のモデルの写真ものっていて、線で結ぶクイズが入っています。どこが似ているか（そもそも、似ているところはあるのか？）を探してみるのも面白いです。（神戸）

おかあさんと子どものあそびうた（全三冊）

ましませつこ・絵
こぐま社、1994年

「あがりめさがりめ」「いっぽんばし」「げんこつやまのたぬきさん」「だるまさん」「このこどこのこ」「ずいずいずっころばし」「ちょちちょちあわわ」「はげや

ますべって」「うちのうらのくろねこ」「おべんとうばこ」「あかちゃんあかちゃんなぜなくの」「ぎっちらこ」「なべなべそこぬけ」「いもむしごろごろ」が収録されています。切り絵、貼《は》り絵、水彩など様々な技法を駆使《くし》して、遊んでいる様子が描かれ、大人向けの説明もところどころにありますが、実際に手を動かさないと、絵だけで理解するのは難しいでしょう。そもそも、わらべ歌や手遊びというのは、身体的な伝承です。大人から子どもに体を介《かい》して直接伝える手遊びや遊び歌を、楽しんでみてください。俵《たわら》のネズミや、赤ちゃんの顔で遊びまわる小さな子どもたちなど、実にユーモラスなイラストです。（鈴木）

でてこい　でてこい

はやしあきこ・作
福音館書店、１９９５年

緑色の大きな葉っぱや、ただの五角形に見える大きなピンク色の形。「だれかかくれてるよ　でてこい　でてこい」という文章に誘われて次のページをめくると、カエルやウサギなどいろいろなものが飛び出してきます。ベタ塗《ぬ》りにしか見えないところから、切り抜き細工のように「隠れているもの」が出てくるという発想には驚きます。「こどものとも」のシリーズで人気を博した絵本で、ファーストブックにもぴったりでしょう。大人にも予想ができないものが出てくる「でてこい　でてこい」という言葉は、まるで不思議なおまじないですね。切り絵のようですが、形の中に白抜きで残った部分と、飛び出して動きはじめた形とでは変化していますから、まさに「でてきた」感じがよく伝わってきます。折り紙などで遊んで、親子のコミュニケーションにつなげてもいいでしょう。（鈴木）

どうぶつはやくちあいうえお

きしだえりこ・文、かたやまけん・絵
のら書店、１９９６年

「あんぱん　ぱくぱく　ぱんだのぱんや」「いかにかにがちょっかい　いかいかったいかった」「うしろで　うろうろ

うるさいうし」「えび　えんびふくきてえんぶきょく」「おっとせいの　おとうさん　おっとせいのび」というように、「あ」から始まる早口ことばに、いろいろな動物が次々と登場してきます。右ページに早口ことば、左ページにカラフルでユーモラスな絵。小さい子が読んでもらいながら、絵を見ていても面白いし、文字を読み始めた子どもが、声を出しながら読んでも楽しめます。「しまのひまな　しまうまの　しまのうんこ」では、島の草原であくびをするシマウマのお尻から、しましまのうんこがポトポト。「りんごごこくうごりら　ごくろうごくろう」では、両手両足だけでは足りなくて、五つ目のリンゴを口にくわえたゴリラが空を仰いでいます。なんとものどかで、読みながら見ながら、笑いがこみあげてきます。（野上）

あかちゃんとお母さんのあそびうたえほん

小林衛己子《えみこ》・編、大島妙子《たえこ》・絵
のら書店、１９９８年

「おつむ　てんてん　みみ　ひこひこ」「めんめん　すーすー」のように、やる気さえあれば新生児から遊んであげられるわらべうたが二一編おさめられています。薄手の布などを使って遊ぶと楽しい「にーぎり　ぱっちり　たてよこ　ひよこ」や、立てるようになったらそっと大人の足に乗せて一緒に歩きたい「あしあし　あひる」など、大島妙子の見るからに明るい絵に、遊びたくなること間違いなしでしょう。近年、身体性に富み、赤ちゃんとじかにコミュニケーションできるわらべうたが保育や子育ての場で見直されています。家庭でも、ぜひわらべうたを使ってみてください。オムツ換えの時には「なこうか　とぼうか」、おんぶをする時は「うまはとしとし」はいかがでしょう。続編に『子どもとお母さんのあそびうたえほん』もあります。（鈴木）

落語絵本　じゅげむ ★

川端誠・作
クレヨンハウス、１９９８年

落語の古典的作品を現代風に絵本化し

た「落語絵本シリーズ」の四冊目です。有名な「寿限無《じゅげむ》寿限無《じゅげむ》五劫《ごこう》のすりきれ海砂利水魚《かいじゃりすいぎょ》の水行末《すいぎょうまつ》雲来末《うんらいまつ》風来末《ふうらいまつ》……」。NHKの子ども番組で取りあげられたことで、「じゅげむじゅげむ」だけでなく、最後の「長久命《ちょうきゅうめい》の長助」まで全部言える子どもも多いそうです。長い名前を全部言うのに時間がかかることから引き起こされる愉快《ゆかい》な落語は、何度聞いても面白い。赤ちゃんの時は、名前を呼んであやそうとする間に眠ってしまい、大きくなってからも、長助が友達とケンカしたという知らせにかけつけてみると、説明に時間をかけていた間にもう仲良しに戻っています。本人は、複雑な名前を気にすることなく元気いっぱいで、もっぱら、まわりの人の騒動を取りあげています。子どもにすばらしい名前を贈ってやりたいと願う親心に由来《ゆらい》するユーモアなので気持ちがよく、実際、とてもありがたい名前です。（鈴木）

にたものランド ★

ジョーン・スタイナー・作、前沢明枝・訳
徳間書店、1999年

いやもう、びっくりしますよ。こんなに凝った絵本はちょっとありません。汽車に乗って、見知らぬ町を訪れる。設定はたったこれだけです。中を広げても一瞬、「なーんだ模型を作って写真撮影しただけか」とがっかりするかもしれません。でも、でも、よーく目をこらして見てくださいね。あれれ、なんだかちょっと違う。汽車も、駅も公園もサーカス小屋も、レストランからホテルにいたるまで、ミニチュアじゃないんです。それらは私たちの身のまわりにある様々な道具やお菓子でできているのです。たとえばホテルのロビーのソファーは赤い手袋で、イスの背もたれはがま口のサイフ、テーブルのランプは小さな香水のビン。汽車も、車輪はプルトップの缶に、ビールの王冠。煙を噴出しているのは糸巻きだし、シャーシーにはおもちゃのピストルとハーモニカ。目が慣れてくると、次々見えてきますよ。見え出すとますます何がどう使われているかを知りたくなって探し続けてしまいます。これはもう見て

もらわないといけません。（ひこ）

ことばあそびえほん ★

石津ちひろ・文、飯野和好・絵
のら書店、2000年

「ありだくだりあ」（アリ抱くダリア）から始まり、「きすするすすき」（キスするスキ）「へちまがまちへ」（ヘチマが町へ）など、上から読んでも下から読んでも同じ「さかさまことば」（回文《かいぶん》）。「おぞうにだ」（お雑煮だ）を並べ替えると「おにだぞう」（鬼だぞう）になる「ならべかえことば」。「どじょうが　どうどうと　ちじょうに　とうじょう」「ねまき　きたままの　きままな　まねきねこ」など、舌をかみそうな「はやくちことば」。日本語の不思議さや面白さがいっぱいつまった、幼児でも楽しめることば遊び絵本です。飯野和好のユーモラスな絵を見ているだけでも、思わず吹き出しそう。文字全部ひらがなで書かれていますから、文字を読み始めたばかりの子どもにもぴったり。見たり読んだり聞いたりしているうちに、自分でも作ってみたくなります。（野上）

あっちゃん　あがつく ★

みねよう・原案、さいとうしのぶ・作
リーブル、2001年

ちょっと昔、「かっちゃん、カズノコ、ニシンの子……」とか、「みっちゃん、みちみち、うんこして……」など、相手の名まえを歌い込んだ「からかい歌」がありました。この本は、そのスタイルで、食べ物をテーマにした、〝あいうえお絵本〟です。「あっちゃん　あがつく　あいすくりーむ」「いっちゃん　いがつく　いちごじゃむ」「うっちゃん　うがつく　うめぼし　すっぱい」。左ページに歌を、右ページには、歌にあわせて、擬人化された食べ物が、様々なしぐさで動き回ります。〝あ〟では、目鼻や手足のついた、いろいろなアイスクリームが踊り、〝い〟では、瓶に入ったイチゴジャムが、食パンにジャムを塗っています。擬人化され

た食べ物キャラクターが、じつにユーモラスです。歌の周囲には、ユニークな食べ物たちが、縄跳びをしたり、〝ダルマさんが転んだ〟に興じたり、水鉄砲で遊んだり。それだけでも幼児は大喜び。描き込まれた絵のそれぞれから、親子の会話もはずみます。（野上）

しりとりえんそく ★

矢玉四郎
ポプラ社、２００２年

おもちゃや道具がなくても、いつでもどこでも楽しめるのが、しりとり遊びです。「さあ、しりとりえんそくにいくよ」と、リュックを背負った四人組が出発。「しりとりえんそく」で「く」の後だから、「くまが　まどから　どろなげた」と、「くま・まど・どろ」と続きます。ページの最後に「でんちで　うごくよ」と、「ろ」のつくことばのヒント。それに続けて、「ろぼっとと　とけいが、いすのとりあい」と、ロボットと時計が、椅子《いす》の取りあいを始めるのだから、絵もユーモラスで笑えます。「いす」の後に、「すいかとかにが　にじを　たべた」と続き、「にじ」の次のヒントが「てつを　くっつける」。ページをめくると、「じしゃくで　くじらをつる　らくだ」。「だんごで　いっぱい　ごりらの　らんどせる」と、しりとりは続いていきます。しりとりの成り行きもナンセンスで楽しいのですが、その絵がまたマンガみたいで、読みながら、絵を見ながら、思わず吹き出してしまいます。（野上）

まり

谷川俊太郎・文、広瀬弦《げん》・絵
クレヨンハウス、２００３年

黄色いまりが「ころん」と転がりはじめ、落ちたり、水に浸《つ》かったり、バットにあてられてへしゃげたりします。場面に応じて「ぽとーん」「ぱしっ」「ぴしゃっ」など様々な擬音語《ぎおんご》が使われているので、まりの形の変化と音を楽しむことができるでしょう。「かきーん」と四角くなってしまったまりが、まりのくせに「かっ

くん　かっくん」と進んでいくあたりはかなりユーモラスです。池に沈んだ時は、まりの姿が消えたまま池を描く見開きページから、ドキドキするような間あいが生まれます。最初に「まり」と登場し、最後に「まり」と終わる。ぐるっとめぐってきたことでオチをつけつつ、「まり」という言葉じたいも擬音語になったかのような錯覚も楽しいです。赤ちゃんと一緒に読むのがおすすめ。谷川俊太郎による同じ「あかちゃんから絵本」のシリーズに『にゅるぺろりん』（長新太・絵）、『かいてかいて』（和田誠・絵）、『んぐまーま』（大竹伸朗・絵）もあります。（鈴木）

あかちゃんの詩《うた》（1・2）

中川ひろたか・詩、山本直孝・松成《まつなり》真理子・絵　偕成社、2005年

赤ちゃんのための詩が一五編ずつおさめられています。赤ちゃんに語りかけるのはちょっと難しいし恥ずかしい……という新米のパパやママにぴったりでしょう。詩人の言葉を借りて「てんとうむし　ちょこちょこ／てんとうむし　こちょこちょ／ちょこちょこ　あるいて／ここらを　こちょ」と口に出してみれば、読んでいる大人も楽しい気分になりませんか？　出色は、赤ちゃんの気分を代弁した詩です。泣いている赤ちゃんの「ぼくなんか／あかちゃんなんだからねぇ」とすねて甘える言葉には、一本とられた気分になります。「あーあ／パン　おとしちゃった／あーあ／あーあ／とりさん　いっちゃった／あーあ」。そうそう、幼児は、残念や失敗の「あーあ」を、ごくごく幼い時に覚えるのでした。等身大の赤ちゃんの世界を土台に、赤ちゃんを楽しませるサービス精神に満ちた、類《たぐ》いまれな詩集です。（鈴木）

うんちっち ★

ステファニー・ブレイク・作／絵、ふしみみさを・訳　PHP研究所、2005年

誰もが知っているとおり、子どもはなぜか＊＊＊や＊＊＊＊という言葉が大好きです。でも、もちろんそんな言葉を口にしたら、パパやママや先生からお叱りの言葉が飛んでくるのは、間違いあり

ません。だめと言われれば言われるほど言いたくなるあの言葉。でも、この絵本さえあれば、もう大丈夫。堂々《どうどう》と「うんちっち」と連発できますから。この絵本の主人公の「うさぎのこ」は、なんのためらいもなく、「うんちっち」と言いつづけます。朝、起きた時も、食事の時も、おふろの時だって「うんちっち」。オオカミに「食べていいかい？」と聞かれても「うん　ちっち」。さて、彼の運命やいかに？　それにしても、うさぎの子の悪びれなさが面白い。それに輪をかけておかしいのが、オオカミです。オオカミが例のせりふを言う時の顔ときたら！　今日もまた、「『うんちっち』を読んであげようか？」と子どもに聞いてしまいそうです。（三辺）

さる・るるる

五味太郎
絵本館、1979年

とぼけた顔をしたサルがやってきて「さる・くる」。木の上のリンゴを見あげて「さる・みる」。幹を蹴《け》って「さる・ける」。「さる」と脚韻《きゃくいん》を踏む動詞を、サルの動作で表現する、言葉遊びの絵本です。『さる・るるる　one more』では、おなかのすいたサルが魚を釣り、畑でダイコンを収穫して、料理を作る過程をたどっています。できあがった料理を持ちあげて得意そうに「さる・そる」は、いかにも自慢《じまん》げでユーモラスです。『さる☆るるる　special』では、ステージの準備をする「さる☆リハーサル」や、「さる☆のこさる」のように助動詞も出てきて、もうネタがつきたかな、というあたりで「さる☆たちさる」。同じコンセプトの『ばく・くくく』は「く」のつく言葉と動物のバクを組み合わせており、『バク・ククク　English Version』では「BAKU TALK」「BAKU ROCK」など大技が登場します。言葉の覚え始めに、音の楽しさで遊んでみてください。（鈴木）

時《とき》の迷《めい》路《ろ》 ★

香川元太郎・作／絵
PHP研究所、2005年

絵で遊ぶ絵本は、すっかりジャンルとして定着してきたようです。『ウォーリーをさがせ！』や『ミッケ！』のヒットは記憶に新しいでしょう。本書とそれに続

く「迷路の本」シリーズも、今、最も広く読まれている絵本の一つです。恐竜時代からスタートし、縄文、弥生と進んで、江戸時代から最後の「時の回廊」まで。各ページの迷路をたどって歴史を旅することができます。さらに、どのページにも隠し絵や見つけなければならないアイテムがあり、クイズまで用意されているという、サービス満点の絵本。ぜんぶクリアしようと思ったら、優《ゆう》に一時間以上かかりそうです。とはいえ、全問回答してしまえば、絵本は用ずみになってしまうのでは？　いいえ、その心配はありません。歴史考証画家の作者が描きこんだ細部は、何度見てもあきません。ウォーリーもそうですが、様々な想像を誘う細部こそが、クイズ本との大きな違いでしょう。読者を、絵本の大きさよりはるかに広い世界へ誘ってくれます。（三辺）

おばけのもり　★

石津ちひろ・作、長谷川義史《よしふみ》・絵
小学館、２００６年

神社のお祭りで買ったたこ焼きが、ポロンと外に飛び出して、それを追っていくと奇妙なオバケの世界。主人公が「わっ、おばけ！」と叫ぶと、「おしるこがすき　ばなながすき　けーきもすき」な、食いしん坊のオバケがワンサと登場するオバケ食堂。次の場面で、「わっ、ろくろっくび！」と声をあげると、「ろうそくもって　くらい　ろじから　くねくねあらわれ　びっくりさせる」と、路《ろ》地《じ》からにゅーっと首を伸ばす〝ろくろっくび〟に、キリンもびっくり！「わっ、ひとつめこぞう！」「わっ、ゆうれい！」「わっ、おおにゅうどう！」と、場面ごとにいろいろなオバケが次々と現われます。それぞれの場面に登場する、オバケの名前を頭に置いた文章が、ことば遊びになっています。「わっ、かっぱ！」では、「かるがる　つりあげる　ぱいなっぷる」「かまを　かって　ぱんをやく」「かざりを　つけましょ　ぱんけえき」と続きます。ダイナミックでにぎやかな絵が魅力的です。（野上）

くだもの　だもの

石津ちひろ・文、山村浩二・絵
福音館書店、２００６年

「西瓜《すいか》」という表札の家に、バナナと、キウイの親子とイチゴが海水浴に誘いにくるところから、一日が始まります。せっかくみんなが来たのに、うちわであおぎながら「かいすいよくには　いかないすいか」。そこで、四人だけで出かけた海では、「キウイ　うきうき　うきわでおよぐ」。砂浜でのお相撲《すもう》では、「びっくりした　クリ　めを　くりくり」。すべてがごろあわせのよい果物の詩になっていて、一場面で完結しつつ、全体では、海水浴の愉快《ゆかい》な一日を描く絵本です。ハプニングがたくさんあっても、最後には「いかない」と言っていたスイカも登場するところでひとめぐり。果物自体は写実的な絵なのですが、目鼻や手足がユーモラスについているため、異次元に迷い込んだような不思議な感覚が味わえます。キウイの浮き輪はみずみずしいキウイ色で、種《たね》の模様《もよう》までついていて楽しく、ナンセンスな詩と、それを大真面目《おおまじめ》に具体化した挿絵が見事にあっている絵本です。（鈴木）

ねずみちゃんのおうちさがし　★

ペトル・ホラチェック・作／絵、さんべりつこ・訳　フレーベル館、２００６年

小さな穴に住んでいるねずみちゃんは、ある日、外に大きなリンゴが落ちているのを見つけます。ところが、家に引っぱり込もうとしても、大きすぎて入りません。外に出たねずみちゃんは、リンゴを抱《かか》えて、大きな家を探しに出かけます。あちこちのぞき、「これなら、ちょうどよさそう」。だけど、どの穴にも先客がいて、ねずみちゃんとリンゴが入る余地《よち》はありません。考え深げなモグラ、やさしそうなウサギ、大きなずんぐりしたクマ。絵本は、ほら穴の部分が穴あきの仕掛けになっていて、ねずみちゃんが外からのぞくページをめくると、穴の中からねずみちゃんが来たところが見えるように工夫してあります。ちょうどいい大き

な穴が見つからなかったねずみちゃん。でも、最後に最高の場所を見つけました。リンゴもおいしくて、良かったですね。（鈴木）

あいうえおおかみ ★

くどうなおこ・作、ほてはまたかし・絵
小峰書店、２００７年

赤い雨靴をはいた「あいうえおおかみ」くんが、いろいろな動物たちと出会いながら、五十音の各行をめぐっていく、ことば遊び絵本です。あ行は「あいうえおおかみ　いちりんしゃにのる」からスタートし、か行は「かきくけこつこつこうもりとけんだま」。さ行は「さしすせそうれっ　さるとサッカー」。た行は「たちつてとりゃっ！　とらとたっきゅう」。な行は「なにぬねのんびり　のみとなわとび」というように、オオカミがコウモリとけん玉をしたり、サルとサッカーに興じたり、トラと卓球対決したり、オオカミのひたいの上でノミが縄とびをするのですから、笑ってしまいます。あ行の詩のまわりには、「あいうえお」が頭につく、アザミ、アゲハチョウ、イノシシ、糸電話、ウマ、ウシ、絵描《えか》き、オランウータン、鬼など、いろいろな動物やものを描いた絵がびっしり。それらを使ったお話を作ろうというのですから、なかなか手が込んでいます。絵のヒントは、巻末にあります。（野上）

ハエくん ★

グスティ・作、木坂涼《りょう》・訳
フレーベル館、２００７年

ギェー！　ハエが主人公の絵本なんて読みたくない、読ませたくない！　ですって？　まあそう言わずに表紙に描かれたハエくんのなんだか楽しそうな顔を見てからページを開いてください。楽しそうな理由がわかりました。ハエくん今日は泳ぎにいくのです。天気もいいし、もうわくわく。バッグには日焼け止めクリームにビーチマット。それからそれから、やっぱりビーチボールを忘れてはいけませんよね。跳び込む前にまず、水温

を確かめてドブーン。もう、ごきげんです。でもね、でもね、ハエくんどこで泳いでいるのかなあ？　急に空が暗くなって、なんだか丸い大きなものが空にかぶさっているような。そしてそこの真ん中から……。ああ、読んでみて。私の口からは言えませんからね。子どもは大喜びするのを、百パーセント保証いたしますよ。大人は知りませんけど。絵はコラージュで作られていますから、そこも楽しんでください。自分でもコラージュで絵を作ってみて。そしたらもう、アーティストですよ。（ひこ）

ひつじがいっぴき　★

木坂涼《りょう》・詩、長谷川義史《よしふみ》・絵
フレーベル館、2007年

詩人は、言葉で世界のいろいろな出来事や、存在や、感情を表現します。大人や若者の中には、詩は難しいって先入観を持っている人もいるかもしれません。でも、この絵本を手にとってみてください。ここには、動物をお題にした詩が三〇編おさめられています。タイトルになっている「ひつじがいっぴき」を読んでみましょう。「ねむれないとき　ひつじをかぞえる　ひつじが　いっぴき　ひつじが　にひき　ひつじが　さんびき　ひつじが　かぜひき」。あれ？「ひつじが　つなひき」。はあ？「ひつじが　きゃくひき」。なんだこりゃ？　私たちが知っている、眠れないときの羊の数え方を、微妙《びみょう》に裏切りながら詩は進んでいくのです。「こんなの詩じゃないよ」って？　いや、これが詩なのです。言葉を自由に使って、世界のいろいろな出来事や、存在や、感情を表現していいのです。絵を担当した長谷川義史は、三〇種類の動物を自由奔放《ほんぽう》に描き、詩ってのは自由に作っていいのですよと伝えてくれています。（ひこ）

アートアタック　びっくり！工作　★★

ニール・ブキャナン・原案、神戸万知・訳　フレーベル館、2008年

身の回りにある材料やガラクタを使っ

た工作の本は、これまでもたくさん出版されています。ところがこの本は、それらとはひと味違います。じょうずに細工するというよりも、だいたんに切りばりしたり着色することによって、まるで現代アートのような、奇妙で魅力的な作品ができあがるのです。ダンボールを切り抜いて、ティッシュペーパーを丸めてはりつけ、それに着色してフランケンシュタインやガイコツの顔を作る「きょうふのハンガー」。丸めた新聞紙を折り曲げて、ダンボールで尾と背びれをテープでとめ、そこにティッシュペーパーを糊で貼って乾いたら着色して作る「こわい魚」。新聞紙を箱状にはりあわせ、ティッシュペーパーを丸めたりはりつけたりして作る「ごみ食いモンスター」。それぞれ見開きで作り方が説明される約五〇点の作品をみると、きっとアタックしてみたくなります。（野上）

おしり しりしり

長野ヒデ子・作、長谷川義史《よしふみ》・絵
佼成出版社、２００８年

「おしり　しりしり　おしりさん」と、場面いっぱいに描かれた、おすまし顔のレモン色のおしりさん（パンツをつけた赤ちゃんのおしり）が主人公。「おしりしりしり　しりとり　すきで」と、おしりさんが歌い出し、「おしり　しりしりり！」と、片足をあげた赤ちゃんのおしりが、歌いながらしりとり遊びが始まります。真っ赤なリンゴが、「りんご　んごんご　ご！」。「ごりら　りらりら！」と、そのリンゴをかじったゴリラ。「らっぱ　つぱつぱ　ぱ！」とラッパのアップ。つぎは、「ぱいぷ　いぷいぷぷ！」と、ゴリラが巨大なパイプをくわえ、「ぷっぷ　おならの　おとうさん！」で、前かがみになったお父さんのおしりから、「ぷー」と一発。もう爆笑です。女の子はおまるにまたがり、「りっぱ　りっぱの　うんちっち」。すっきりした女の子は、お父さんと踊ります。ラッパとパイプをくわえ、リンゴを持ったゴリラが神妙な顔で便器にまたがっておしまい。リズミカルな文と、ユーモラスな絵に、赤ちゃんも大喜びです。（野上）

しろくまさんはどこ？ ★

ジャン・アレッサンドリーニ・文、ソフィー・クニフケ・絵、野坂悦子・訳　ほるぷ出版、２００８年

しろくまは雪の上にいると見つけにくいですよね。でも虹の前にいたらどんな

感じになるのかな？　というちょっと奇妙で、なんだか愉快《ゆかい》な発想で作られたのがこの絵本。難しい話はありません。いろんな場所にしろくまを置いてみよう。ただそれだけです。もし雪が黒かったらしろくまは目立ちすぎる。赤い家の前を通ると見えてしまう。茶色のくまさんたちの中だとよく見える。え、バカバカしいですって？　確かにそうですが、私たちは日頃なかなかそういう発想をしないのです。でも、なんでも勉強や学力に結びつけてもつまらない。勉強や学力だけに時間を割《さ》いていては、子どもは育ちません。一時、成績が良くなったように見えても、豊かな知恵のある人間からは遠くなってしまいます。さて、しろくまくんの話、バカバカしいと言いましたが、そうでもなく、子どもに「認識」とはいったい何かを、実はとてもわかりやすく伝えてくれています。つまり、抽象概念を絵本で教えているのです。すごい。（ひこ）

どうぶつもようでかくれんぼ

いしかわこうじ
ポプラ社、２００８年

これは仕掛け絵本の一種です。画面の左側には、なんだかよくわからない模様のようなものが描いてあり、右側は紙面が型抜きされています。ページを繰《く》って、この型抜き部分を、さっきの模様に重ねると、動物が浮かび上がってくる仕掛けです。とはいえ、ページを繰る前の型抜きページにヒントの言葉が書かれていますから、この絵本を小さな子どもに見せる大人には、その模様がどんな動物かはわかっています。「おいしい　みるくをくれるよ。だれかな？」とあれば、牛ですよね。つまり、大人には驚きはないし、面白くもない絵本でしょう。でもね、大事なのは驚きのほうではないのです。型抜きとは、要するに輪郭《りんかく》を切り抜いた状態です。よくわからない模様も、輪郭をつければはっきりと何かわかるようになるという点が、子どもにとっての驚きなのです。大人はもうそんな発見をしないでしょうから、この絵本で再発見してみ

てください。そして子どもと一緒に楽しんで！（ひこ）

ひらがな　だいぼうけん　★

宮下すずか・作、みやざきひろかず・絵　偕成社、２００８年

三つの物語が入っていますが、ひらがなの形をめぐる、おかしなおかしなドタバタ劇「いちもくさん」が最高！「は」は「ha」とも「wa」とも読まれますよね。だから「は」はいろいろに使われて、忙しい忙しいと嘆きます。その姿を自慢《じまん》していると感じた「む」や「め」が怒りだします。「き」なんて壁にぶつかって横棒一本が落ちて「さ」になってしまうし、混乱してしまった本当の「さ」がくるりと回って「ち」になってしまう。というふうに、ひらがなたちが、大騒ぎをするのです。その姿のおかしいこと！　文字というもののすてきさや、その役目を、難しくなくユーモラスに描いているのがとてもいいですね。堅苦《かたくる》しく考えないで、遊び心いっぱいなんですよ。文字の楽しさをこんなふうに知っていくのもいいな。子どもも、大人も、この本を読んで、文字の楽しさや大切さを知ってくれたらうれしいなと思います。（ひこ）

昔のはなし（神話・伝説・古典）

三びきのやぎのがらがらどん　★

マーシャ・ブラウン・絵、せたていじ・訳　福音館書店、１９６５年

昔、あるところに、やぎが三匹いました。名前はみんな「がらがらどん」です。ある日、草を食べに山へむかいますが、途中で橋を渡らないといけません。ところが、そこにはトロルという怪物がいたのです……。定番中の定番の昔話絵本です。最初に一番小さいやぎ、次に二番目のやぎ、最後に一番大きなやぎが橋を渡りますが、声と足音がだんだん大きくなるにつれ、話はもりあがっていきます。エピソードが三回繰り返されるという、シンプルでわかりやすい構成は、ほどよく予測が可能で、子どもの興味をうまく持続させるでしょう。なにより、後のなくなった三匹目が、派手《はで》にトロルをやっつけてくれるのが気持ちいいです。落ちついた色あいの絵は、安心感があり、あきがきません。そして、やぎたちがとても表情豊かです。山を登る時、トロルに気づいた時、見事にトロルを退治した時、それぞれの表情を見比べてみるのも楽しいです。（神戸）

おおきなかぶ　★

A・トルストイ・再話、佐藤忠良・絵、内田莉莎子《りさこ》・訳　福音館書店、１９６６年
→新装版、２００７年

国語の教科書でもおなじみの話です。あるとき、おじいさんがかぶを植えたら、びっくりするほど大きく成長しました。ひとりではどうやっても抜けないので、おばあさんを呼びます。それでも抜けないので、まご、いぬ、ねこ、ねずみを順番に呼んでいきます。こうして、いっしょ

うけんめいふんばったすえ、ようやくかぶは抜けました。自家用車くらい大きなかぶというダイナミックさも、奇想天外で楽しいです。いぬはともかく、ねずみやねこがどれほど助けになったの？　とつい思ってしまいますが、みんなで一致団結して協力したからこその結果なのでしょうね。「うんとこしょ　どっこいしょ」というリズムが心地《ここち》よく、声に出すだけで楽しくなってきます。ページをめくり、助《すけ》っ人《と》が来るたびに「うんとこしょ　どっこいしょ」と、お母さんも子どもも、みんなで繰り返しながら読み進めていくと、いっそう達成感が味わえそうです。（神戸）

ちからたろう ★

今江祥智《よしとも》・文、田島征三・絵
ポプラ社、1968年

貧しくて、めったに風呂にも入れない爺《じい》さまと婆《ばあ》さまは、からだじゅうがこんび（垢《あか》）だらけ。もう子どももできないから、「こんびでも　おとして、それでにんぎょうでも　こさえるべや」と、垢を丸めて人形を作ります。それを「こんびたろう」と名づけ、ご飯を盛ってやると、「わしわし」と食べて、どんどん大きくなります。百貫目の金棒《かなぼう》が欲しいというので作ってやると、それを杖《つえ》に立ちあがり、見あげるような大きな若者に。こんびたろうは、「ちからたろう」と名を変え、どのくらい人びとの役に立つか試してみたいと町に向かいます。途中で出会った、「みどうっこたろう」と「いしっこたろう」を従えて、城下で人々を苦しめていた大入道を退治。三人は殿様からの誘いも断わって村で田畑を耕し、人びとの暮らしを豊かにするという、東北地方の民話を再話した作品です。方言を生かした軽妙な語り口と、だいたんな構図による場面展開もダイナミックな傑作絵本です。（野上）

しばてん ★

たしませいぞう・絵／文
偕成社、1971年

相撲《すもう》が大好きなしばてんは、夜道で相撲をいどみ、投げられた人は足腰が立たなくなり、翌日から仕事もできません。村人たちは暴れ馬をけしかけ、しばてんを撃退《げきたい》。その頃、村はずれに捨てられていた赤ん坊の太郎は、村人たちに助けられ、相撲の強い餓鬼《がき》大将に育ちます。太郎は、村祭りの相撲大会で若衆たちを投げ飛ばし、負けた者は翌日から腰が立ちません。人びとは、しばてんの生まれかわりだと恐れ、太郎を村から追い出してしまいます。そのうち、村が飢饉《ききん》にみまわれます。長者屋敷の蔵には、米も野菜もたくさんあるのに、ひえ一粒も分けてくれません。村人たちは蔵を襲い、番人に阻止《そし》されているところに太郎が登場。「しばてんが　たすけに　きたぜよ」と、番人どもを投げ飛ばし、米俵を持ち出して村は食糧難から救われるのです。やがて犯人探しが始まり、村人の告げ口で太郎は役人に捕らえられていきます。高知の民話をモチーフにした哀感漂《ただよ》う物語と力強い絵が魅力的です。（野上）

島ひきおに ★

山下明生《はるお》・文、梶山俊夫・絵
偕成社、1973年

小さな島に大きな鬼が住んでいました。一人ぼっちでさみしい鬼は、空を飛ぶ鳥や沖を通る船を見ると、「おーい、こっちゃ　きて　あそんでいけ！」と叫びますが、だれも寄りつきません。嵐の晩に、遭難《そうなん》しかかった船の漁師たちが助けを求めて島に来たので、鬼は一緒に暮らすにはどうしたらいいかとたずねます。漁師は、自分たちの島は狭いから、島を引っ張ってきたら一緒に暮らせると、でまかせを言います。鬼は島の底を削り、太い綱でしばって、「えんやこら　えんやこら」と海の中をひいて、ようやく浜辺の村に着いても、丁重《ていちょう》に追い返されてしまいます。どこの村に行っても、鬼と遊んでくれるものはいません。何年も鬼にひかれた島は、波に削られて消えてしまい、鬼のからだも綱のようにやせ細り、それでも「おーい、こっちゃ　きて　あそんでいけ！」と風が泣くように呼んでいました。優しい鬼の豊かな表情が孤独な感情を際立たせ、心にしみる民話風の大型絵本です。（野上）

よだかの星 ★★

（宮沢賢治どうわえほん8）

宮沢賢治・文、伊勢英子・絵
講談社、1986年

よだかは、あまりに姿が醜《みにく》いので、鳥の仲間の面汚《つらよご》しだなどと嫌われていました。鷹《たか》からは、自分と似た名まえをかたるとはけしからん、市蔵という名前にしろと改名まで迫られます。「かぶとむしや、たくさんの羽虫が、毎晩ぼくにころされる。そしてそのただ一つのぼくがこんどはたかにころされる。それがこんなにつらいのだ。ああ、つらい、つらい。ぼくはもう虫をたべないで死のう」。よだかは、空の遠くへ行ってしまおうと決意します。大空に飛び立ち、太陽や、オリオン座や大熊座などの星座に、そばにおいてくれるように頼みますが、みんなに断わられてしまいます。力つきたよだかは、地上に落ちながらも再び舞い上がり、どこまでも空を昇っていき、燃えつきて星になるのです。朱と濃紺《のうこん》を基調に、野の草花や星空のイメージを巧妙にアレンジし、丹念に描きこまれた場面のそれぞれが、よだかの寂しさと哀《かな》しみを印象的に演出してみせる秀逸《しゅういつ》な名作絵本です。（野上）

注文の多い料理店 ★★

宮澤賢治・作、小林敏也・画
パロル舎、1989年

猟に出かけ獲物《えもの》が取れなかった二人の若い紳士が、山の中で迷っていると、「山猫軒」と書かれた一軒の西洋料理店を見つけます。玄関には「どなたもどうかお入りください。決してご遠慮《えんりょ》はいりません」と、金文字で書いてあります。喜んで中に入ると、「ことに肥《ふと》った方やお若い方は大歓迎」とか書かれています。廊下を進んでいくと、髪をきちんとしろとか、履物《はきもの》の泥を落とせとか、鉄砲と弾丸を置いていけとか、つぎつぎと注文が続きます。そのうち、壺《つぼ》の中のクリームをからだに塗れとか、からだに塩をもみ込めとか、なんだか変な感じです。どうや

ら自分たちが料理にされるのだと気がつき、恐怖のあまり泣き出したところに、猟犬が飛び込んできて山猫を撃退し、料理店は煙のように消えていました。ちょっと不気味でハラハラドキドキ、子どもたちに人気の賢治童話を、「画本宮澤賢治」で、賢治の作品に挑戦し続けている画家が、味わい深くすばらしい絵本に仕上げています。（野上）

雪渡り ★★

宮沢賢治・作、たかしたかこ・絵
偕成社、1990年

「堅《かた》雪かんこ、凍《し》み雪しんこ」。四郎とかん子の兄妹が凍って堅い雪野原を散歩に出かけると、小狐紺三郎《こぎつねこんざぶろう》という白いキツネに出会い、幻燈会《げんとうかい》の招待状をもらいます。一一歳以下しか入れないという特別の会で、キツネたちと一緒に幻燈を楽しみ、紺三郎の演説を聞いた二人は、キツネが人をだますという偏見《へんけん》を捨て、お手製の黍団子《きびだんご》をおいしくごちそうになります。「ね。喰《た》べよう。お喰べよ。僕は、紺三郎さんが僕らを欺《だま》すなんて思わないよ」。キツネの生徒は、二人が信じて食べてくれたことに感動して涙を流し、「うそ言うな」「ぬすまない」「そねまない」と改めて誓います。人間と動物の交流の描き方が見事で、二人を見まもる一郎、二郎、三郎も、好もしく賢い兄さんです。紺三郎が「畑を作って、播《ま》いて草をとって刈って、叩《たた》いて粉にして練ってむしてお砂糖をかけた」団子という手間《てま》ひまには、農業人としての賢治の思いを感じられるでしょう。（鈴木）

じゅうにし ものがたり ★

瀬川康男・作
グランまま社、1991年

神さまが動物たちに、一年の最初の日に来たものから順に、十二番目まで名誉《めいよ》の仕事を与えるというおふれを出しました。ネコは寝ぼけていて、その日がいつだったか忘れてしまいネズミに聞きますが、うその日を教えられ眠り続けます。さて当日、小さなネズミは、どうしたら

一番になれるか考え、イノシシの背中に飛び乗ります。イノシシは猛然《もうぜん》と走り出しますが、どこに向かっているのかわかりません。そこで通りかかったイヌの背中に飛び移ります。イヌはときどき立ってオシッコをするから、ネズミは落っこちそうになります。ネズミは、ニワトリ、サル、ヒツジ、ウマと、次々と乗りかえて、最後はウシの背中に乗り、神さまの前でウシがお辞儀《じぎ》して、振り落とされたネズミが一番に。場面中央で眠り続けるネコの絵を両側に開くと、ネズミを先頭に動物たちの賑《にぎ》やかな行列。十二支《じゅうにし》物語をユーモラスに紹介した、まるで新年を祝うような絢爛豪華《けんらんごうか》で祝祭的な絵本です。（野上）

赤い蠟燭《ろうそく》と人魚　★★

小川未明《みめい》・文、酒井駒子・絵
偕成社、2002年

「人魚は、南の方の海にばかり棲《す》んでいるのではありません。北の海にも棲んでいたのであります」で始まる、未明の代表的な童話です。暗い北の海の底に住む人魚の母親は、そのさみしさを我が子にあじわわせたくないと、子どもを陸地のお宮の石段の下に産み落とします。それを蠟燭作りの老夫婦がひろって育てます。娘に成長した人魚の子は、老夫婦への恩返しに、絵入りの蠟燭を作りますが、それをお宮に上げて船出すると海難に遭《あ》わないという噂が立ち、蠟燭屋は大繁盛します。噂を聞きつけた香具師《やし》が、人魚の娘を見世物にするために大金を積んで老夫婦のところへ買いに来ます。お金に目がくらんだ老夫婦は、人魚が泣いて頼むのに売り飛ばしてしまいます。大正一〇年に発表された未明童話の世界が、漆黒《しっこく》の場面を基調にアザラシのイメージを重ねた、酒井駒子の素晴らしい絵と巧みな構成により、哀しいまでに美しい新鮮な絵本として現代に蘇《よみがえ》りました。（野上）

歌う悪霊《あくりょう》　★★

ナセル・ケミル・文、エムル・オルン・絵
カンゾウ・シマダ・訳　小峰書店、2004年

北アフリカのサエル地方に伝わる昔話を素材にした絵本です。貧しい家族が荒れ果てた土地を開墾《かいこん》するのですが、そこは悪霊の住みかで、とても収穫は望めません。ところが、地の底から声がし、手伝ってやると言うのです。そして一〇人の悪霊が出てきて毎日仕事をし、ようやく麦が実ります。悪霊の数は次第に増し、しかし収穫も増えるので父親の欲望は果てしなく大きくなり、やがて……。人の愚《おろ》かさを描いた伝説や昔話はどの国にもあります。それだけ人は変わらないということでしょうか。ナセル・ケミルの物語展開はハラハラドキドキもので、途中でやめられない面白さです。そしてエムル・オルンの絵のなんと迫力のあること！　本当に怖いです。子どももきっと怖いでしょう。ああ、だからといって読ませないでおこうなんて思わないでください。この物語と絵の印象は長く心に残り、アフリカへの興味を抱かせてくれることでしょう。（ひこ）

鹿よ　おれの兄弟よ　★★★

神沢利子《かんざわとしこ》・作、G・D・パヴリーシン・絵　福音館書店、２００４年

シベリアの森に生まれ育った狩人の言葉から、大地に響く詠唱《えいしょう》の迫力が感じられます。語り手の男は、幼い時からシカとともに生き、シカの肉を食べ、皮をまとってきました。それゆえ、「だから　おれは　鹿だ」と胸を張ります。弓矢から銃へ武器が変わっても、彼も父や祖父と同じようにシカを敬《うやま》い、その命の恵みに感謝して狩りに出ます。「鹿よ　うつくしい　おれの　兄弟よ」。シカに呼びかけ、撃たれたシカに感謝し、その命がまた森に戻ってくるように祈る北方民族の人たちの姿は、無用な殺生《せっしょう》はせず、自然の中でけものや魚とともに生かされると信じるアイヌ民族やネイティブ・アメリカンの諸部族とも通じあうでしょう。ハバロフスク在住で国宝級のロシア人画家パヴリーシンの挿絵も見事で、人間と動物を見事な細密画で描ききっています。（鈴木）

はらぺこライオン　★

ギタ・ウルフ・文、インドラプラミット・ロイ・絵
酒井公子《きみこ》・訳　アートン新社、２００５年

ライオンのシンガムはお腹が減っています。でも、シカを追いかけて捕まえるのは疲れる。何か簡単に食べられない

か？　市場に行って人間を追っ払《ぱら》えば、ゆっくりヤギが食べられるぞ。見事人間を追い払ったライオン。でも、ヤギは言います。ライオンともあろうものが私を生で食べるなんて。人間なら塩こしょうで味つけをしてタマネギと一緒に焼いて食べますよ、と。そこでライオンは材料を仕入れに村まで出かけるのですが、無事に(?)ヤギを食べられるでしょうか？

インドに伝わる愉快な民話を元にした絵本です。インド伝統の技法で描かれた絵と、素朴《そぼく》なお話。インドの絵本ってあまり訳されませんが、レベルの高さにきっと驚かれることでしょう。でも子どもは、どこの国かなんて関係なく楽しむのでしょうね。と同時に、それがインドの絵本であることを知れば、かの国への親しみは増すことでしょう。（ひこ）

いちばんのなかよし　★

―タンザニアのおはなし

ジョン・キカラ・作、さくまゆみこ・訳　アートン新社、２００６年

動物たちの村のお話です。木の棒で火をおこす技術を持っているのはネズミだけ。ネズミはとても大事にされていました。お隣に住んでいるのはゾウで、ネズミとゾウは大親友です。ある年、ひどい干ばつで作物がとれなくなります。ネズミが日頃から貯《た》めていた食料をゾウは、自分の家のほうが安全だからとあずかるのですが、お腹がすいていたのでたちまち全部食べてしまいます。それを知ったネズミはゾウの裏切りに怒って村を出て行きます。火をおこせなくなった村人はたちまち困ってしまい、ゾウも反省するのですが、どうすればいいか。一方、村を出て行ったネズミはというと、食べるものがなくてこちらもどうしていいかわかりません。タンザニアの昔話ですが、どこか日本の昔話と似ているのが面白いですね。これが絵本のデビュー作となるジョン・キカラの絵はとても力強く独自の味わいがあり、一度見たら忘れられませんよ。（ひこ）

とらとほしがき ★

—韓国のむかしばなし

パク・ジェヒョン・再話／絵、おおたけきよみ・訳　光村教育図書、２００６年

とらは自分が世界で一番強いと思っていました。夜、食べ物を求めて人間の村にやって来たとらは、牛が飼《か》われている家の庭に。障子の向こうには泣きやまない赤ん坊の影が写っています。困ったお母さんはあやしながら、泣くとオオカミが来るよと言うのですが泣きやみません。それを聞いていたとらは、確かにオオカミなど怖くないと納得。次にクマが来ると言ってもだめ。自分もクマなど怖くないと、ちょっとうれしいとらです。そしてお母さんは次にとらが来るよと言います。これできっと泣きやむだろうととらは考えるのですが、まったく同じです。しかし、ほしがきを与えると赤ん坊は静かになります。ほしがきがいったい何かを知らなかったとらは、きっと自分より強い生き物だろうと勘違《かんちが》いしてしまい……。西洋画を学んだパク・ジェヒョンさんですが、民画風にアレンジして描いた絵は、私たちには未知の感覚で、刺《し》激《げき》的です。子どもにとっても別の文化に触《ふ》れるいい機会ですね。（ひこ）

いぬとねこ ★

—韓国のむかしばなし

ソ・ジョンオ・再話、シン・ミンジェ・絵、おおたけきよみ・訳　光村教育図書、２００７年

貧しいけれど、いぬとねこと一緒に幸せに暮らしているおばあさんがいました。ある時、スッポンの命を助け、竜宮城へと招かれるおばあさん。王さまから玉をもらいます。それはどんな望みでもたちまち叶《かな》うというありがたい玉で、おばあさんはいぬとねことともに裕福になりました。それをねたんだよくばりなおばあさんがいて、玉を盗んでしまいます。困った困った。心配したいぬとねこは恩返しをしようと考えます。なんだか、日本でもおなじみのいろんな昔話が入っていますね。昔話は口から口へと伝わっていくので、似ているお話は世界中にあります。シンデレラも中国や日本にも同じ

ようなお話はありますね。絵を描いたシン・ミンジェは、その画面の中に、わざわざいったん別の紙に描いたいぬやねこを切り抜いてはりつけることで、変化を与え、活き活きした演出をしています。そうした絵本の技法も楽しんでほしい作品です。（ひこ）

三びきのくま ★

森山京・文、柿本幸造・絵
小学館、2007年

昔、三びきのくまがいました。大きなくま、中くらいのくま、小さなくまで、三びきは一緒の家に暮らしていました。ある日、朝ごはんのオートミールを食べようとしましたが、まだ熱すぎたので、さめるまで散歩することにしました。そこに、小さな女の子がやってきて、だれもいない家に入ります。その後、女の子はオートミールを食べ、イスにすわり、ベッドで寝てしまうのですが、毎回、大きいくまと中くらいのくまのものは具合が悪く、小さなくまのものがちょうどよいという繰り返しがあります。この昔話ならではの繰り返しのリズムがよくて、つい歌うように、声に出して読みたくなります。さて、女の子が寝ているあいだに、くまたちが帰ってきます。ここでまた、女の子の行動を一つ一つ確認するように、くまたちがいちいち驚く様子が面白いです。とくに、オートミールをすっかり食べられ、イスはこわされ、ベッドは占領されてしまった小さなくまのがっかりした表情が、とても切実で共感できるのではないでしょうか。（神戸）

かわいいサルマ ★

―アフリカのあかずきんちゃん
ニキ・ダリー・作、さくまゆみこ・訳
光村教育図書、2008年

南アフリカの絵本です。サルマはおばあちゃんに頼まれて、町までお使いに。帰り道、親切な犬に荷物を持ってあげようと言われて、手渡したサルマ。でも、返してくれません。それどころか、サルマを置いて逃げ出してしまいます。そう

して、やって来たのは、サルマのおばあちゃんの家。目が少し悪いおばあちゃんは、お使いものを買ってきた犬をサルマだと勘違《かんちが》いして家の中に入れてしまいます。おふろに入った犬の耳を洗いながら、おばあちゃん言います。「おまえの　みみは　どうして　そんなに　けぶかいんだい？」あれ、どこかで聞いたようなお話ですね。そうです、「赤ずきんちゃん」。これはアフリカ版の赤ずきん。といってもおばあちゃんもサルマも犬に食べられたりはしませんよ。「赤ずきんちゃん」に似たパターンのお話は世界中に分布しています。この南アフリカ版と、皆さんが知っているものとを比べてみてください。どちらがお好みでしょうか？（ひこ）

へっこきよめどん　★

富安陽子・文、長谷川義史《よしふみ》・絵
小学館、２００９年

親孝行の息子のところに来た働き者の嫁さんが、だんだん元気がなくなってきたので、優しい婆《ばあ》さんは心配になります。嫁さんに何か悩みごとがあるのかと聞くと、おならをがまんし続けてきたのだと恥ずかしそうに答えました。遠慮《えんりょ》することはない、一〇発でも二〇発でもおもいっきりこいてみろと婆さんに言われて、嫁さんが「ブボーン、ブビンビボンボ」とおならをすると、もうたいへん。嵐のような風がわきおこり、柱につかまっていた婆さんは、隣の山の畑まで吹き飛ばされてしまいます。婆さんが畑の大きな大根につかまっていると、今度は嫁さんの〝引きっ屁《ぺ》〟が始まり、大きな大根ごと婆さんは家に連れ戻されます。二発目のおならで向こうの山の竹林まで吹き飛ばされた婆さんは、大きな筍《たけのこ》を抱えて家に引き戻され、三発目ではイノシシを抱えて戻ります。おならの威力もすごいけど、その反動による〝引きっ屁〟の描写もまたダイナミックで、抱腹絶倒《ほうふくぜっとう》の昔話絵本の傑作です。（野上）

遊びと冒険

ぐりとぐら ★

なかがわりえこ・作、おおむらゆりこ・絵
福音館書店、１９６３年

赤い帽子と服を身に着けたぐらと、青い帽子と服を身につけたぐり。野ねずみのふたごがバスケットを手に森に出かけ、大きな卵を見つけます。「このよでいちばん　すきなのは　おりょうりすること　たべること」というだけあって、ぐりとぐらは、料理名人の食いしんぼう。思案の末、おなべや泡立て器などの調理用品を家から取ってきて、その場でカステラを作ることに決めます。卵一つで作ったカステラのふわふわ具合は最高で、森中の動物にふるまってもなお余るほどでした。小さなぐりとぐらから見たら大きな卵も、本来はそれほど巨大ではないでしょう。けれど、それは聖書の「パンと魚」のようにあらゆる人を満たし、余ったカラで、さらにすてきなものが完成します。とにかく、このカステラのご相伴《しょうばん》にあずかり、車の後ろに乗せてもらいたい！　憧《あこが》れの気持ちでいっぱいになることうけあいの古典絵本です。（鈴木）

チムとゆうかんなせんちょうさん ★

エドワード・アーディゾーニ・作、
せたていじ・訳　福音館書店、
１９６３年↓新版、２００１年

少年チムが船乗りになって様々な冒険をするシリーズの一作目です。アーディゾーニは油彩も有名なのですが、絵本では、柔らかい色彩と一見ラフな線画で描かれたチムの子どもらしさが、とても魅力的です。海岸の家に暮らすチムは、船乗りになりたくてしかたがないのですが、まだ小さいからとても無理です。あ

るとき、一計を案じてしのび込んだ汽船でそのまま出航《しゅっこう》。怒られますが、ボーイ代わりに船の仕事から細かい雑用まで何でも進んでよくこなし、たちまちみんなにかわいがられるようになりました。ところがある日、船は大嵐に襲《おそ》われます……。海の話に引き込まれるチムの小さなまるい背中。仕事の後のココアにほっと一息つく子どもらしいぽちゃぽちゃした横顔。勇敢《ゆうかん》な船長と一緒に奇跡の脱出をとげた大冒険。チムへの愛情と海への憧憬《どうけい》に満ちています。（鈴木）

ぶたぶたくんのおかいもの ★

土方久功《ひじかたひさかつ》・作／絵
福音館書店、1970年

何をする時でも「ぶたぶた　ぶたぶた」とつぶやく癖《くせ》がある「ぶたぶたくん」。お母さんに頼まれて、初めて一人でのお使いに出たぶたぶたくんは、途中でカラスのかあこちゃんやクマのこぐまくんと会い、「旅は道連れ」とばかりに一緒にお店屋さんに行きます。「3にん　なかよし、3にん　よれば、ぶたぶた　かあこお　くまくま　どたじた　どたあん　ばたん」というのんびりとした空気には、しみじみとした幸福感があり、ぶたぶたくんは黄色、かあこちゃんは赤、こぐまくんは青いリボンを首に結んでいるところにも、特別な時間であることを感じさせます。友達と一緒に、初めてのお使いをこなしたぶたぶたくんの達成感をともに味わう一方、一人でお使いに来たぶたぶたくんを「かんしん　かんしん」とほめるパン屋のおじさんのように、見まもってあげられる大人にもなりたいものです。絵には甘さがなく、動物そのもののようなぶたぶたくんには、とても迫力があります。（鈴木）

かいじゅうたちのいるところ ★

モーリス・センダック・作、
神宮輝夫・訳　冨山房、1975年

ある日、マックスがおおかみのぬいぐるみを着て大あばれすると、お母さんに怒られて、夕食ぬきで部屋にとじこめら

れてしまいました。すると、部屋の中に、木がにょっきり生《は》えはじめて、気がつくと森ができました。それから、波があらわれたので、マックスが船に乗って進むと、着いた先には、怪獣たちがいたのです。マックスは魔法をつかって怪獣をならし、王さまになりました。でも、そのうちさびしくなり、元の世界へもどります。いきなり部屋に異世界があらわれ、自分よりも何倍もある怪獣たちを楽々と操《あやつ》ってしまうという、子どもならだれもがわくわくしそうな物語は、一九六三年にアメリカで出版されて以来、広く愛されつづけています。そして、ストーリーに負けないくらい魅力的なのが絵でしょう。怖《こわ》そうだけれど、丸くて大きな頭が子どもみたいでかわいい怪獣が、なんともいえない魅力をはなっています。

（神戸）

わたしのおふねマギーB ★

アイリーン・ハース・作／絵、
うちだりさこ・訳　福音館書店、
1976年（現在、品切れ）

マーガレット・バーンステイブル（マギー）は北極星に願いをかけました。「わたしの　なまえつけた　おふねで　おもいっきり　うみを　はしりたいの　いちんちじゅう　だれか　なかよし　いっしょに　のせて」。マギーの願いはかない、空想羽ばたく世界で「マギーB」に仲良しの弟を乗せて、航海に出て行きます。マギーBはすばらしい船です。船室はきれいにととのい、デッキには畑や果物の木があって、新鮮な食料に事欠《ことか》きません。頑丈《がんじょう》で、大嵐がきてもびくともせず、海に浮かぶゆりかごのよう。マギーは外洋に向かっていさましく冒険する一方で、船室では大切に弟の世話をし、食べさせ、おふろに入れてあげます。外と内の世界が両方とも美しく満たされ、解放感と安堵《あんど》感を同時に味わうことができる不思議な絵本で、柔らかい色調の船の絵に魅了《みりょう》されること間違いなしです。

（鈴木）

よあけ ★

ユリー・シュルヴィッツ・作／画、
瀬田貞二・訳
福音館書店　1977年

湖のそばの木の下で野営するおじいさんと孫を俯瞰《ふかん》し、寒く静かな深夜から夜が明けていくまでの時々刻々の変化を

丁寧《ていねい》に追います。夜明けの少し前に二人は目覚め、簡単に朝の支度をしたのち、湖に漕《こ》ぎだしていきます。湖の真ん中までボートが来た時に、まさに夜明けが訪れ、「やまとみずうみが　みどりに」なるのですが、黄緑がまぶしいほどの山と湖の絵には、誰でも見入ってしまうでしょう。暗い色調の夜から光まぶしい朝まで、一日のわずかな時間での変化が鮮やかにとらえられています。もとになっている柳宗元《りゅうそうげん》の「漁翁」は、野営した老練《ろうれん》な漁師が明け方にひとり川を下るうちに朝が来て、まわりが緑に染まる、という漢詩です。シュルヴィッツの絵本は、おじいさんと孫という設定をとったことで、わくわくするキャンプのような雰囲《ふんい》気《き》が生まれました。夜明けに漕ぎだしたボートで二人は何を語ったでしょうか。あるいは静かに輝く朝日を眺めたのでしょうか。（鈴木）

はんぶんちょうだい ★

山下明生《はるお》・文、長新太・絵
小学館、1995年

ある暑い日、うさぎとさるは、山をいくつも越えて、海へ釣《つ》りにいきました。魚が釣れたら、仲良く半分こする予定です。でも、なかなか、釣れません。そこで、泳いでいるあいだ、かめにつりざおを見てもらいます。かめにも、手伝ってくれたら、「はんぶん　あげる」と言いました。やがて、魚がかかりました。ものすごく大物で、うさぎとさるとかめでは、まったく歯が立ちません。山の動物たちにも、助けにきてもらいます。もちろん、釣れたら「はんぶん　あげる」約束です。ところが、いざ釣りあげてみると、一匹の魚をみんなで半分こするのは無理だと気づきました。さらに、獲物《えもの》は、魚ではなく、青い海だったのです！　結局、海をぐるぐる巻きにして、山に持って帰り、みんなで一緒に遊ぶことになりました。スケールの大きな話に負けないくらい、だいたんな絵がとても魅力的です。空や太陽や砂浜に、ピンク、オレンジ、黄色といった奇抜《きばつ》な色を使う一方で、海の水色がいちだんと鮮やかに見えま

す。（神戸）

せかいいち大きな女の子のものがたり ★★

ポール・O・ゼリンスキー・絵、アン・アイザックス・文、落合恵子・訳　冨山房、1996年

児童文学にはとてつもなく力持ちの女の子「長靴下のピッピ」がいますが、絵本だとやっぱりこの女の子でしょう。テネシー生まれのテネシー育ち。その名はアンジェリカ。世界一大きな女の子です。丸太小屋を建てたのは二歳の時。沼の泥にはまって立ち往生していた幌馬車隊をつまみ出したのは一二歳の時。そしてなんたって一番有名なお話は、「じごくのならずもの」と呼ばれていた世界一大きなクマとの戦いですね。こいつはテネシー中の貯蔵庫を食い荒らし、みんなが困っていたのです。命知らずの男たちが集まってきます。みんなアンジェリカなんてバカにしています。女の子だからってね。でも、みんな「じごくのならずもの」には全く歯が立たない。そこでアンジェリカがやっつけることに。その長い長い戦いのすべては絵本をご覧くださいな。そうそう絵にも大注目。描かれたのは薄く削った木。木目がとってもきれいだし、一ページごと風《ふう》合《あ》いが違って、豪華です。そんなところも楽しんで。（ひこ）

バムとケロのさむいあさ ★

（バムとケロシリーズ3）

島田ゆか
文溪堂、1996年

ある朝、目がさめると、その日はとても寒かったので、バムとケロは池へスケートをしにいくことにしました。すると、そこには、凍りついて動けなくなっているアヒルがいました。すぐに二人はアヒルを助けだし、家に連れて帰り、おふろに入れてあげます。ケロは、「かいちゃん」というそのアヒルがすっかり気に入り、一緒に遊びます。今や大人気の「バムとケロ」シリーズ。ほんわりとユーモラスな話もとってもほほえましいのですが、最大の魅力はなんといっても遊び心たっぷりに描きこまれた絵でしょう。とにかく、これほしい！ と思うようなア

イテムがたくさんあるのです。バムとケロの形をした透明のコップ、イヌ形のバスタブなどめずらしいものはもちろん、ボディブラシやティーカップなどふつうのものでも、どれもかわいくてすてきなので、見ていてあきません。おまけに、文章では話題にならない小さなイヌが、いつもちょこちょこ何かをしていて、サイドストーリーのように楽しめます。

（神戸）

ねぎぼうずのあさたろう ★

飯野和好・作
福音館書店、1999年

ネギを収穫しないで置いておくと、「ねぎぼうず」と呼ばれる白い花が咲きます。こんな突拍子《とっぴょうし》もない主人公が時代劇風に活躍する『ねぎぼうずのあさたろう』。畑に植わったあさたろうは、ある日、ヤツガシラとコイモが弱い者いじめをしているのが腹にすえかね、二人をやっつけてしまいます。仕返しを予感したあさたろうは、「まわしがっぱにさんどがさ」の旅支度《たびじたく》で、東海道に出て行きます。そもそも最初に「二代広沢虎造風浪曲節《にだいひろさわとらぞうふうろうきょくぶし》で」とただし書きがついているほどの時代劇風の仕掛けと、登場人物たちがみんな野菜であるという妙があいまって、男気あふれるあさたろうを中心に、ユーモアのあふれる世界が展開しています。手書き風の文章と迫力のある絵柄がぴったりあったシリーズは人気を博し、二〇〇八年にはアニメにもなりました。あさたろうの必殺技は「ぴゅるるるるるる　ぷりんぷりんぴゅーっ」と飛ぶネギ汁。これは痛くて辛《から》そうです！（鈴木）

ちいさなきかんしゃレッドごう ★

ダイアナ・ロス・作、レスリー・ウッド・絵、みはらいずみ・訳
あすなろ書房、2001年

タドルコーム駅の車庫で暮らしている小さな機関車のレッドごうは、とても元気な働き者です。毎朝必ず七時に出発し、ジュビリー村やセルダムの林を抜けて、鉄橋を渡り、終点まで。時間に遅れたこ

とは一度もありません。途中で出会うイヌもカモも草を食《は》むヒツジも、毎朝、機関車が通るのを楽しみにしています。「おはよう、きかんしゃレッドごう」。ところが、ある日、レッドごうは病気になってしまいます。どうして力が出ないのでしょう？　そして薬は？　復活したレッドごうが飛ばしに飛ばして遅れを取り戻していく後半で、レッドごうの底力《そこぢから》が爆発します。アメリカでは一九四〇年代から長く愛されている絵本で、赤い車体がかけ抜けていくところに躍動感があり、「ガタンゴトーン」にあわせて、踊る音符のように描かれた“diq a diq diq diq„という電線の絵が雰囲気《ふんいき》を盛りあげています。（鈴木）

光れ！　泥《どろ》だんご　★

加用《かよう》文男・監修
講談社、２００１年

光る泥だんごの作りかたを丁寧《ていねい》に教えてくれる本です。ふつうの泥だんごならだれでもできますが、「光る」というプレミアがつくと、それなりの労力と技術が必要です。でもこの本では、「1．土台づくり」「2．球体づくり」「3．仮皮《かりひ》膜《まく》づくり」「4．皮膜づくり」「お休みと、みがき」「6．乾燥と保存」というように、細かく段階に分かれているので、とてもわかりやすく、また見ていて試してみたい気持ちがむくむくとわいてきます。途中でうまくいかなくても、心配は無用です。ちゃんと「トラブルQ&A」もついています。先生の作品を見ると、それはもう見事なものです。ただ泥をこねて、ひたすらこするだけの作業で、こんなに見事に光る泥だんごができてしまうと思うと、感動してしまいます。この本は、読むだけでなく、ぜひ親子で挑戦してみてください。成功したら、何年も光りつづける泥だんごになるそうです。わくわくしますね！（神戸）

カクレンボ・ジャクソン　★

デイヴィッド・ルーカス・作、なかがわちひろ・訳　偕成社、２００５年

新進の絵本作家の第一作は、代々家庭で読み継がれてきたような、お父さんやお母さんの生まれ育った家の本棚からふっと出てきたような、不思議なたたずまいの絵本です。恥ずかしがりやのカク

レンボ・ジャクソンは、目立つのが大の苦手です。でも、大丈夫。カクレンボ・ジャクソンはとびきり裁縫《さいほう》が上手なのです。公園では花模様の服、スーパーでは果物の模様の服、図書館では本の模様の服。いつも上手に背景に紛《まぎ》れこんでしまいます。だからもちろん、お城のパーティには、金と銀と宝石をちりばめた服を着ていったのですが……。美しくくすんだ色の個性的な植物や調度品、独特な模様の服や布の中に隠れているジャクソンを探しながらページをめくっていくと、「あ!」。恥ずかしがりやのジャクソンがとても目立ってしまっている場面が現われます。この時の絶望感と、そのあと訪れる「めでたしめでたし」。いつの間にか、すっかり主人公の気持ちになってしまう絵本です。（三辺）

うみべのおとのほん ★★

マーガレット・ワイズ・ブラウン・文、レナード・ワイズガード・絵、江國香織・訳　ほるぷ出版、２００７年

古すぎるといえば古すぎる絵本です（一九四一年）。絵だってどこかノスタルジックに見えるでしょう。でも、今に通じない作品かというと、そんなことは全くありません。印刷技術もシンプルですから、色づかいの巧みさをじっくりと鑑賞できます。すると、主人公である子犬のマフィンの表情やしぐさがなんと豊かに表現されているかがよくわかります。物語はマフィンが船に乗って、海で聞こえる様々な音に耳を傾ける。それだけですが、そこには小さな子どもが何にでも新鮮な思いで接する姿、成長していく子どもの好奇心が描き込まれています。しかも、実はマフィンには聞こえない海の音もいっぱいあることもちゃんと書かれています。つまり、マフィンはまだ、世界は自分を中心に回っていると思っていますが、そうではないこと、マフィンの外側の世界を見せているのです。最後には、大人は子どもを必ず守るからねっていうメッセージもあります。そんな大切なことが子どもに伝わりにくい現在、この絵本はとても貴重です。（ひこ）

としょかんライオン　★

ミシェル・ヌードセン・作、ケビン・ホークス・絵、福本友美子・訳　岩崎書店、2007年

図書館って使い慣れると、こんなに楽しいところはないけれど、最初の一歩がちょっと踏み出せない人もいます。この本を手にとっている方などは図書館が大好きな方なのでしょうけれど、残念ながらそうではない人も少なくありません。でも、それではもったいないのは確かです。この絵本は、図書館を大好きになったライオンのお話です。ある日、図書館にライオンがやって来ます。係の人は大《おお》慌《あわ》てで館長の所へ報告に。でも館長は、そのライオンは図書館の規則を守らないのですかと尋ね、そうではないと知るとライオンの入館を許可します。図書館を気に入ったライオンは、毎日入り浸《びた》り、子どものためのお話し会にも参加します。ちゃんと聞いていましたけれど、終わったとき吠《ほ》えたので、さっそく館長から叱られます。図書館では静かにしなくっちゃね。でも、一度だけライオンは図書館の規則を破ります。それは読んでのお楽しみ。図書館で働いている人と、図書館好きの人と、これから図書館を好きになる人のための絵本です。（ひこ）

ゆうびんやさん　おねがいね　★

サンドラ・ホーニング・文、バレリー・ゴルバチョフ・絵、なかがわちひろ・訳　徳間書店、2007年

今のところ私が知っている、世界で一番幸せな絵本はこれです。遠くに住んでいるおばあちゃんの誕生日が迫《せま》ってきました。コブタくんは、おばあちゃんが喜ぶに違いないプレゼントを思いつきます。それはね、おばあちゃんをぎゅーって抱きしめること。確かにおばあちゃんが一番喜ぶプレゼントに違いありません。でも、おばあちゃんは遠くに住んでいます。どうして届けるの？　この子、とってもいいことを思いつくの。「ぼくがゆうびんやさんを　ぎゅって　したら、ゆうびんやさんが　おばあちゃんに　とどけてくれるんじゃないかなあ」。ね、すてきな考えでしょ。すばらしいことに

大人たちは、みんなこの考えにまじめに参加してくれる。そこがいいんですよねえ。そして、コブタくんの「ぎゅっ」が次々に伝わっておばあちゃんまで届く。今度は、おばあちゃんからのお礼の返事、「チュッ」がコブタくんに届けられますよ。ね、ね、世界で一番幸せな絵本でしょ。（ひこ）

いもうとが　ウサギいっぴき　たべちゃった　★

ビル・グロスマン・文、ケビン・ホークス・絵、いとうひろし・訳　徳間書店、２００８年

「いもうとが　ウサギ　一ぴき　たべちゃった　ぜったい　オエッって　なるはずなのに　ぜんぜん　オエッって　しなかった」から始まる楽しい数え歌絵本です。ヘビを二匹、アリンコ三匹、ノネズミ四匹、どんどんのみ込んでいく絵が、ページを繰《く》るごとに展開していきます。なんだかとんでもない内容の数え歌なので、愉快《ゆかい》ですがちょっと怖い感じですね。『としょかんライオン』のケビン・ホークスが描いているので、迫力満点です。のみ込んでものみ込んでも、いもうとはへっちゃら。コウモリだのミミズだのだんだん過激《かげき》になってきて、それでもちっともオエッってなりませんから、子どもたちは大喜びでしょう。そして最後の一〇番目は何をのみ込むかって言うとね、教えない。子どもと一緒に声に出しながら読むと、よりいっそう楽しめます。最後までいくと……、ああ、やっぱり教えない！（ひこ）

わすれられたもり　★

ローレンス・アンホルト・作／絵、さくまゆみこ・訳
徳間書店、２００８年

森の物語です。大きくて暗い、オオカミが出てくる森の話ではありません。小さくて明るくて、そして楽しい森の物語。昔は大きな森があって、人間はそれを畏《おそ》れ、利用して暮らしてきましたが、やがて森は切り開かれ、農地になり、町になっていきました。ですから森は大人からすっかり忘れ去られたのです。が、森の

楽しさを知っている子どもたちの遊び場として、一つだけ塀に囲まれて町の真ん中でひっそり生き残っていました。ところが開発の波はついにここまで押し寄せてきます。やってきた作業員が見たのは、悲しくて泣いている子どもたちの姿でした。さあ、工事の始まりだあ！　でも作業員がした工事とは？　本当にこんなふうに大人たちが動いてくれたらどんなにいいでしょう。現実はいつも、この絵本とは逆方向に動くことが多いですが、もう一度考え直してもいいのでは？　森を小さくしたのは人間ですから、大きくすることだってできるはず。そんな願いにあふれた絵本です。（ひこ）

サンドイッチ　サンドイッチ

小西英子・作
福音館書店、２００９年

これはサンドイッチができるまでを、作る人の目線で描いています。本当に、ただもうそれだけの絵本です。なぜそれだけの絵本を「日常の冒険」に入れておいたか？　まあ、ページを繰《く》って見てくださいよ。「サンドイッチ　サンドイッチ　ふわふわパンに　なに　のせる」というページ。原寸大の食パンが一枚描かれています。ああ、これだけでちぎって食べたい。次のページではバターナイフでバターを塗ります。それも瓶《びん》入り。発《はっ》酵《こう》バターでしょうか？　ああ、これだけでちぎって食べたい。お、次はレタスがのった。軸の所もきれいで新鮮そうなレタスです。そしてもちろんトマト。これがないといけません。それも実の厚い固く熟れたトマトなの。チーズは好みが分かれるところですが、私はほしいな。ゴーダかな？　といったふうにトキメキながら見ていきます。これはもう冒険と同じ気分です。赤ちゃん絵本としてもいいですが、大人だってお腹《なか》いっぱい楽しめますよ。（ひこ）

ドーナツだいこうしん　★

レベッカ・ボンド・作、さくまゆみこ・訳
偕成社、２００９年

面白い本というのはページを繰《く》るのが待ち遠しいですよね。絵本は短い物語が多いですから、このページを繰ること自体を楽しみの要素として強調しているタイプのものがあります。これもその一つ。最初のページでビリーくんは腰からひもでドーナツをぶら下げて左から右へと歩いていきます。さあ、次のページへ！　おやおやにわとりが後ろをついて来ましたよ。きっとドーナツのかけらが落ちるのをねらっているのですね。さあ、次！　にわとりの後ろに猫。猫だからねらっているのはドーナツではないでしょう。さあさあ、次、次！　その後ろから犬が陽気にはねながらやってくる。次のページで何が現われるか楽しみになってきませんか？　はてさて最後はいったいどんな大行進になることやら。ここに描かれているのは、日常にあるちょっとした喜びです。大人は忘れてしまいがちですが（そんなことは気にしないのが大人だという人もいますが……）、子どもはよく知っている喜び。（ひこ）

よぞらをみあげて ★

ジョナサン・ビーン・作、さくまゆみこ・訳　ほるぷ出版、２００９年

子どもの心を大人が描くのはなかなか難しいものです。子どもも時代を体験してはいても、子どもの気持ちに今でも寄りそえるかどうかは別の問題ですから。この絵本は心地よく寄りそっています。夜になって、女の子、弟、両親はそれぞれの部屋で眠ります。でも、女の子はなかなか眠れそうにありません。両親や弟の寝息は聞こえるのですが、その安心感がかえって目を冴《さ》えさせたのかもしれません。開いていた窓から入ってくる優しい風。女の子はその風の流れにそって部屋を出て行きます。風はどうやら屋上に向かっています。女の子は枕もシーツも布団も抱えて屋上へ。天井がすべて夜空。町の明かりも眺められます。なんてすてきな寝室でしょう！　ちゃんと暮らしの匂いがしてくる絵がすばらしいです。目を覚ましたおかあさんが、何も言わずに女の子のしていることを見守っているのがいいなあ。（ひこ）

不思議なはなし

ビロードうさぎ　★★

マージェリィ・ウィリアムズ・文、ウィリアム・ニコルソン・絵、いしいももこ・訳　岩波書店、1953年→童話館出版、2002年

ぼうやがクリスマスにもらったウサギのぬいぐるみは、木綿《もめん》のビロード製で、毛はふわふわ。糸でひげがぬいつけてあります。ぼうやとウサギはいつでも一緒。ウサギの毛が抜け落ち、鼻がすりきれてぼろぼろになっても、ぼうやの目にはいつまでもかわいいままでした。さて、ウサギは、ほかのおもちゃから、「ほんもの」になることについて聞いていました。子どもに心からかわいがられたおもちゃだけが「ほんもの」になれるのです。だけど、かわいがられて「ほんもの」になったはずでも、なお、野原にいる生きたウサギとぬいぐるみは全く別物だと彼は気づきます。「ほんもの」ってどういうことだろう？　ウサギは深く考えます。古ぼけたウサギの外見から、ぼうやを思い、「ほんもの」を思う純粋な心がにじみ出てくる物語です。ぼうやとウサギの絆《きずな》は、子ども時代の恵みそのものです。（鈴木）

はなのすきなうし　★

マンロー・リーフ・文、ロバート・ローソン・絵、光吉夏弥《なつや》・訳　岩波書店、1954年

舞台はスペイン、主役は牛のふぇるじなんど。とくれば、もちろん闘牛の話です。ところが、ふぇるじなんどは、ほかの牛たちのように闘牛の牛に選ばれて、華々しく戦いたいなんてちっとも思っていません。なにしろ彼は「はなのすきなうし」なのですから。みんなが、跳《と》んだりはねたりしている横で、ふぇるじなんどはぽつんと野原に座り、静かに花の香りをかいでいます。そんな息子を見て、お母さん牛は心配になりますが、ぼくは

好きでやっているんだ、と言われて納得し、「ふぇるじなんどのすきなようにしておいて」やるのです。大人になって、子どもの「すきなようにしておいて」やることがどれだけ難しいかを知ったとき、この場面がどれだけ身につまされることか！　しかし賢明なお母さんの願いもむなしく、ある事件のせいでふぇるじなんどは闘牛場へいく羽目になり……。そうそう、ふぇるじなんどのお気に入りのコルクの木にも注目！（三辺）

もりのなか ★

マリー・ホール・エッツ・文／絵、まさきるりこ・訳　福音館書店、1963年

本作と続編の『またもりへ』は、原作はそれぞれ一九四四年、一九五三年に出版され、今も読み継がれている「絵本の古典」です。なぜこの絵本がそんなにも愛されてきたのでしょう。絵は白黒で、色はいっさい使われていませんし、ストーリーも「ぼく」が森の中でライオンやゾウなど動物と次々に出会い、ただただ行進していく、という他愛ないものです。たしかに、動物たちを従えて森を練《ね》り歩いたり、ハンカチ落としなどのゲームをしたりと、子どもが喜びそうな場面もありますし、最後にはちゃんとお父さんが迎えにきてくれます。けれど、少なくとも私が子どものころに読んだ印象は「楽しい」とはほど遠いものでした。どのページをめくっても、楽しそうに遊ぶ動物たちのうしろに、果てしない暗い森が広がっています。二次元の紙の上に表現された奥行きに、目には見えないものの存在を感じたのは、私だけではないでしょう。こういった絵本を通して、子どもは見えざるものへの憧《あこが》れと畏《おそ》れを育てていくのだと思うのです。（三辺）

11ぴきのねこ ★

馬場のぼる
こぐま社、1967年

一一匹の野良ネコは、はらぺこです。魚を一匹手に入れても、一一等分するのですから、ぜんぜん足りません。あると

き、一一匹のネコは、海にいる大きな魚の話を聞き、つかまえに行きます。いかだを作って海に出ると、何メートルはあろうかという巨大な魚がたしかにいました。でも、なかなかつかまりません。そこで、魚が島の上であおむけに寝ているすきに、みんなでおそいかかって、ついに捕らえます。とにかくスケールが大きく、ナンセンスで愉快《ゆかい》な話です。ネコが航海に出るとか、魚が地上で寝ているとか、常識にしばられず、自由奔放《ほんぽう》にストーリーが進んでいきます。夜になって真っ暗になると、ネコたちはどうすると思います？　なんと、それぞれに、こっそり魚を食べてしまうのです！　ここばかりは、ネコらしくちゃっかりしていますね。朝になると、骨だけになった魚がありました。寝ているネコたちは、タヌキみたいなぽんぽこりんのおなかで寝ています。やっとおなかいっぱいになれて、めでたしめでたし！（神戸）

わたしのワンピース 🦆

にしまきかやこ・絵／文
こぐま社、1969年

白いウサギが歩いていると、真っ白いきれがふわふわと落ちてきます。「ミシン　カタカタ　わたしの　ワンピースをつくろうっと　ミシン　カタカタ　ミシン　カタカタ」。レトロ感覚あふれる足踏み式ミシンで縫《ぬ》いあげた裾《すそ》ひろがりのワンピースはとても不思議な一着で、花畑を通っていくと花模様に、雨が降ってくると水玉模様に変化します。虹の模様、夕焼けの模様。どのワンピースもとても美しく、素朴《そぼく》な線と色鉛筆の柔らかさに魅了されます。同じリズムでワンピースは変化しますが、星空の下で眠る時にワンピースはウサギの気づかぬうちに星模様になり、その上を星が流れていく二ページだけは、言葉が途切《とぎ》れてリズムが変わります。この静けさの間あいがあるから、次の朝に目覚めて元気に出かけていく後ろ姿が生きるのでしょう。「ラララン　ロロロン　ランロンロン」という軽やかな言葉の余韻《よいん》がいつまでも残る絵本です。（鈴木）

さむがりやのサンタ ★

レイモンド・ブリッグズ・作／絵、
すがはらひろくに・訳
福音館書店、1974年

このサンタクロースは、ちょっと変

わっていて、北の国に住んでいるのに寒さが苦手で、常夏《とこなつ》の国での休暇を夢見ています。一二月二四日、年に一度の仕事の日には「やれやれ　また　クリスマスか！」と起き出して、ゆっくりと旅支《たびじ》度《たく》。天気の悪さ、すすだらけのいまいましい煙突にぶつぶつとぼやき、自分のために用意されたおもてなしがウイスキーだと「けっこう　けっこう」と、ご満悦《まんえつ》です。人間くさいこと、この上ありません。プレゼント配りは、ボランティアではなく、あくまで大切な仕事です。時間をみながら「はやいとこ　やっつけちまった　ほうがよさそうだ」とあわてたり、朝早く配達をしている牛乳屋とつかの間《ま》言葉をかけあったりするあたりには、プロフェッショナルの心を感じます。本音《ほんね》で生きるサンタクロースに親近感を覚える大人も多いかもしれませんね。（鈴木）

ありとすいか ★

たむらしげる　福音館書店、1976年
→ポプラ社、2002年

夏のある暑い午後、アリたちが野原で、八つ割りのじつにみずみずしくおいしそうなスイカを見つけます。「それ　いけ！　それ　いけ！」赤い長靴をそろいで履《は》いたアリたちが大勢駆《か》け出して、スイカのところにやってきます。でも、みんなで押してもびくともしません。どうやったら巣穴に持って帰れるでしょうか？『ぐりとぐら』では、二匹の野ねずみがその場で大きな卵を料理しましたが、このアリたちは、人海戦術《じんかい》で実《み》を小さく掘り起こしてせっせと運び、いっぱいになったあとは、残った果実をその場でたいらげます。ぐりとぐらは残った卵のカラで楽しい自動車を作りましたが、アリたちはスイカの皮で何を作ったでしょう？　愉快《ゆかい》な仕掛けは絵本を読んでのお楽しみです。巣穴の貯蔵庫いっぱいに果肉《かにく》がつまっている絵は、見ているだけでおなかいっぱいになりそう。アリとスイカという身近なものから空想が広がっていく楽しい絵本です。（鈴木）

ぼくのくれよん

長新太・作／絵　銀河社、1977年→講談社、93年

最初に赤いクレヨンが登場します。「これは　くれよんです。でもね　この　くれよんは」で、ページをめくると、「こんなに　おおきいのです」と、ネコがクレヨンに乗っかっています。ごろごろと大きなクレヨンが転がりだすと、ネコは逃げ出し、そこに象の鼻が伸びてきます。これは、象のクレヨンだったのです。青いクレヨンでゾウが色を塗ると、大きな池ができてカエルが飛び込みます。赤いクレヨンで「びゅー　びゅー」と塗りたくると、たくさんの動物たちが、火事だと思って逃げ出します。黄色いクレヨンで「びゅー　びゅー」と描くと、たくさんの動物たちが大きなバナナだと思って食べにきます。でも、絵に描いたバナナだから食べられません。それで象は、ライオンに叱られてしまいます。でも象は、描き足りないみたいで、鼻先に束ねたクレヨンをかざして走り出します。いやはやびっくり、想像力がとてつもなく拡がっていきます。（野上）

ぞうのたまごのたまごやき　★

寺村輝夫・作、長新太・画
福音館書店、1984年

王さまは、とにかく卵焼きが大好きです。あるとき、王子さまが生まれ、お祝いをすることになりました。ごちそうは、もちろん卵焼きです。でも、国中の人が集まりますから、ものすごくたくさんの

たまごが必要です。いつも食べている、にわとりのたまごでは、数が足りそうにありません。そこで王さまは、体の大きな象のたまごなら、十分な卵焼きが焼けるだろう、と思いつきます。こうして、家来たちは、象のたまごを探しにいきます。でも、どうやっても、象のたまごは見つかりません。当然ですね。象はたまごを産まないんですから。けれど、だれもその事実に気づかないまま、ひたすらたまごを探しつづける様子が、なんともへんてこで笑えます。ひょっとして、ほんとうに象のたまごが見つかっちゃうか

も？　と読んでいるこちらが思ってしまうほど、みんな大真面目《おおまじめ》なのです。王さまでなくても、卵焼きが好物な人は多いでしょうが、この本の卵焼きにかける情熱は、あっぱれとしか言いようがありません。（神戸）

めっきらもっきらどおんどん　★

長谷川摂子《せつこ》・作、ふりやなな・画
福音館書店、1985年

「ちんぷく　まんぷく　あっぺらこの　きんぴらこ　じょんがら　ぴこたこ　めっきらもっきら　どおんどん」。夏休みのある日、かんたが神社ででまかせの歌を歌うと、木のうろに吸い込まれて、三人のばけものと出会います。背高《せいたか》のっぽで白キツネ風のもんもんびゃっこ。赤毛をぼうぼうとなびかせた鬼っ子のしっかかもっかか。福の神のような白ひげの老人はおたからまんちん。妖怪たちとかんたは、モモンガのように飛んだり、空飛ぶ丸太に乗ったりして、遊びに遊び、はしゃぎにはしゃぎます。躍動感あふれる遊びの数々には、時に縦向きの絵で変化をつける工夫もあり、自分も空を切って飛んでいるような、天まで届く縄とびを跳《と》んでいるような気持ちにすらなります。一度だけの出会いでしたが、それゆえに、絵本の中の妖怪との時間が大切なものとしてぐっと迫ります。（鈴木）

くるぞくるぞ　★

内田麟太郎《りんたろう》・文、長新太・絵
童心社、1988年

大きな山と大きな山のあいだに、大きな森がありました。どんなに大きいかというと、その森には、クマだけでも二三四五頭も住んでいるのです。ある日、大きな大きな雪が降ってきて、五〇日目にやっと降りやみました。降り積もった雪は、ただの雪ではありません。森の動物たちは、あまりの寒さにみんな穴倉の中で丸くなっていました。その時「ずしーん」と、いきなり森が地面ごと持ちあがりました。そして、そのまま「ずしーん」

と落っこちたのだから、動物たちはびっくり。雪に埋もれた動物たちは、大雪玉だとか、一足で森を踏みつぶす大怪獣のしわざだとか言いあいながら、「くるぞくるぞ」といっせいに逃げ出します。なんともスケールの大きいお話ですが、最後のページを開いた瞬間、愕然《がくぜん》としてしまいます。森があまりの寒さに、山と山に綱をもってもらい、縄とびをしていたのです。まさにナンセンスの極致《きょくち》。ダイナミックな絵とだいたんな場面展開も効果的です。（野上）

ぼくはおこった ★

ハーウィン・オラム・文、きたむらさとし・絵／訳　祐学社、1988年→小峰書店、96年

テレビに夢中になっていたアーサーは、お母さんに「もうおそいから　ねなさい」と言われ、「いやだ」って怒ります。お母さんは、「おこりたければ　おこりなさい」と言ったので、アーサーはほんとうに怒ります。アーサーが怒ると、雷雲がドカンと鳴って、稲妻が走り、ひょうが降ります。「もう　じゅうぶん」とお母さんが言っても、アーサーの怒りはおさまりません。嵐が吹き荒れ、家は吹き飛ばされ、おとうさんが「もう　じゅうぶん」といっても怒り続けます。台風が来て、町が全部海の中にひっくり返り、地球にバリバリとひびが入って割れ、月も星もこっぱみじんに砕けてしまいます。アーサーは、火星のかけらに座って、どうしてこんなに怒ったのだろうと考えます。考えても考えても、その理由が思い出せません。子どもたちのだれもが経験しそうな、日常生活の中の小さな怒りをきっかけにして、怒った主人公が、宇宙までぶっ壊してしまうという、壮大なスケールの絵本です。（野上）

ぶたのたね ★

佐々木マキ・作／絵
絵本館、1989年

真剣に読むとくらくらしてしまうほど突拍子《とっぴょうし》もない世界なのですが、絵本なの

だからこのくらい突き抜けてほしいという願いどおりのナンセンスが楽しい絵本です。主人公は、足が遅くてブタをつかまえることもままならず、野菜と木の実しか食べられないオオカミ。彼の夢は「いちどでいいから　ぶたを　つかまえて、そいつを　まるやきにして、はらいっぱい　たべ」ることです。そこへ現われたきつねはかせがオオカミにあげたのは、なんと、ブタがなるという木の種《たね》でした。なんといっても、たわわに実ったブタの絵が楽しいのですが、さて、一匹《いっぴき》もいで食べようと思ったそのせつなに起きる珍事は、「ありえないだろう!」と叫んでしまいそうなほど愉快《ゆかい》です。めげないオオカミ。しっぽにやけどを負いながら、次は見事にブタをもいで、腹いっぱい食べられるでしょうか?　オオカミに同情しながらも、ついつい笑ってしまいます。続刊に『またぶたのたね』があります。（鈴木）

カッパの生活図鑑　★★

ヒサクニヒコ・作
国土社、1993年

昔話や童話でもおなじみのカッパは、一〇〇年ほど前までは目撃談がたくさんありましたが、今では見たという人の話は聞きません。それでも、日本各地にカッパの伝説や言い伝えが残されていますから、それらを参考にすると、想像上の生きものであるカッパの暮らしが見えてきます。不思議なことが大好きな著者は、そんなカッパの生活やからだの仕組み、食べものや薬や使っていた道具、住まいや仕事から子育てまで、まるで実際に見てきたかのように、ユーモラスなイラストで詳細に紹介していきます。歳をとって、家族のいなくなった老カッパは、「ひとり暮しの若者のように自由に暮し、子どもカッパに石器のつくり方を教えたり、えもののとり方、薬草の見わけ方を教えたりしながら、いろいろな家に顔を出すようです」なんて語られると、のどかな気分にさせられます。同じ著者の、『オニの生活図鑑』『テングの生活図鑑』も、ユニークで楽しいファンタジー図鑑です。（野上）

きんぎょのおつかい　★

与謝野晶子《よさのあきこ》・文、高部晴市《たかべせいいち》・絵
架空社、1994年

『みだれ髪』で有名な与謝野晶子が書いた子ども向けのお話です。ペットの金

魚三匹が、子どもたちにたのまれ、新宿から駿河台《するがだい》まで電車に乗ってお使いにいく、というお話です。ちょっと古めかしく、一文一文が長いのですが、リズムがよいからすらすら読めてしまいます。え？　金魚がお使い？　と疑問に思うひまなどありません。三匹も、ごくあたり前にさっさと出かけます。ところが、駅までは歩いたくせに、いざ電車に乗る時、息が苦しくなり、水を張ったたらいを用意してもらうのです。もう、理屈は無視！ですね。有無《うむ》をいわせぬナンセンスが光っています。レトロっぽい絵は、古風な文章にぴったり。お話の面白さをいっそう引き立てます。そうそう、その家の白黒ネコが、金魚たちを心配してか、こっそりついて来ています。ネコが金魚を見まもるなんてアイデアも、矛盾《むじゅん》していて楽しいです。ぜひページごとに、ネコも探してみてくださいね。（神戸）

たくさんのお月《つき》さま　★★

ジェームズ・サーバー・文、ルイス・スロボドキン・絵、なかがわちひろ・訳　徳間書店、１９９４年

以前、この絵本は光吉夏弥さんの訳が定番でした。でも最近手に入りにくくなっていたので、なかがわちひろさんが新しく訳し直してくれました。ずいぶん昔のお話ですが大丈夫。今でも新鮮そのものです。お姫さまは、お月さまが大好き。だから、ほしくなりましたけれど、どうして手に入れたらいいのかわかりません。それで病気になってしまいます。心配した王さまが物知りたちに、お月さまをお姫さまにあげる方法を尋ねますが、遠い、大きい、無理だと、答えはなかなか見つかりません。でも……。ここからはもったいないので秘密。絵本にしては文章が多いですが、そんなことはちっとも気になりませんよ。最後は幸せが降りそそぎますので、少し長い物語を読みたくなった子どもにぴったりです。いや、もしあなたが未読なら、あなたにぴったりのごちそうです。どうぞゆっくりご賞味あれ。（ひこ）

スースーとネルネル ★

荒井良二
偕成社、1996年

なかなか寝つけないスースーとネルネルは、灯りを消したベッドの中で、眠くなるまでお話を作って遊びます。「くるかなあ」と、スースー。「くるわよ」と、ネルネル。すると、窓から星空が進入してきて、部屋の中いっぱいにひろがります。そこには、針のないオバケ時計が。二人はオバケ時計の口に吸い込まれるようにして、ちょっとこわくてふしぎな世界へ飛び込んでいきます。巨大な木や葉が生い茂るジャングルのようなところを抜けると、細くて長い吊《つ》り橋が……。「ちょっと　コワイね」「たのしいわよ」と、二人は一輪車で橋を渡ると、ビルのように高くて大きな、飲み物の入ったコップやビスケットやチョコレートのある砂漠。さらに進むと、怪物みたいなイヌやネコや魚が、闇の中に浮かびあがり、すべてが夢のように幻想的です。ページをめくると、なにも見えない真っ暗闇。そこにオバケ時計があらわれて、二人は寝室へ。ちょっとこわくて、ふしぎで楽しい、おやすみ絵本です。（野上）

バナナをかぶって ★

中川ひろたか・文、あべ弘士《ひろし》・絵
クレヨンハウス、1996年

「もしもバナナが　ひとふさ　わたしのだったら　あたまにかぶって　おさんぽしたい」と、まっ黄色に熟《う》れた一房のバナナを、帽子のように頭にかぶったゴリラが、散歩に出かけます。「おなかすいたら　いっぽんだけ　いただいて　かわは　そのまま　ポイしちゃう」と皮を投げると、つぎの場面。「ゴリラはすべってくれるかしら」と、見開きにアメリカン・コミックスのようなコマ展開で、皮を踏《ふ》んで滑《すべ》ったゴリラが地球を飛び出し、月まで行ってまた地球に戻ってきます。そしてページめくると、ニューヨークと思われる大都市の真ん中に「ただいまー！」と言って着陸。一房のバナナをかぶって散歩したいという遊び心が、壮

大な夢となって拡がっていきます。「バナバナバナバナ　バナバナバナナ……」と、夕日に照らされた大草原を歌いながら歩いていくゴリラの、長い影の頭にのったバナナの先に、真っ赤なトンボが二匹とまっている光景も印象的です。楽譜もついた歌える絵本です。（野上）

がたごと がたごと ★

内田麟《りん》太《た》郎《ろう》・文、西村繁男・絵
童心社、1999年

ページをめくると、「おきゃくさんがのります　ぞろぞろ　ぞろぞろ」と、駅のホームの場面。電車に乗り込む客たちの服装やしぐさや表情が丁寧《ていねい》に描き分けられていて、様々な会話が聞こえてきそうです。電車は「がたごと　がたごと」と市街地を抜け、田園地帯を走り、山の中に入って行きます。「おきゃくがおります　ぞろぞろ　ぞろぞろ」で、もうびっくり。いつのまにか、みんな動物の姿に変身しているのです。また駅で客が乗ります。「がたごと　がたごと」とトンネルを通り、幻想的な場面を走り抜けると、それまでとは違った、怪しげな気配がただよって期待も高まります。すると今度は、みんな妖怪に大変身。それでまた駅で客が乗り、電車は「がたごと　がたごと」走り出します。読者の気分も、「がたごとがたごと」と揺り動かされて、だれがだれに変身したのかと、幼児から大人まで何度も楽しめる、サービス満点の変身「がたごと」絵本です。（野上）

ぞうのエルマー ★

デビッド・マッキー・文／絵、きたむらさとし・訳　BL出版、2002年

普通のゾウは「ぞういろ」ですが、エルマーは「きいろに　オレンジ　あかに　ピンク　あおくて　みどりで　むらさきいろで　くろくて　しろい」、様々な色がパッチワーク模様《もよう》になった、なんともはなやかなゾウです。そして、とてもいたずら好き。ある日、エルマーはなぜ自

分だけがみんなと違う色なのだろうと思い、「ぞういろ」になろうとします。計画がどうなったかはお楽しみ。見た目も性格も個性として受け入れあうというメッセージが、楽しい絵で伝わってきます。「エルマーの日」のパレードの愉快《ゆかい》さは一見の価値ありでしょう。シリーズは、世界各国で人気を博し、『エルマー！エルマー！』『エルマーがとんだ』など一〇冊以上が刊行されています。（鈴木）

おばけドライブ

スズキコージ
ビリケン出版、2003年

ある朝、ヘイザくんが目を覚まし、タバコ屋でオバケ宝くじを買ったら、一等賞のスポーツカーが大当たり。スポーツカーとはいうものの、屋根の前後に骸骨《がいこつ》が乗った、まるで霊柩車《れいきゅうしゃ》のようなあやしい車です。ヘイザくんは、ガールフレンドのカアコさんと、山奥のカッパ池までドライブに出発。途中で出会った小学生の集団を乗せて走っていくと、彼らは豆腐小僧やろくろっ首など、いろんなオバケに変身するけれど、それをものともせず、スポーツカーは走ります。空がにわかに曇り、車のマフラーから黒入道がドロドロと登場。屋根が吹き飛ばされたのものともせず走り続けると、ボンネットから牛鬼が。臭い息を吹きかけるのをものともせず、お腹がすいたので峠の茶屋に入ると、鬼の団体がバスでやってきて、次々と注文するのものともせず、鬼もさそってカッパ池に向かいます。池では盆踊りの真っ最中。たくさんのオバケが次々と登場する、ゆかいな語り口の楽しい絵本です。（野上）

チリとチリリ（シリーズ）★

どいかや
アリス館、2003年〜

ワンピースに赤いボタンのチリと青いボタンのチリリ。同じ家に住んでいるので、仲良しの姉妹でしょうか、ふたごでしょうか。かわいらしいおかっぱの二人

は自転車が大好きです。お天気の日、「チリチリン　チリチリン」とベルを鳴らして、楽しく森をサイクリングしていくと、途中に、すてきな喫茶店やサンドイッチ屋さんがありました。個性的なティーカップでいただくどんぐりコーヒーやれんげティーも、ウサギの好きなにんじんパンにゆずジャムのサンドも、じつにおいしそうです。水辺から森のホテルへ小旅行は進み、森の演奏会の楽しいイベントで夜がふけて……。色鉛筆で丁寧《ていねい》に塗り重ねられた柔らかい絵から、幸福感があふれ出てきます。続編に水色や群青《ぐんじょう》色までの世界が美しい『チリとチリリ　うみのおはなし』や、緑の草原で地面の生き物や虫に出会う『チリとチリリ　はらっぱのおはなし』などがあり、読めばきっと、自転車に乗って出かけたくなってしまうでしょう。（鈴木）

ぼくのうちに波がきた　★★

オクタビオ・パス・原案、キャサリン・コーワン・文、マーク・ブエナー・絵、中村邦生・訳　岩波書店、２００３年

海に行った時、「ぼく」は波と仲良くなり、お父さんにたのみこんで、家に連れ帰ってしまいます。こうして波は、「ぼく」の「ペット」になります。けれど波は、やんちゃな上に、どんどん大きくなり、しだいに家族の手に負えなくなっていきました。結局、波を海に戻すことになります。まず、生きものではなく、波をペットにしてしまうという発想がすごいです。もちろん、最初から最後まで、スケールの大きさが違います。何を食べているのかわかりませんが、波は成長し、いつのまにか見たこともない海の怪物まで出現させてしまうのですから。でも、奇抜《きばつ》なアイデアをいかしつつ、ストーリーはとても普遍《ふへん》的です。自然とのバランスを崩し、人間は何度しっぺ返しをくらってきたでしょうか。そういえば中国で、ネコだと思ってひろって飼《か》っていたら、じつは国家級保護動物のユキヒョウだったという、うそのようなニュースもありました。波と違って、イヌやネコなら安心というわけにはいかないようですね。ペットを飼う時は、くれぐれも慎重に。（神戸）

森のなかへ　★★

アンソニー・ブラウン・作、灰島《はいじま》かり・訳　評論社、2004年

男の子が朝起きたら、パパがいません。ママに聞いてもいつ帰るかわからないって。パパが消えた！　ママからお使いを頼まれます。具合の悪いおばあちゃんに、ケーキを届けてほしいと。森で道草をしてはいけませんよ。長い道と短い道があって、男の子は短い道を選びます。だって、おばあちゃんの具合が悪いから早く着きたいのです。モノクロームで描かれた森はなんだか怖いです。木々もよく見ると一本一本霊が宿《やど》ってそうで、とても怪しいです。道の途中で、ケーキを牛と代えてくれと言う少年に出会います。でも、ケーキはおばあちゃんへのお届け物だからだめ。次に兄妹らしい二人、親から捨てられて森をさ迷っているみたい。寒くなってきたと思ったら、待っていたかのようにハンガーにかけられた赤いコートが枝にぶら下がっています。おばあちゃんお家にたどり着いたけど、ドアの中から聞こえる声がいつもと違う！　はてさてどうなることやら。いろんな昔話がつまったお話です。探してください。（ひこ）

ぼくのえんそく　★

穂高順也《ほだかじゅんや》・作、長谷川義史《よしふみ》・絵　岩崎書店　2005年

〝ぼく〟は風邪《かぜ》をひいて、楽しみにしていた遠足に行けません。どうしても行きたいという気持ちが、寝ているぼくの体から、にゅーっと抜け出します。なぜかネコやジュースとも会話ができます。お前も一緒に遠足に行きたいんだろうと言うと、ネコやいろいろなジュースの気持ちも、にゅーっと体から抜け出してついてきます。気持ちが体から抜け出すなんて、文章だけで表現されても理解できません。ところが、だいたんに誇張されたキャラクターの表情や動きが加わると、急に面白くなってきます。まさに、これが絵本の魅力です。抜け出したそれ

ぞれの気持ちは、軌跡《きせき》を描きながら町の上空を飛び、遠足に行きたくて泣いている雨雲の上に着陸します。みんなの気持ちは雨雲に乗って、遠足のバスを追いかけます。雨雲に来られては楽しい遠足がだいなしだと、お日様が現われてからの展開がまたすばらしい。気持ちを主人公にした、抜群《ばつぐん》に面白い絵本です。（野上）

ウェン王子とトラ ★

チェン・ジャンホン、平岡敦《あつし》・訳
徳間書店、２００７年

昔々の中国。漁師に子どもを殺された母親トラは、怒りのため村々をおそうようになります。困った王様に占い師がこう助言します。「トラの怒りをしずめる手だてはただひとつ。ウェン王子さまをトラにさしだすしかありません」「王子さまが危ないめにあうことは、けっしてないでしょう」。そう言われて王と王妃は嘆《なげ》くのですが、国民のためにウェン王子を母親トラに渡します。ウェンの純粋なまなざしに、殺された子どもを思い出した母親トラは、彼を我が子のようにかわいがり育てるのでした。数年が過ぎ、トラの子どもとしてりっぱに育ったウェン。心配した王はトラ退治に向かうのですが、そこで見たのは、トラを必死でかばうウェンの姿でした。人間とトラ、二人の母親を持つことになったウェンの物語が、水墨画の技法を活《い》かしたジャンホンの絵で力強く表現されています。絵本の豊かな表現を知るには最良の一冊です。ため息が出るほどすばらしい！（ひこ）

みんな のせて

あべ弘士《ひろし》・作
講談社、２００７年

北海道の旭山動物園で、飼育係をしながら絵本を発表し続けてきた著者が、実際に走っている「旭山動物園号」をテーマに描いた絵本です。北極駅からシロクマたちを乗せた電車が「ピリリリリ……

ガットン」と出発します。「きっぷを　はいけんしまーす。パッチン」。「カタトン　カタトン　カタトン　カタトン」と、走る列車の手前には、様々な動物たちが登場します。「キキーィ」と列車が停まると、そこはサバンナ駅。ライオンの親子が乗り込んで、「ピリリリリ……ガットン」と出発します。「きっぷを　はいけんしまーす。パッチン」。「カタトン　カタトン　カタトン　カタトン」と繰り返しながら、ジャングル駅ではゴリラの家族が、南極駅ではペンギンたちが、次々と乗り込んできます。たくさんの動物たちを乗せた列車は、海を越え山間《やまあい》を抜け、「キキーッ」と終点の動物園駅に到着。繰り返されるリズミカルな文章と、ユーモラスな動物たちが、とっても魅力的です。（野上）

このゆび、とーまれ　★

あまんきみこ・作、いしいつとむ・絵
小峰書店、２００９年

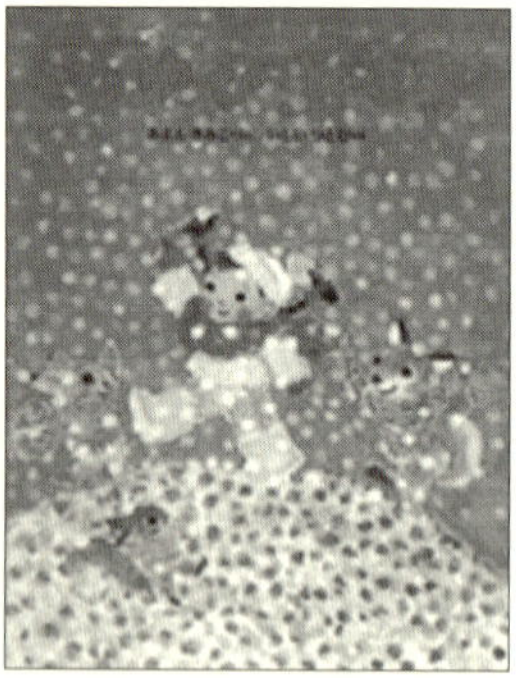

面白い幼年物語はなかなかありません。そんな中、あまんきみこは幼年読者のために質の高い物語を書き続けている貴重な作家です。雪が降りやみ、よく晴れた日、あかりちゃんが「ゆきだるまをつくるもの、このゆびとーまれ」と言うと、集まってきたのは子ぎつね、子りす、子うさぎ。競争して雪だるまを作ります。でもね、そこで彼らは思うの。雪だるまさん寒くないかなあって。自然にわき起こった優しい気持ちです。子どもたちは自分が作った雪だるまさんにマフラーを巻いてあげます。そして家に戻ってから親にその話をするのね。すると親は怒るどころか、ニコニコ楽しそうに聞いているのです。寒そうだから自分のマフラーを貸してあげるのは、とてもすてきな行為ですから、ちゃんと認めてあげるわけです。そこがいいよね。これなら子どもは大人を信頼してくれますよ。その頃、マフラーを巻いてもらった雪だるまさんたちはどうなっていたかというと……。子どもにしっかりと寄りそった幼年童話です。（ひこ）

社会・歴史・戦争・世界の人々

風が吹くとき　★★

レイモンド・ブリッグズ・作、小林忠夫・訳、篠崎書林、1982年→さくまゆみこ・訳　あすなろ書房、98年

『さむがりやのサンタ』や『ゆきだるま』など、明るく楽しい作品を描いてきた作家による、核戦争の恐ろしさを真正面から描いた衝撃《しょうげき》的な絵本です。主人公は長年働いた後、田舎で年金暮らしをしている素朴《そぼく》な老夫婦。外から帰った夫が、戦争が起こりそうだと言っても、大衆新聞にしか興味のない妻は、料理作りに夢中で耳も貸しません。先の二作品と同様に、コマを用いたマンガのスタイルですが、多いところでは七段のコマを大型の場面にびっしり描きこんでストーリーは進められていきます。ミサイルを発射したり、爆撃機が飛び交《か》い、潜水艦が進む場面は、モノクロに近い暗い色調で見開きいっぱいに描かれ不気味です。そして核が炸裂《さくれつ》した場面は、ページの端に薄いピンクが残る程度でまっ白。そこから進行していく老夫婦の悲劇が胸を打ちます。人類を滅亡に導きかねない、核の恐怖と戦争の無残さを的確に描いて、未来に対する警《けい》鐘《しょう》を象徴的に鳴らした意欲作です。

（野上）

河原にできた中世の町　★★★

（歴史を旅する絵本）

網野《あみの》善彦・文、司修・絵
岩波書店、1988年

原始の川から始まり、古代の中洲《なかす》や河原に人骨が散らばり、そこはこの世とあの世の境だと説明されます。中世になると中洲で働く人びとが住みつき、鎌倉時代になると市も立ちます。見開きいっぱいに、それぞれの時代の中洲や河原の情景が、まるで中世の絵巻のように描き出

され、各ページの文章はたったの一行か二行。鎌倉から南北朝時代、室町から安土桃山時代の中洲や河原を中心に、そこに集まってくる商人や職人、芸能人、山伏《やまぶし》や陰陽師《おんみょうじ》のような宗教関係者など、旅する人びとをとおして、それが町に変わり現代の大都市になっていく歴史が描かれていきます。扉から四三ページまで、見開きいっぱいに繰り広げられる絵巻の中には、それぞれの時代を象徴する、様々な人びとの暮らしぶりや仕事や遊びが克明に描写されていて、それを読み取るのもこの本の楽しみ。巻末には全体を通した解説と各場面の詳細な絵解きも掲載。網野史学の真髄《しんずい》が読みとれる画期的な歴史絵本です。（野上）

世界のあいさつ　★★

長新太・作、野村雅一《まさいち》・監修
福音館書店、1989年

おじさんとネコが世界を旅行しながら、いろいろな国の挨拶《あいさつ》を紹介していきます。お隣の中国の漢族《かんぞく》は、両手でにぎりこぶしつくり、胸にあてるのが伝統的なあいさつ。モンゴルでは、抱きあってなつかしい相手の臭いをかぐというのだから、面白いですね。チベット人は、向かいあって舌を出すのだから、「アッカンベー」をしたみたいで喧嘩《けんか》になりそうです。マレー人は、おたがいに頭に手を当ててご挨拶。中央アジアのザンデ族は、手と手をすりあわせてから、指と指をからませて、パチンと音を出すというのだから、なんだか難しそう。東アフリカのキクユ族には、相手の手につばを吐《は》きかけ、「いいことがありますように」と言う、おまじないみたいな特別な挨拶があるのだそうです。長新太の四こまマンガとイラストによる展開がとってもユーモラスで笑えます。巻末には、挨拶の意味や歴史、国や民族による違いなどもわかりやすく解説されていて、いろいろ参考になります。（野上）

絵で読む　広島の原爆　★★★

那須《なす》正幹《まさもと》・文、西村繁男・絵
福音館書店、1995年

唯一の核被爆国である日本の作家と画家が、広島で被爆した生存者の証言をもとに、渾身《こんしん》の力をこめて表現した画期的な絵本です。最初に、第二次世界大戦が勃発《ぼっぱつ》した世界情勢を紹介し、原爆が落とされた日の広島の戦時下の暮らしが俯瞰《ふかん》

されます。その後に、核を開発したマンハッタン計画と原爆の仕組みを克明に解説。原爆を投下したエノラ・ゲイ号の乗員も目がくらむほどの閃光《せんこう》が、広島上空に走り、建物も人間も粉々《こなごな》になって飛び散ります。それに続く悲惨きわまる地獄絵図が、横長大判の場面いっぱいに克明に描かれていきます。熱線、爆風、放射能の恐怖と、次世代にまで影響を残した被爆の恐ろしさを丁寧《ていねい》に解説し、核軍拡とそれを阻止《そし》しようとする運動の歴史は、今を生きる人びとへの貴重な伝言ともなります。巻末には、生存者の証言をもとに描かれた、被爆した広島の復元図の詳細な解説を掲載。三歳のときに被爆した作家と、それに呼応した画家の執念《しゅうねん》の力作です。（野上）

せかいいち　うつくしい　ぼくの村　★★

小林豊
ポプラ社、1995年

内戦が続いて国土が荒廃し、九・一一事件の後にアメリカから爆撃を受けたアフガニスタン。政治的・軍事的混乱が起きる前は、いかに豊かで美しい国であったかを静かに見せられるにつけ、国を襲った災禍《さいか》に苦しむ人々を考えずにはいられません。北部のパグマン村に暮らすヤモ少年は、兵隊に行った兄さんの代わりに、お父さんと一緒に初めて市場へ果物を売りに行きます。見るもの聞くもの珍しく、町の人たちは親切です。父と息子は、売り上げで、きれいな小羊を買って帰ります。春には花が咲き、夏にはスモモやサクランボが見事に実る豊かなパグマン村や町の交易の様子には、ユーラシア大陸の文化や交通の要《かなめ》としての奥行きが感じられ、「村は　せんそうで　はかいされ　いまは　もう　ありません」という結びに切なくなります。春に花が咲くように復興を願う、続刊の『ぼくの村にサーカスがきた』『せかいいちうつくしい村へかえる』もあわせてお読みください。（鈴木）

アフリカの音　★★

沢田としき
講談社、1996年

太鼓《たいこ》の音を聞くと、なんだか踊り出したくなったり、ワクワクしてきますね。アフリカで、木をくりぬいて作られた太鼓には、ヤギの皮がはられています。ヤギは死んで皮を残し、音になって人びとの心の中に響きます。太鼓の音が乾いた風に乗り、アフリカの村々に運ばれていきます。この本に描かれているのは、西アフリカの国々で演奏されている、ジンベという太鼓で、赤ちゃんの誕生や、結婚式や収穫の祝い、祈ったり病気を治すときなど、生活や人生の様々な場面で演奏され、人々はそれにあわせて踊ります。太陽の光を浴び、大地のエネルギーを吸収して育った木に、ヤギの皮をはったジンベは「聖なる太鼓」と呼ばれ、人々から大切にされているのです。その太鼓の音を通して、アフリカの人びとのエネルギッシュで豊かな暮らしが、乾いた大地の空気感をたくみに再現した絵と、簡潔で詩的な文章で鮮やかに伝わってくる、すてきな絵本です。（野上）

サルビルサ　★

スズキコージ
架空《かくう》社、1996年

上から読んでも下から読んでもサルビルサ。古代神殿から抜け出した石像のような男が、馬に乗って槍《やり》をかざし獲物を追う。反対から、頭にターバンを巻いた男がラクダに乗ってきて、二人の槍が同時に獲物を射とめます。獲物を奪いあう二人は「サルビ」「ビルサ」と叫びあい、獲物の所有権をめぐって二つの国は兵隊を繰り出します。たくさんの兵士たちが、「サルビ」「ビルサ」と喚《わめ》きながら、砂漠を舞台に激しい戦闘が始まります。その戦いで二人の王が倒れた後に、それをずっとねらっていた怪鳥が「サルビルサ」と一言叫んで獲物を掠《かす》め取るという、漁夫の利を絵に描いたような物語。最終ページ、円の中に獲物が焼けるのを待つ鳥たちを描き「サルビルサルビルサルビ

ル」と、呪文《じゅもん》のように描《か》き文字が囲みます。戦争の無意味さを象徴するかのようなナンセンスな展開に、剣をペンに置き換えた怪鳥スズキコージの平和への願いが表現されているようです。（野上）

ナヌークの贈りもの　★

星野道夫・写真／文
小学館、1996年

ナヌークとは、北極にすむシロクマのこと。アラスカでヒグマにおそわれて、不慮《ふりょ》の死を遂《と》げた動物写真家が、厳寒の大自然を舞台に、氷原の王者シロクマをとおして、命の輝きを語りかけます。主人公のぼくは、ナヌークの後をそっとついて行きました。すると、強い風の中から、「少年よ、おまえのおじいさんが若者だったころ、人間はわたしたちと同じことばをしゃべっていた」という声が聞こえてきます。声の主《ぬし》は、ナヌークでした。雄大な北極の大地に暮らすシロクマたちのさまざまな姿が、愛くるしいばかりの写真で紹介されていきます。そこに、ナヌークの声が続きます。「少年よ、わたしたちはアザラシを食べ、アザラシは魚たちを追い、魚たちは海の中の小さな生きものを口にふくむ、――生まれかわっていく、いのちたち」。生きものは、みな大地の一部。古老の語りのようなナヌークの声に誘われながら、大自然のおきてが鮮烈《せんれつ》に心をゆさぶる、すばらしい写真絵本です。（野上）

あなたがもし奴隷《どれい》だったら…　★★

ジュリアス・レスター・文、ロッド・ブラウン・絵、
片岡しのぶ・訳　あすなろ書房、1999年

カモメが群れ飛ぶ海原を、波にもまれながら帆船が進んでいくと、船の周囲のあちこちに人が浮かんでいます。目を凝《こ》らすと、船の上から豆粒くらいの大きさで描かれた黒人が、海になげ込まれているのです。アフリカの西海岸からアメリカ大陸に運ばれる途中で、病気になったり死んだ黒人奴隷たちの無残《むざん》な姿です。暗い船倉の狭い棚に互いに鎖でつなが

れ、ワインボトルのように横たえられた黒人たちの黒い頭と白い足。三ヶ月かけて運ばれた黒人たちの生き残った者が、奴隷市場に出されるのです。黒い膚《はだ》から血がほとばしるまで鞭《むち》打たれ、酷《ひど》く吊《つ》るし殺される黒人奴隷の無残な姿。「ムチ打たれる者ではなく、ムチ打つ側に立ってみてほしい」と著者は言います。「奴隷」をテーマに、七年間かけて描いた作品に文章をつけて構成した絵本で、場面のそれぞれに激しく心が揺さぶられます。幾世代にもわたる奴隷たちの忍従《にんじゅう》と怒りの歴史が、悲しいまでの存在感で迫《せま》ってきます。（野上）

おばあちゃんに　おみやげを　★

―アフリカの数のお話

オニェフル・作／写真、さくまゆみこ・訳
偕成社、２０００年

これ、数を数えていく絵本です。最初のページは「1」。そこから「10」まで進んでいきます。なんだ、よくある学習絵本じゃないか、と思われるでしょう。そうなんです。よくあるパターンを使って、アフリカはナイジェリアに住んでいるイガラ人の生活や習慣を知っていけるようになっています。「男の子が　ひとり。名まえは　エメカ。となり村に　すむ　おばあちゃんの　いえに　あそびに　いきます」から始まって、次々に人が、物が増えていき、エメカがおばあちゃんの家にたどり着いた時、私たちは彼らがどんなふうに暮らしているかを、ほんの少しですが、うかがうことができるのです。日本と違っているところも、似ているところもあります。イガラ人なんて興味ないよ、ですって？　とんでもない。ほかの国や民族や文化を知らないと、自分たちの暮らしているところを本当に知ったことにはならないのです。写真絵本ですから、細かなところまで見ていくと、いろいろ面白い発見があると思いますよ。（ひこ）

ソリちゃんのチュソク　★★

イ・オクベ・絵／文、みせけい・訳
セーラー出版、２０００年

韓国の伝統行事で、旧暦の八月一五日に親族が一堂に会して法事や会食をする「チュソク」を描いた絵本です。「チュソ

ク」の二日前、都会に住むソリちゃんは、お父さんとお母さんと赤ちゃんと一緒に、チマ・チョゴリでおしゃれをし、長距離バスで里帰りします。行くまでの道は大混雑。でも、村ではあたたかい歓迎を受け、ハルモニ（おばあちゃん）や親戚《しんせき》と話をしたり、ごちそうを食べて、楽しいひとときを過ごします。時はちょうど中秋の名月の頃なので、庭で餅《もち》を食べながらお月見をする場面もあります。秋に行なわれるため、ご先祖様に収穫のお礼をする「茶礼《されい》」やお墓参りなどもあり、日本のお盆との違いを見つけるのも面白いでしょう。少し前の日本を見るような都会のアパートの生活や、農村の暮らしぶりなども、絵本ならではの異文化体験です。（鈴木）

ひとつ、アフリカに のぼる たいよう ★

W・ハートマン・文、N・マリッツ・絵、
さくまゆみこ・訳　文化出版局、２０００年
（現在、絶版）

数え歌のスタイルで、アフリカの大地に暮らす生きものたちの生態を、タンザニアの伝統絵画のような力強い筆さばきで描いた、ユニークな絵本です。「ひとつ、アフリカに　のぼる　たいよう」から始まり、「やっつ、おなかを　すかせた　8とうの　ライオン」「ここのつ、ほねを　かじる　9ひきの　ハイエナ」「とお、えものを　ねらう　10わの　はげわし」と、生き物同士の絶《た》え間ない自然の循環《じゅんかん》がさりげなく展開。一〇まで数えるとジャングルに月が昇り、夜が訪れます。「とお、つきに　うたう　10ぴきの、かえる」「ここのつ、ひらひら　おどる　9ひきの　が」と夜の生きものの姿が描かれ、一までもどると、「ひとつ、アフリカに　のぼる　たいよう」で、ふたたび朝がやってきます。アフリカ大陸の大自然を舞台に繰り広げられる生と死のドラマを、やさしいことばで語りかけ、巻末には登場する一八種類の動物たちの解

説もあって、大人が読んでも楽しめる、数え歌絵本です。（野上）

クジラがとれた日　★★

小島曠太郎《こうたろう》・写真、えがみともこ・文
ポプラ社、２００１年

まるで現場に居あわせたような、臨場感が感じられるすばらしい写真で構成された絵本です。舞台は、インドネシアのレンバタ島レマレラ村。ここでは、四百年前から現在まで、手漕《てこ》ぎの船とモリだけで、クジラ漁を行なっています。クジラの潮吹きが発見されると、村人たちは船を漕《こ》ぎ出し、クジラと人との勇ましい闘いが繰り広げられます。マッコウクジラの姿が浮上すると、漁師はモリとともに宙を飛ぶ、その決定的な瞬間を写し取った場面には息をのみます。クジラにモリが射《う》ち込まれると、次の見開きから白縁《しろぶち》の中に色調を青黒色に抑えた写真に変わり、村の伝統的なクジラへの畏敬《いけい》と共生が語られていきます。クジラを解体し、捨てるところなく村中に配分されて、「村で一番幸せな日」を迎えた村の賑《にぎ》わい。十年近くのあいだ村を訪れ、見事な「命の物語」を紡《つむ》ぎだしたカメラマンの、執念《しゅうねん》の一冊です。（野上）

あの日のことを　かきました　★★

エクトル・シエラ・著
講談社、２００２年

著者は、世界の紛争地域で苦しんでいる子どもたちを、アートの力で励《はげ》まし援助する、ＮＧＯ「国境なきアーティストたち」の代表です。各地で絵や折り紙のワークショップを行なってきた著者は、ニューヨークの貿易センタービルに二機の飛行機が激突し、三〇〇〇人もの命が失われた現場近くの小学校を訪れます。悲惨《ひさん》な事件を、テレビではなく現場で直接目にした子どもたちは、その時の絵をたくさん描きました。著者は、事件を起こしたテロリストの基地があるということで、アメリカなどから爆撃されたアフガニスタンも訪ねます。戦禍《せんか》にまみれた、

カブールやバーミアンの子どもたちが描く、爆弾で家が焼かれた光景では、太陽が黒く塗られています。「わたしのまち」と題して、ニューヨークとアフガニスタンの子どもたちの絵が、カラーで左右に並べて紹介されていきますが、「あの日のこと」を深く心に刻《きざ》む子どもたちの叫びが、痛切に伝わってくる、衝撃的な絵本です。（野上）

おじいさんの旅 ★★★

アレン・セイ
ほるぷ出版、2002年

日系アメリカ人のアレン・セイが、おじいさんの歩んだ道をたどり直しながら、自分の心情もおりこんだ絵本です。明治時代に「世界をみよう」と旅に出た日本人の若者はアメリカで見聞を広げ、様々な人に出会います。故郷に戻って結婚したのち、二人でカリフォルニアに移住し、セイの母親が生まれました。おじいさんは、アメリカにいる時は日本が懐かしく、日本に帰れば、アメリカを懐かしく思います。しかし、振り子のように二つのふるさとを大切にする心は太平洋戦争により打ち砕《くだ》かれました。アレン・セイは、この母と韓国人の父の間に生まれて東京に育ち、一六歳で渡米しています。多様な文化的背景を持ちながら、日本とアメリカ、どちらもが狂おしいほど懐かしいという彼の感覚は、おじいさんのかつての思い出と重なります。さらに、その心は、移民や難民、ふるさとを出て別の土地で生きることを選んだすべての人に共通するでしょう。（鈴木）

おばあちゃんは木になった ★

大西暢夫《のぶお》・写真／文
ポプラ社、2002年

表紙には森の中で夕日に向かって両手をあわせる一人のおばあさんの姿があります。場所は岐阜県の徳山村。福井県との県境にあるこの村は、一九八七年にダムの底に沈み地図から消えてしまいました。「すぐにダムができんのなら、もう少し生まれ育った村で暮らしたい」と

言って、最後まで残っていた人々の姿を大西さんが写真に記録しました。電気もガスもなく、日が暮れれば真っ暗になる生活。はつよさんは言います。「何も見えんでもわしにはわかるんじゃ」。けんかはするけど仲良しの司《つかさ》さん夫妻。マムシの焼酎漬《づ》けが元気の秘訣《ひけつ》と笑う小西さん夫妻。いつもご飯に誘ってくれる、じょさん。カンテラの灯りで迎えてくれる泉さん夫妻。決して楽な暮らしではないですが、充実した時間が流れてきたことは、みなさんの表情から活き活きと伝わります。写真ってすごいです。今の子どもには別世界のように見えるかもしれません。それはそれでいいのです。こういう暮らしもあることを知っていてくれれば。（ひこ）

ヒロシマに原爆がおとされたとき ★★

大道あや
ポプラ社、２００２年

今、子育てをしている人のほとんどは戦争を知りません。いや、その親も知らない可能性だってあります。それだけの年月が過ぎてしまったわけですが、だからといって、あの戦争を忘れるわけにはいきません。私を含めた、戦争を直接知らない世代は、その内実を知る権利がありますし、それよりもっと、伝えていく役目があるのです。この絵本は、自ら被爆した大道さんが、その体験を語り、描いた作品です。兄は著名な画家（「原爆の図」を描いた丸木位里《いり》）なのですが、大道さんが描き始めたのは六〇歳の時です。自らの体験を描くのにそれだけの時間が必要だったのでしょう。人間が起こしたこの悲劇と向かいあうのは少しつらいかもしれませんが、子どもを信じて、ヒロシマで起こったこと、そこで生きた人たちの、死んでいった人たちの大切な記憶を、どうぞ次の世代に伝えてください。もう二度とこんな悲劇を起こさないためにも。（ひこ）

くらべてわかる世界地図（全八巻）★★

藤田千枝・編
大月書店、２００４年

世の中には実に様々《さまざま》な絵がありますが、一番大事で、一番使える、そして一番知っておいてほしい絵は、世界地図です。戦争や旅行だけではなく、恋や友情やけんかや遊びを考えるときも頭の中に世界地図があれば、視点はかなり変わるし、視野《しや》も広がります。ほんとですよ。でもなかなか頭に入っていかないのが世界地図。そこでこのシリーズはいかがでしょうか。『暴力』『文化』などテーマを絞《しぼ》って世界地図を作っています。『暴力』だと「少年兵」がいる国や「大量破壊《はかい》兵器」をもっている国を色分けした世界地図に解説がついています。世界の見方が変わりますよ。やっぱり興味があるのは『学校』かな。小学校に通えている子どもの国別の割合。驚くと思いますが、半分近くの子どもが通えていない国がまだまだたくさんある。一クラスの人数、新学年は何月から、勉強が好きな子どもの割合。いろんなことが国によってこんなに違うんだ。頭の中に自分だけの世界地図を描いてください。(ひこ)

子どもに伝えるイラク戦争 ★★

石井竜也《たつや》・広河隆一
小学館、2004年

〝僕たちは「戦場」を知らない〟という、ミュージシャンの言葉が、パレスチナ難民キャンプで、裸足《はだし》で輪まわしをして遊ぶ小さな子どもの写真に重なり、戦場カメラマンとの対話が始まります。「フォト・ジャーナリストとして、屍《しかばね》を撮るというのは、すごく悔しい。なんとかしたくてまたそこを訪れるんです」と、カメラマン。「僕が何を考えながらラブ・ソングを歌っているか知ってほしい」とミュージシャン。戦場の子どもたちや人々の暮らしをとらえた、鮮烈《せんれつ》なモノクロ写真を紹介しながら、「イラク戦争とは何か」「爆弾の落ちた先を想像してほしい」と、対話は続きます。幼い子どもの遺体《いたい》が転がる難民キャンプでの虐殺《ぎゃくさつ》現場や、被爆して死んでいった子どもの写真をはさみ、「素晴《すば》らしい未来を作りたい」と二人は語ります。日本の今は戦時中だと言うミュージシャンは、「危機を自分でかぎ分けて」と訴え、カメラマンは「戦争への流れを止めるために」と呼びかけます。(野上)

世界中の息子たちへ ★★

堤《つつみ》江《え》実《み》・詩、高橋邦典《くにのり》・写真
ポプラ社、2004年

一枚の写真が訴えかける力は、何万語にも勝《まさ》ることがあります。わずか数行の詩が、人の人生を変えることもあります。「たとえ／どんな大義があろうとも／私はあなたが殺されるのを見たくはない」と始まる詩に、イラクやリビアや南アフリカで撮影した写真がコラボレートして、平和への願いを切々と訴えかける写真絵本です。戦場で死と向きあう若者たちや、鉄条網越しに抱きあって困惑《こんわく》する親子。大粒の涙を浮かべた幼い子のアップ。それらとは対照的に、満面の笑みを輝かせる子どもたちの顔、顔、顔。どちらが正しいとか正しくないとか、どちらが善だとか悪だとか、優《すぐ》れているとか劣っているとか、「そんなまっすぐなものさしでは／世界をはかることはできません」「人の美しさ／人のいとしさ／人の尊さをはかるには／まあるい愛のものさしが必要です」と詩人は歌います。世界中の次世代に向けた、愛のメッセージです。（野上）

戦争なんて、もうやめて ★★

佐藤真紀《まき》・日本国際ボランティアセンター・編　大月書店、2004年

「戦禍《せんか》の子どもたちと自画像で握手」というサブタイトルのとおり、パレスチナ、イスラエル、イラク、北朝鮮などの子どもたちのたくさんの絵と、彼らのメッセージで構成されたユニークな絵本です。「自画像がいっぱい」「国境であくしゅした！」と、見開きごとに展開していきます。「いとこのニダをかいた」は、パレスチナの難民キャンプで、テロリストを探しに来たイスラエル軍に、家の前で射殺された一五歳の従姉妹《いとこ》のニダを、一四歳のメルナが描いた作品。その絵が日本の小学校に届き、先生と子どもたちがそこにまた絵を描き加えてパレスチナに送りました。メルナはその絵を見て泣きそうになり、「平和になったら日本に行ってみたいな」と言います。ネット上

で世界中の子どもたちが出会い、おたがいの絵を握手させたり、一緒に遊ばせて交流するプロジェクトの成果をもとに構成した、子どもたちの平和を願う絵とメッセージがすばらしく、読む人の心をとらえます。（野上）

被爆者　★★

―60年目のことば

会田法行《のりゆき》・写真／文
ポプラ社、２００５年

広島と長崎に原爆が落とされて六〇年以上がたちました。二〇万人以上の被爆者はすでに亡くなり、生き残っている人も、今なお後遺症《こういしょう》に苦しめられています。放射能は、何十年経《た》っても体を蝕《むしば》みつづけるのです。この本には、六人の被爆者の体験談がつづられています。当時少年だった谷口さんは、背中と左腕が火傷《やけど》におおわれ、一年九ヶ月のあいだ、うつぶせで寝たきりでした。広島に原爆が落ちた時、まだお母さんのお腹の中にいた畠中さんは、原爆小頭症《げんばくしょうとうしょう》という病気を持って生まれ、身のまわりのことを自分ですることができません。今の子どもたちにとって、広島や長崎の原爆は遠い世界なのでしょう。けれど、どれほど戦争がおろかで残酷《ざんこく》なものかを理解するために、だれもが広島と長崎について知っていなければいけない、とこの本を通じてしみじみ感じます。怒りや悲しみや憎しみの気持ちを超越した被爆者が、みずからの傷あとをさらし、命をかけて訴える平和へのメッセージに、ぜひ耳をかたむけてください。（神戸）

ここが家だ　★★

―ベン・シャーンの第五福竜丸

ベン・シャーン・絵　アーサー・ビナード・構成／文、集英社、２００６年

一九五四年、マーシャル諸島のビキニ環礁《かんしょう》で、アメリカの水爆実験によって被《ひ》爆《ばく》した、マグロ漁船・第五福竜丸の悲劇を描いた絵本です。二三人の漁師を乗せた第五福竜丸は静岡県の焼津港を出港し、三月一日の夜明け前、爆音とともに

火の玉があがり、乗組員はしばらくして降ってきた死の灰を浴びて、からだに異変が起きます。そして、焼津に寄港後に、機関長の久保山愛吉さんが亡くなります。アメリカによる、広島と長崎での原爆投下によって、世界で初めての被爆国となった日本では、これがきっかけとなって原水爆禁止の運動が立ちあがります。ところが、それ以降も、核実験は二〇〇〇回以上も繰り返されてきました。この絵本は、第五福竜丸の被爆をテーマに描かれた、リトアニア生まれの二〇世紀アメリカ美術の巨匠が描き続けた作品をもとに、アメリカ生まれの詩人が構成して文章をつけた、核根絶の願いを次世代に伝える貴重な提言であり、文化遺産とも言える一冊です。（野上）

草原の少女プージェ　★★

関野吉晴《よしはる》
小峰書店、２００６年

著者の関野さんは医師で写真家で、そして探検家です。シベリアからアフリカへの旅の途中、モンゴルの大草原を自転車で進んでいる時のこと。馬にまたがって牛追いをしている一人の少女と出会います。彼女の写真を撮りたいと思った関野さんが自転車を降りて近づくと、「こっちにこないで！」。彼が牛追いの仕事のじゃまをしてしまったからです。彼女の名前はプージェ。まだ六歳。でも、りっぱな働き手なのです。おじいさんが亡くなり、おかあさんも亡くなりと悲しい出来事も起こりますが、プージェも小学校へ入学。日本からモンゴルへ戻った関野さんは、彼女の学校も見学させてもらいます。そして再会を楽しみに、関野さんはまた旅に出るのですが……。少女の生涯のほんの短い時間だけを一緒に過ごした関野さんですが、その出会いとつきあいが、プージェをどれほど勇気づけたことでしょう。関野さんの心をどれほど暖かくしてくれたことでしょう。みなさんもぜひ、プージェに会ってください。（ひこ）

平和の種をまく　★★

―ボスニアの少女エミナ

大塚敦子・写真／文
岩崎書店、２００６年

この本に登場するエミナは、ボスニア

に暮らす一一歳の少女です。戦争で壊された家を、建てなおしているところです。一九九二年から九五年にかけて、ボスニアでは旧ユーゴ連邦からの独立をめぐって、内戦が起こりました。もともと、違う民族の人たちが一緒に暮らしていた場所なのに、どうしてでしょう？　それは、政治家やメディアが、ほかの民族に対する恐怖や不信感をあおったから、とこの本では述べています。「ふつうの人は、だれも、戦争なんかしたくなかったのに」というメッセージは、ページごとの写真を追っていくにしたがい、真実味を増していきます。戦争で、一番の被害にあうのは、罪のない一般の市民です。では、どうしたら戦争はなくなるでしょう？　そのための試みが、エミナたちも参加するコミュニティ・ガーデンです。民族の違う人たちが、一緒に野菜を育てます。民族という集団としてでなく、一人一人の人間として交流することが何より大切なのだと、あらためて認識させられます。

（神戸）

ぼくがラーメンたべてるとき　★

長谷川義史　教育画劇、２００７年

地球上にはたくさんの国があって、たくさんの民族がいて、たくさんの文化があります。私たちは、それら全部の場所に同時にいることはできないので、いつもどこか一つの国から世界を眺めています。この絵本の始まりは日本。一人の男の子がラーメンを食べています。その時、隣で猫のミケがあくびをして、ミケがあくびをした時、隣の家のみっちゃんがテレビのチャンネルを変えて、みっちゃんがチャンネルを変えた時……と同じ時間に別の場所で起こっていることが次々と描かれていきます。やがて画面は日本を出て、隣の国、そのまた隣の国へと広がっていき、最初の男の子と同じ年ぐらいでしょうか、一人の男の子が地面に倒れて動かない場所に到着します。絵本はそれ以上何も語らないのですが、十分伝わってきます。私たちがラーメンを食べてい

るその時にも、どこかの国の戦争で子供が死んでいっているのです。どうすればいいの？　まず知るところから始めたいですね。（ひこ）

ローザ ★

ニッキ・ジョヴァンニ・文、ブライアン・コリアー・絵、さくまゆみこ・訳
光村教育図書、２００７年

社会には様々な差別があります。あなたや私が差別されていることもあれば、差別していることもあります。差別されていることは気づきやすいけれど、差別していることはなかなか気づきにくいものです。だから、早くから差別に気づく感性を磨《みが》いておいてほしいのです。この絵本は、黒人差別との戦いの象徴となった出来事を、実話に基づいて描いています。奴隷解放の後、それでも黒人差別はなくなりませんでした。暴力、精神的抑圧、それは日常生活の隅々《すみずみ》にまで浸透していました。一九五五年一二月一日、ローザ・パークスは仕事を終えて帰るバスの中で、白人男性に席を譲るのを拒否します。彼女は逮捕《たいほ》され、それがきっかけとなって、黒人たちは立ち上がります。絵本ですからこと細かく書かれているわけではありませんが、ブライアンの臨場感あふれる絵が、差別への怒りを十二分に伝えています。子どもの時にこれを読んで印象に残っていれば、やがてもっと詳しく調べたくなるでしょうし、自分のまわりの差別に気づく感性も鋭くなるでしょう。（ひこ）

なぜ戦争はよくないか ★★

アリス・ウォーカー・文、ステファーノ・ヴィタール・絵、長田《おさだ》弘・訳　偕成社、２００８年

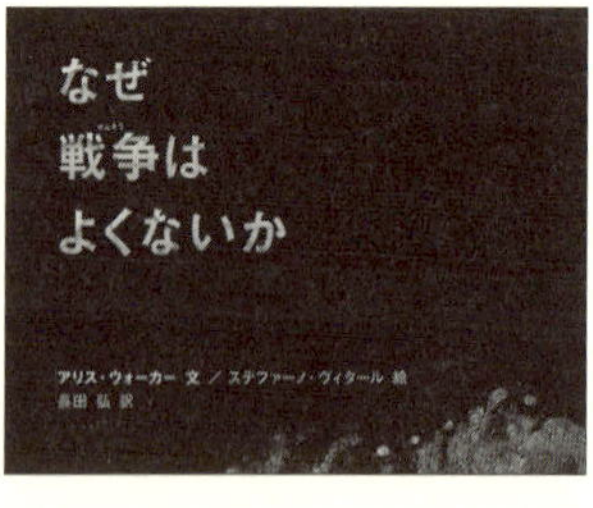

黒人女性として初めてピューリッツァー賞を受賞し、スピルバーグ監督により映画化もされた、『カラーパープル』の作家の詩をもとにした絵本です。「戦争」が何なのかわからないままに、傷つく子どもたちをこれ以上増やしたくないという作家の切実な思いに、イタリア生

まれの画家が賛同。世界各地の伝統絵画や、現代美術の技法を駆使《くし》した巧妙な場面構成で、絵本は展開します。戦争は姿をたくみに隠し、人々の平和な日々にしのびより、たくさんの人々の命を奪っていきます。池の中でのどかに暮らしているカエルたち、若い母親や赤ちゃん、大きな森の生きものや自然……地球全体をむしばみ破壊してしまう戦争の恐ろしさ。それが、やさしいことばで象徴的に語りかけられます。のどかで平和な光景に、突然おどろおどろしい光景がはさみこまれ、印象的な場面転換で訴えかけるこの作品は、戦争の恐ろしさを深く考えさせる、画期的な絵本です。（野上）

子どもに本を手渡すとき…

図書館の司書は本を手渡すプロです。ですから自分が好む本を子どもに薦《すす》めることはしません。子どものリクエストや、レファレンスにそって、的確《てきかく》な本を選書するのが彼らの仕事です。何度も通ってきている子どもなら、ある程度好みがわかっていますから、その線で新作を教えたり、時にはその子なら興味を持ちそうな未知のジャンルを紹介します。

一方保護者は、その子の嗜好《しこう》を司書よりも理解しています。ならば、子どものその好みにそった本を手渡せばいいのですが、そのためには本に関する幅広い知識が必要です。これはよほどの読書家でない限り不可能です。

じゃあどうすればいいのか？　手渡さない、薦めないというのも一つの手です。読みたい子は読みますし、読まなくてもそれほど困るわけではありません。

でも、手渡してみたい時もあるでしょう。その場合、子どもに良い本を探すために読書するのだけはやめてください。それで薦められたら、本嫌いの子どもが増えるだけです。

そうではなく、あなた自身が大好きになった本を、「私は面白かったよ」と手渡してほしいのです。ここが司書とは違うところです。読後、「つまらなかった」と言われても落ちこまないでください。子どもはあなたの趣味がわかったし、あなたも子どもの趣味がわかったのですから。（ひこ）

読み物

家族・親子

赤毛のアン　★★★

モンゴメリ・作、村岡花子・訳　三笠書房、1952年→新潮文庫、2008年

「老夫婦が孤児院から男の子をもらおうとしたら、手違いで女の子が送られてきた」というメモから生まれた『赤毛のアン』。そばかすだらけの顔に灰色の大きな目の赤毛のアンをグリン・ゲイブルズで育てるのは、マシューとマリラの初老の兄妹です。おしゃべりで空想好きで、あらゆるものに美しい名前をつけるアン。失敗も多いけれど、まっすぐで、人を喜ばせたくてしかたのないアンのいる暮らしの中で、頑《かたく》なだったマリラの心はやわらぎ、内気すぎるほどのマシューは慈母《じぼ》のような愛情を表わすようになります。「まがりかどをまがった先に」ある未来を夢見て、学びへの野心を忘れない若者らしい心や、永遠の親友ダイアナとのゆるぎない関係など、アンが生き生きと活躍するエピソードは、どれもユーモアにあふれ、知るほどにアンを好きになるでしょう。自然豊かで、すべてが手づくりのプリンスエドワード島の暮らしにも、憧《あこが》れてしまいます。（鈴木）

小公子　★★

バーネット・作、吉田甲子《きね》太郎《たろう》・訳
岩波少年文庫、１９５４年

セドリック・エロルはアメリカで暮らす七歳の男の子。その愛らしさから下町では人気者です。父親はイギリスの伯爵《はくしゃく》の三男坊。アメリカ人女性と結婚したために伯爵の怒りをかい、勘当《かんどう》され、病死してしまいます。セドリックは伯爵の唯一の跡《あと》取《と》りですので、イギリスへと旅立ちます。伯爵がアメリカ人であるセドリックの母親を嫌っていますから、彼はたった一人でお屋敷に住むこととなります。さてセドリックの運命は？『小公女』とともに今でも人気がある児童文学の古典です。セドリックは「生まれつき人なつっこく、思いやりふかく、自分がのぞむように、人にも気もちよくしてあげたいと思う、やさしい心」を持っている子どもですから、現代ではちょっとリアルではないかもしれません。でも、スリリングな物語展開は今でもとても面白いです。大人の読者は昔の子ども像はどんなものだったかを知ることができますし、子どもの読者は幸せな結末の楽しさを存分《ぞんぶん》に味わえるでしょう。（ひこ）

まぼろしの小さい犬　★★

フィリパ・ピアス・作、猪熊《いのくま》葉子・訳　学研、１９６２年
→岩波書店、８９年

ベンは誕生日におじいちゃんから犬をプレゼントされるはずでした。だけどアパートで飼うのは無理なのです。送られてきたのは犬の絵。ベンが知らない種類です。絵の裏に「チキチト　チワワ」と書かれていました。あんまりがっかりしたベンは、いつのまにか心の中に自分だけの秘密の犬を飼い始めます。ベンに忠実で賢くて勇敢な犬チキチト。四十年以上過ぎた今読めば、内閉したベンの心は、よりいっそう現代的で驚かされることと思います。この物語は、現実との接点を失いかける子どもの話なのですから。ベンはチキチトを想像して目を閉じたまま歩いていたために交通事故にあいます。田舎のおじいちゃんの家で療養していたベンは、生まれたばかりの子犬を一匹、

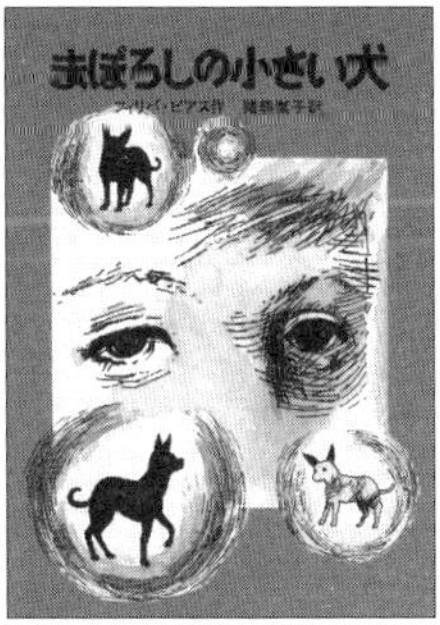

自分の犬にしてもらいます。想像していたチキチトに一番近い子犬を。半年後、引っ越すことで犬を飼《か》えるようになり、ベンが選んだ犬がついにやってきますが……。最高のラスト！（ひこ）

いたずらラッコのロッコ ★

神沢利子《かんざわとしこ》・作、長新太・絵
あかね書房、1968年

とぼけた感じの愛くるしい表情と、おなかにのせた貝を石で叩き割る様子がなんともユーモラスなラッコは、水族館の人気者です。けれどどこの本は、ラッコが水族館に登場するずっと前から、子どもたちに親しまれてきました。いたずらなラッコの子ども、ロッコが、空に住む大男のスープ鍋に入れられてしまったり、イルカのカンタと仲良くなって「イルカまつり」を見物したり、広い海でのびのびと暮らし、遊んでいます。海草を体に巻きつけて、ぷかぷかと海に浮かんで寝るなんて面白いなあと思うのですが、じつは波に流されないためという合理的な理由があるのです。また、ラッコたちは、毎日、アワビやウニやカニを獲《と》って食べています。なんとも贅沢《ぜいたく》な食生活でうらやましい！　このように、ラッコたちの生態が物語に自然に組みこまれていて、水族館へ行く楽しみも倍増しそうです。長新太によるシンプルな絵が、愉快《ゆかい》な物語をいっそう引き立てています。（神戸）

おとうさんがいっぱい ★★

三田村信行・作、佐々木マキ・絵　理論社、1975年→フォア文庫、88年

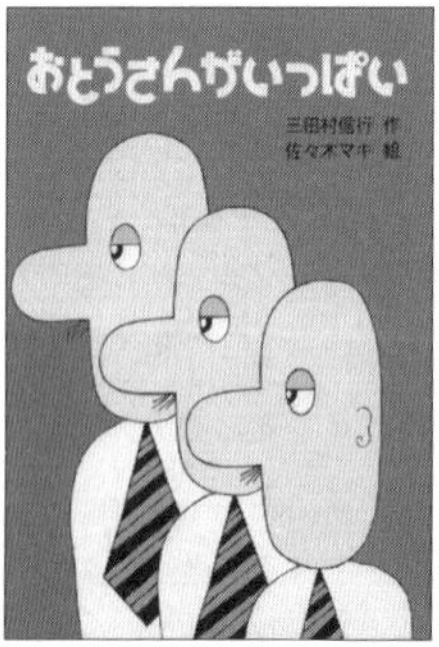

ごく普通の生活の中に、こんなことがあったら怖いだろうなという、不思議な話が五つ入っています。最初の「ゆめであいましょう」では、夢の中の少年と、夢を見ている少年の、どちらが自分なのかわからなくなってしまいます。「どこにもゆけない道」では、いつもとは違う道を通って帰ろうとした少年は、なかなか家にたどり着けません。やっと自分の家に着いたと思ったら、両親が恐怖で顔を引きつらせている姿をチラッと目にし

たまま、少年はクラゲのような軟体動物に変身しているのです。「ぼくは五階で」も空間の迷路に迷い込んでしまう恐怖感がリアルです。「おとうさんがいっぱい」は、家にお父さんがいるのに、お父さんから電話がかかってきます。次々と増えていくお父さんが、自分こそ本物だと主張するのですから、こんがらがってしまいます。「かべは知っていた」も、お父さんが壁の中に消えていく怖いお話。いろいろ考えさせられる、不思議な短編集です。（野上）

かいじゅうになった女の子　★★

末吉暁子《あきこ》・文、大橋歩《あゆみ》・絵　偕成社、1975年→偕成社文庫、84年

小学校三年生のみちこと、妹のミミは、お気に入りのテレビ番組「まほうのマリちゃん」を一緒に見ています。そしてマリちゃんと一緒に変身の呪文《じゅもん》をとなえたら、なんと、みちこは怪獣に、ミミはカエルに、それぞれ願ったとおりに変身してしまいました。元にもどるには、翌週の「マリちゃん」で、もう一度呪文をとなえるしかないでしょう。こうして、怪獣とカエルの姿での一週間が始まります。パパもママは、ものすごいパニックになると思いきや、やけにあっさりと事実を受け入れます。おまけに、次の日には、前から約束していたとはいえ、のんきに遊園地へ出かけてしまいます。このおおらかで楽観的な空気は、物語の全体に流れ、ほどよいユーモアと温かさとなっています。一週間後には人間にもどれるに違いない、という曇《くも》りのない自信も、物語を存分《ぞんぶん》に楽しむために効果的です。同時に、なにがあってもパパとママが守ってくれる、という安心感があるのは、読者にとっても心強いです。（神戸）

夜の鳥　★★
少年ヨアキム　★★

トール・モー・ハウゲン・作、山口卓文・訳　旺文社、1975年（現在、絶版）

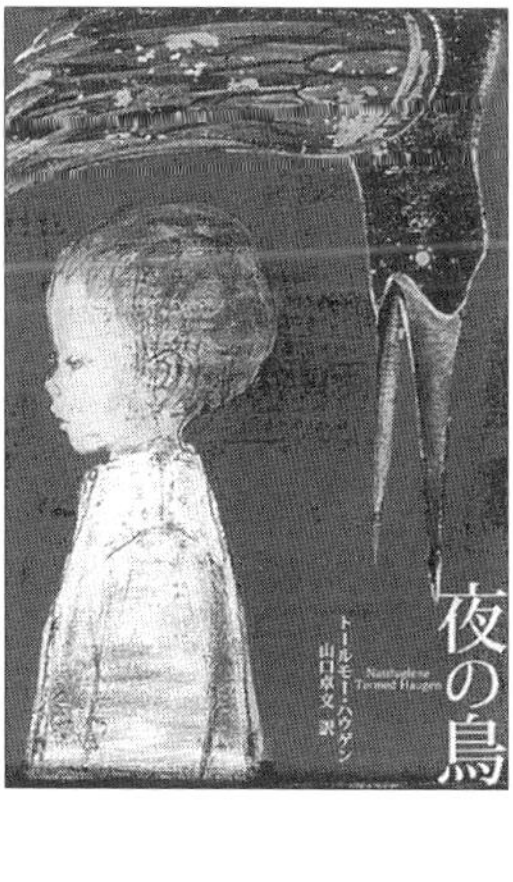

ヨアキムは毎夜、部屋にあるタンスで騒ぐ鳥の音で眠れません。もちろん、そ

んな鳥などいなくて、それはヨアキムの心にだけ聞こえています。鳥が怖いと言ってヨアキムは両親の寝室で一緒に眠ります。だって、両親が最近仲が悪くて、今にも別れてしまいそうだから、ヨアキムは心配なのです。夜の鳥の音は、彼の心の不安を表わしています。この物語は、両親がなぜ別れるしかなかったかを、子どもの視点からとても詳しく描いています。互いを信頼できなくなってしまった夫婦が家族を維持《いじ》するのは難しいこと。それでも、彼らは自分たちの子どもであるヨアキムを愛していて、親であるのには変わりがないのです。両親の離婚は、子どもにとってつらい出来事ですが、結局は自分に正直に生きていくのが、子どもも含めたそれぞれにとって一番幸せなのだということを、温かく包み込むようにして伝えてくれます。家族物語の傑作です。（ひこ）

あばれはっちゃく ★★

山中恒《ひさし》
読売新聞社、1977年
→理論社、96年

主人公は小学五年生の桜間長太郎。〝あばれはっちゃく〟と呼ばれています。それは、手がつけられないくらいの、あばれものという意味だそうです。お父さんは江戸っ子気質《かたぎ》の大工さん。お母さんはひどい笑い上戸《じょうご》で、ときどきあごを外《はず》します。そんなとき、お母さんのあごをテーブルのはしにのせ、頭に座布団をのせて、長太郎がトンカチでバカッとたたくと治るというのだから、あきれてしまいます。そこに中学一年生で美人の姉さんを加えて、家族は四人。成績はイマイチですが、正義感だけは人一倍強く、ずるい大人やイヤミな大人を敵にまわし、闘争心をかきたてるのです。でも、すぐにドジを踏みますが、めげずにしつこく作戦を敢行《かんこう》します。そんなはっちゃくの、ユーモラスな作戦が二〇編。四〇年近く前に新聞に連載された作品ですが、後にテレビドラマ化され、四年以上にもわたって子どもたちの人気を呼び、主題歌も大ヒットしました。（野上）

のんのんばあとオレ ★★★

水木しげる　筑摩書房、1977年
→ちくま文庫、90年

「ゲゲゲの鬼太郎」などのマンガで大人気の、水木しげるさんが、自分の子どもの頃の思い出を、ユーモラスに描いた物語です。水木さんは、一九二二年に大

阪市で生まれ、生後一ヶ月後から鳥取県の境港市に引っ越し、そこで少年時代をすごしました。おじいさんの時代からお手伝いに来ていた、のんのんばあにかわいがられ、お化けの話や伝説をたくさん話してもらったということです。近くのお寺に連れて行ってもらって、地獄極楽絵を見たことから、不思議なものに対して関心を持つようになったともいいます。子どもの頃から、空想的なことが好きだった水木さんは、のんのんばあから聞いたお話がきっかけになって、「ゲゲゲの鬼太郎」に登場するような、愉快《ゆかい》なお化けをたくさん生み出しました。この本には、その頃の面白いエピソードが、たくさん紹介されていて楽しく読めます。（野上）

山賊のむすめローニャ　★★★

アストリッド・リンドグレーン・作、
大塚勇三・訳　岩波書店、1982年

ローニャは、北欧の森の奥深くにあるマッティス山の砦《とりで》で、山賊の一人娘として生まれます。ある時、反目するボルカ山賊の一人息子のビルクと出会い、同世代の少年少女としてひかれあいますが、それは許されない友情でした。やがて二人は、春の訪れとともに、一緒に森に逃げ、〝クマの洞〟で暮らし始めます。恐ろしい鳥女、おろかな灰色小人などの不思議な生き物と共生するファンタジーの世界の中で描かれるのは、父と娘、母と娘の親子の葛藤《かっとう》と愛情、それから、若い世代がもたらす新しい風です。物語は、ローニャの誕生に始まり、山賊の一人、忠実なスカッレ・ペールの死で幕を閉じます。作品全体から、季節やいのちのめぐりが感じられるとともに、母親の細やかな愛情、娘を愛する父親の苦悩など、人間心理の機微《きび》にもふれることができるでしょう。読みごたえ満点です。（鈴木）

わたしが妹だったとき　★★

佐野洋子
偕成社、1982年

一一歳のときに亡《な》くなったお兄さんとの子どもの頃の思い出を、幻想的に描いた作品を五作おさめた短編集です。「し

か」というお話では、二人で柿を食べていて、種を植えると柿の木が生えるんだよとお兄さん。植える前に消毒しようと、口の中につばきをためて、ぐじゅぐじゅしているうちに、二人とも種を飲み込んでしまいます。ベッドに入ってもなかなか寝つかれないでいると、わたしの耳からもお兄さんの耳からも、柿の枝が生えてきました。お兄さん、鹿みたいとわたしが言い、そうだ、二人で鹿になろうと、お兄さん。そのうちオシッコがしたくなりますが、鹿はトイレにいきません。四つんばいで庭に出ようとした二人の枝がぶつかり、ポロッと取れてしまいました。もう鹿じゃないから立小便しようと言うお兄さんと、二人で立ってオシッコをし、朝起きたら二人ともおねしょをしていました。子どものころに亡くなったお兄さんへの思いと、子どもの遊び心をしなやかに描いた童話集です。（野上）

ヨーンじいちゃん　★★

ピーター・ヘルトリング・作、上田真而子《まにこ》・訳　偕成社、1985年

ヨーンじいちゃんを引き取ることになりました。気持ち良くすごしてほしいと考えたおとうさんは、部屋の壁紙を張り替えたり、ベッドカバーを新調したりとはりきります。ところが、やってきたじいちゃん、部屋に入ったとたん、「あの壁紙は、いただけんから、いちばんに白でぬりつぶすんだ」って言います。それから、自分専用の玄関チャイムを勝手に設置したり。ムッとするお父さん。でもでも、考えてもみてください。自分の部屋を自分の居心地がいいように変えるのはあたり前じゃありませんか。私たちは老人だからといって、親切心からつい、相手の意思や趣味を無視していませんか（これは子どもに対してでも同じことですよね）？　じいちゃんは家族が知らない間に町の人気者になり、恋もします。「わしはまだまだ燃え上がることができる！」。この物語は老人への偏見《へんけん》を鋭くつきながら、同時に老いていく姿を包み隠さずに描いていきます。だから爽《さわ》やかです。（ひこ）

若草物語　★★★

L・M・オールコット・作、T・チューダー・画、矢川澄子・訳
福音館書店、1985年

分別のある美人のメグ、じゃじゃ馬のジョー、病弱でピアノの得意なベス、才気あふれるエイミー。一二歳から一六歳までのマーチ家の少女たちは、世界一有名な四姉妹です。南北戦争時代、父親が出征後の女所帯で繰り広げられる日々の営みは、発表から一四〇年も経《た》った現在も魅力があせず、笑いと思いやりに満ちた家庭は永遠の憧《あこが》れです。物語では、四姉妹が『天路歴程《てんろれきてい》』になぞらえて欠点克服を目指すのですが、欠点があってこそ、等身大の親しみやすさが生まれ、それぞれに自分を重ねたくなるでしょう。とりわけジョーはオールコットの分身といわれ、文筆への野心を持つ才気あふれる登場人物で、圧倒的な人気を誇ります。隣家のローレンス少年とのかかわりや、姉妹どうしの相性《あいしょう》など、様々に楽しめるエピソードが満載《まんさい》。見まもる「母さま」の存在感も大きいです。（鈴木）

ぼくのお姉さん　★★

丘修三・作、かみやしん・絵
偕成社、1986年

この本には、働きに出たダウン症の姉が、初めて給料をもらった日の家族の喜びを描いた「ぼくのお姉さん」ほか、いろいろなハンディキャップをかかえた子どもたちと、彼らをとりまく人びとの物語が六編おさめられています。「歯型」では、足の不自由な脳性マヒの子をいじめた少年たちの一人が、足をかまれて怪《け》我《が》をします。少年たちは校長室によばれ、いじめられた子と対面させられますが、いじめたことを認めません。本当のことを言えなかった「ぼく」の心には、いつまでも消えることのない歯型が残ります。「こおろぎ」でも、空き地でやった花火が枯れ草に燃え移り、火事を起こしそうになったのを、知的障碍《しょうがい》を持った子のせいにし、真実を語れない少女の心の痛みが、こおろぎの姿を通して象徴的に描かれます。障碍を抱え、自分の気持ち

をうまく伝えられない子どもと、周囲の人びととの厳しい現実。それをしっかり見すえながらも、温かなまなざしでとらえていて、どれも深く心に焼きつく作品ばかりです。（野上）

おもしろ荘の子どもたち　★★★

リンドグレーン・作、石井登志子《とし こ》・訳
岩波書店、1987年

マディケン（マルガレータ）とリサベット（エリサベト）の姉妹は、新聞記者のお父さん、妊娠中のお母さん、お手伝いのアルバと一緒に、川のそばの「おもしろ荘」で暮らしています。マディケンは優しい子で、くじであたったお金を、困っているニルソンさんのために使い、曲芸飛行機に乗るチャンスをアッベに譲ります。リサベットはきかん気ですが正義感が強い女の子です。二人ともそれぞれに個性があり、日常の小さなエピソードはどれもオチの楽しいものばかり。階級への問題意識が織り込まれているところはリンドグレーンには珍しく、直接的な社会性を感じさせ、特に特権意識の強い町長夫人とはしょっちゅう火花を散らしあいます。続刊に『川のほとりのおもしろ荘』、エピソードが別立ての本になった『雪の森のリサベット』『マディケンとリサベット』などがあります。（鈴木）

のっぽのサラ　★★★

パトリシア・マクラクラン・作、中村悦子・絵、金原瑞人《みずひと》・訳　福武書店、
1987年→徳間書店、2003年

アンナのママは、弟のケイレブを生んだ翌日に亡くなり、姉弟とパパの三人暮らしです。見わたす限りの草原で、畑や家畜の世話をする日々。そんなある日、パパが出したお嫁さん募集の新聞広告を見たサラが「お試し」にやってきます。大工仕事が得意で、馬に慣れていて、歌が好きなサラ。サラは、本当にパパと結婚してくれるでしょうか？　アンナとケイレブは、滞在中のサラが故郷の海を恋しがっていることに気づいて、心配になります。青と緑と灰色だという海の色。大草原にはない一面の波頭や、潮騒《しおさい》。そして、サラの結論は……？　互いに持っ

ているものを差し出しあい、新しい家族として関係を作っていこうという、丁寧《ていねい》でゆっくりとした「知り合い方」に心があたたまります。この家庭では、きっと、海と草原の二つがとけあっていくに違いありません。（鈴木）

おねいちゃん　★★

村中李衣《りえ》・作、中村悦子・絵
理論社、1989年

主人公のヨシミは、中学二年生。四歳年下の妹のなおみは、みそっ歯で、前歯にすきまがあるから、「おねえちゃん」が「おねいちゃん」になってしまいます。

おかあさんが、ほかの男の人のところに出て行ってしまったため、姉妹は、タクシー運転手のおとうさんと、三人で暮らしています。小児喘息《しょうにぜんそく》で病弱ななおみが、おとうさんが留守の夜に発作《ほっさ》を起こし、ヨシミは救急車を呼んで、一緒に病院に行きます。すると、ヨシミも喘息を発見され、二人とも入院させられてしまいます。そして、二人とも、すぐそばの、養護学校に入ることになりました。養護学校では、男子と女子にそれぞれリーダーがいて、その命令にはだれも逆《さか》らえません。病気をかかえた子どもたちの、養護学校と病棟での日常が、いじめや集団万引き事件などをはさんで進んでいきます。姉妹を中心とした子どもたちのさまざまな人間関係や心もようが、印象深く描かれた作品です。（野上）

お引越《ひっこ》し　★★★

ひこ・田中・作　福武書店、1990年
→講談社文庫、2008年

「私のお家、この電車のあっちとこっちにあります」。離婚を前提に、漣子《れんこ》は母さんのなずなと北山で暮らし、父さんの賢一は伏見に引越しました。性格の不一致ゆえの別居。その決断を受け入れ、あくまで「普通」を貫《つらぬ》く漣子が何よりも魅力的です。とまどいと意地っぱりと無力感と自立心がミックスした等身大の一一歳に、少ないながらも本音でつきあえる友だちや大人がいることに読者は安《あん》

堵《ど》し、軽妙な関西弁のやりとりを楽しめるでしょう。二〇年近く前の作品なので、生活文化の描写はいささか古いです。でも、両親の離婚や別居が当たり前の世になっても、一人一人の子どもにとって、やはりその荷は重いはず。その重荷を丁寧《ていねい》に描き、共に背負って走ってくれる物語の大切さは変わりません。「お引越し」という言葉には、戸籍《こせき》の問題も重なり、漣子は、「漆場」と「星野」の間で迷います。性差への問題意識も絡《から》んで「自分」について考えさせられます。（鈴木）

グフグフグフフ ★★

上野瞭《りょう》
あかね書房、1995年

家族をテーマにした、四つの作品が入った短編集。「グフグフグフフ」は、イヌの目をとおして飼《か》い主夫婦の毎日の暮らしをみつめ、人間という生きものの

不思議さや、あやうさが描かれます。「つまり、そういうこと」では、フリーターの吉村さんに仕事がある時にだけ電話をすると、奥さんと思われる女の人が電話に出ます。ところが吉村さんは、ひとり者だったのです。いったい、電話に出ていたのは誰だったのでしょう。「ぼくらのラブ・コール」は、どこにいても「愛している」という言葉を家族が交《か》わしあわないと、警察に逮捕《たいほ》されるという恐ろしい話。「きみ知るやクサヤノヒモノ」は、童話作家のお母さんと、五年生の少年の話です。ぼくはこれまで、お母さんに毒入りトマトをなんべんも食べさせられました、なんて作文に書いて、お母さんにこっぴどく叱《しか》られます。家族の姿が、ユーモラスに描かれていますが、どれも考えさせられる作品ばかりです。（野上）

ごきげんなすてご ★

いとうひろし・作
徳間書店、1995年

弟の「だいちゃん」が生まれて三ヶ月。サルみたいな顔で泣いてばかりだし、おかあさんにもほったらかされて、つまらない思いばかりです。「あたし どこかとおくで すてごになっちゃうから」「はい はい」。「あたし」はダンボール箱に

入り、かわいい捨て子になって、お金持ちで物わかりがよくて弟のいない家にもらわれていくことを想像します。イヌとネコとカメも加わり、みんな、それぞれに理想の家を語るのですが、どの子も、自分に都合のいい妄想《もうそう》ばかりなところが愉快《ゆかい》です。カメは子どもに、ネコはおばあさんにもらわれ、イヌはもとの飼《か》い主が見つけにきて、一人ぼっちになった捨て子の「あたし」。そこへやってきたのは誰でしょう？　せりふ入りの挿絵と地の文がうまく構成され、捨て子になった「あたし」の心情と小さな冒険の後の安堵《あんど》感を味わえます。上の子の心がうまくすくいとられ、同じ境遇《きょうぐう》の者どうしの会話には、ユーモアがあふれています。（鈴木）

でんでら竜がでてきたよ　★★

おのりえん・作、伊藤英一・絵
理論社、1995年

母さんが長崎に行って、一人ぼっちのありこが「でんでら竜」の歌をくちずさみながら、竜の卵を描いて枕の下で温めていると、竜の子どもが飛び出してきました。ぺらぺらの紙から誕生した竜の子どもに、ミルクを飲ませて育てると、どんどん成長していきます。竜は、ありこをお母さんと呼んで、背中に乗せて空を飛ぶまで巨大化していくのです。家に入れないくらい大きくなったでんでら竜は、自分のふるさとの長崎を目指して飛んでいきます。旅行から帰ってきた母さんは、飛行機の中から本物の竜を見たと、興奮してありこに話します。お母さんが留守で、さみしい女の子の気持ちが、紙に描いた卵を温めてそこに命を吹き込み、想像世界がひろがっていって、竜を育てるというファンタジーを生み出すのですね。お母さんも竜を見たと言うところで、女の子のファンタジー世界が共有されます。ちょっとさみしい時に読むと、元気が出てくる不思議で楽しいお話です。（野上）

バレエダンサー（上・下）　★★★

ルーマ・ゴッデン・作、渡辺南都子《なつこ》・訳
偕成社、1997年

バレエは、現実でもフィクションでも、いつでも女の子に大人気です。見た目の美しさの裏にある、厳しい鍛錬《たんれん》の世界は、『アラベスク』『スワン』などの名作漫画

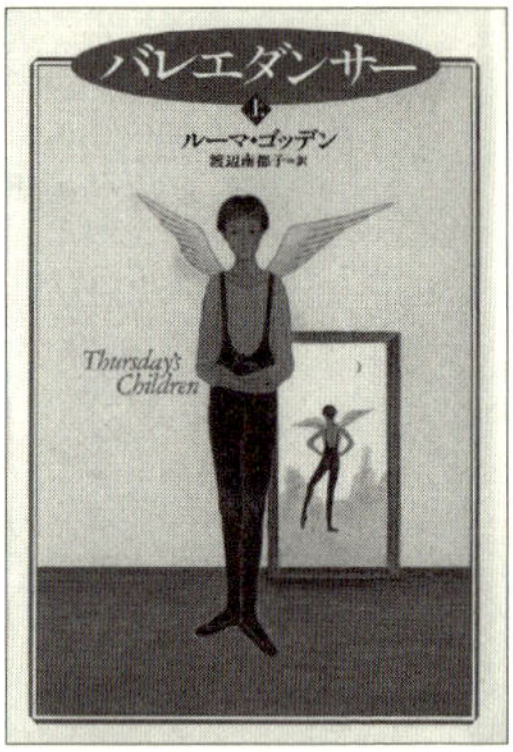

も生んできました。これまでよくあったのは、バレリーナを目ざす女の子のサクセス・ストーリーでしたが、この本では男の子が主人公です。そして、ライバルは姉。かんたんにいえば、『ガラスの仮面』の姉弟版。容姿にも才能にも恵まれているけれど秀才タイプの姉クリスタルと、みそっかすだけれどバレエだけは超天才肌の弟デューンが、それぞれの本領を発《はっ》揮《き》していく様子が圧巻です。男性と女性では、バレエの役割は違いますし、どんなにデューンがすごかろうと、クリスタルがプリマ候補なのは変わりません。でも、わがままで勝ち気な彼女は、弟ばかり注目されるのが許せないのです。とはいえ、痛い目にあってもバレエをやめられない根性は見あげたものです。一方、素直で無垢《むく》なデューンの、この世のものとは思えない突きぬけた天才ぶりにも、目を見はります。（神戸）

おとうさん　おはなしして　★

佐野洋子・作／絵
理論社、1999年

ルルくんが、お父さんにお話してとせがむと、お話なんか知らないよとお父さん。大人なのにお話も知らないのとルルくんが言うと、大人だから忙しいのさと、お父さん。だって雨でゴルフがなくなり、退屈だって言ってたでしょと逆襲されたお父さんは、次々とでまかせのお話を始めます。男の子が毎朝おねしょをして、一人で布団を干《ほ》すのが大変だと言うと、布団係の大男が現われ、かわりに干してくれます。男の子が何かしたいと思うと必ずお手伝いする人が現われて助けてくれる「おはなしなんかしらないよ」。一人ぼっちのルル王子に、二人のお姫様が遊び相手にくる「とても小さなお城で」。どれもルルくんを主人公にしたお話が六本。お話をおねだりするルルくんと、お父さんのユーモラスな会話をとおして、うそかほんとかわからない、変なお話ばかりが続き、クスクスと笑いながら、おしまいまで楽しく読まされてしまいます。（野上）

地獄の悪魔アスモデウス　★★

ウルフ・スタルク・作、
アンナ・ヘグルンド・絵、菱木晃子《ひしきあきこ》・訳
あすなろ書房、２０００年

アスモデウスは、地獄を支配する悪魔の息子。でも、性格が悪魔にしてはおとなしすぎるので、いつもいじめられています。そこで、父親は、アスモデウスを地上へ送り、魂《たましい》を持って帰るように命じます。何度か失敗を重ねた末、クリスチーナという女の子が、弟の病気を治してもらうことと交換に、魂をくれることになりました。クリスチーナは、ほんとうに魂を奪われてしまうのでしょうか……？　本のタイトルはやたらと物騒《ぶっそう》ですが、中身はちっとも恐ろしくありません。悪い子になりたいのになれない、気弱でやさしいアスモデウスの気持ちによりそい、応援したくなってしまいます。アスモデウスの最初の交渉相手がめうしだったり、悪魔の好物がひつじのふんであるとか、こっけいなエピソードも入っていて、随所《ずいしょ》でくすっと笑えます。ヘグルンドの絵が、アスモデウスの気弱《きよわ》っぷりをうまく描いていて、物語への共感度をさらに高めてくれます。（神戸）

シュトルーデルを焼きながら　★★★

ジョアン・ロックリン・作、
こだまともこ・訳　偕成社、２０００年

「シュトルーデル」というのは、ユダヤの伝統的なお菓子のことです。この本では、あるユダヤ人一族の、八代にわたる歴史を、シュトルーデルを焼きながら子孫に伝えていきます。その中には、アメリカに移住した者も、第二次世界大戦でナチスに迫害・虐殺《ぎゃくさつ》された者もいます。一族の歴史は、そのまま、ユダヤ人の受難の歴史につながっています。でも、ここで伝えたいのは、シュトルーデルを通しての家族の絆《きずな》やぬくもりなのでしょう。シュトルーデルを焼く時、何よりも大事なのは、材料や道具ではなく、お話なのだといいます。作る過程の中で語られる話は、そのままシュトルーデルのうまみになり、またそれを食べることに

よって話が体にしみこんでいきます。まさに、焼きたてのお菓子を食べた時のような、じんわりと温かい感動があります。話に出てきたシュトルーデルのレシピものっていますので、読んだあとに食べてみたくなったら、ぜひトライしてみてください。（神戸）

ダブル・ハート ★★★

令丈《れいじょう》ヒロ子
講談社、2001年

父親と二人だけで暮らしてきた由宇《ゆう》は、憧《あこが》れの花水木女子学園中等部に入学した日、父親から双子の由芽《ゆめ》という妹がいたことを知らされます。由芽は、出産の時に母親とともに亡くなったのです。それ以来、死んだ妹のことが気になって落ち着きません。そんなある日、由宇は通り魔事件に巻き込まれ、金槌《かなづち》で頭を殴《なぐ》られて意識を失います。その時森崎という少年に助けられて一命を取りとめ、それがきっかけで死んだはずの由芽が姿を現わすのです。由芽は由宇とそっくりですが、派手《はで》な化粧をしていて乱暴で、自販機をけ飛ばしてジュースのただ飲みを企て、煙草はプカプカと吸うし、由宇が心を寄せる森崎くんを横取りしようともします。突然現われた正反対の性格のもう一人の自分に辟易《へきえき》しながらも、由宇は由芽への反発を次第に溶解《ようかい》させていきます。揺らぐ少女の幸せへの思いや不安を、巧《たく》みな構成でしなやかに描いた、深く心にしみる作品です。（野上）

卵と小麦粉それからマドレーヌ ★★★

石井睦美《むつみ》・作、長新太・絵
BL出版、2001年

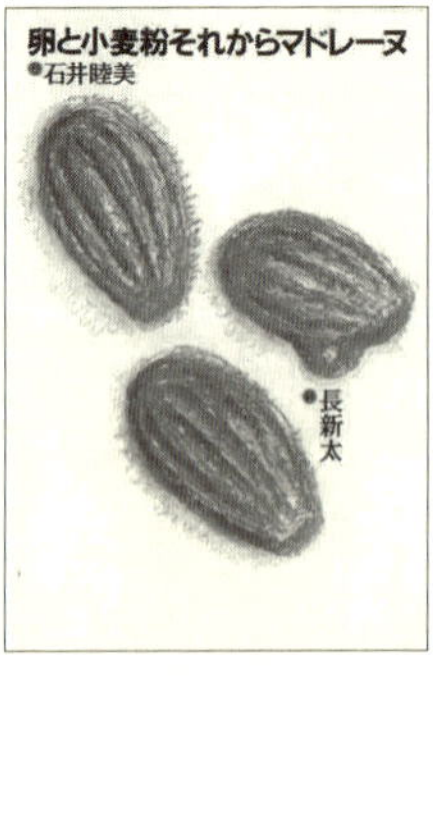

菜穂が中学生になった翌日、前の席にいた子が、「自分がもう子どもじゃないって思ったのは何時《いつ》だった」と、突然聞いてきました。嫌なヤツと思いましたが、川田亜矢《あや》というその子の言葉が、呪文《じゅもん》のように心に響き、二人は次第に心を許しあう友人に変わっていくのです。菜穂の一三歳の誕生日に、ママが突然パリに留学すると宣言。大好きなママに棄てられた気分になって落ち込む菜穂を元気づけたのは、亜矢の小学生時代の家庭の混乱

といじめられた体験でした。卵と小麦粉がマドレーヌに変身するように、大人も子どもも、同じように悩み考え、同じように変わっていくのでしょう。同時代を生きている大人と子どもの姿を、同等に、そしてしなやかに見すえていて、心地よく読み手の心を刺激します。大人の入口に立った少女たちの、とまどいや悩みを鮮やかに映し出し、子どもの時間との別れを爽《さわ》やかに描いた作品です。（野上）

フラワー・ベイビー　★★★

アン・ファイン・作、墨川博子《ひろこ》・訳
評論社、２００３年

学校でも持て余《あま》し者ばかりのいる四―Cは、学年度最初のサイエンス・フェアで「フラワー・ベイビー」プロジェクトをやることになります。児童は約三キロの小麦袋を赤ちゃんに見立てて三週間世話をし、日誌をつけなくてはなりません。落ちこぼれたちはやる気もなく、そもそも先生も乗り気ではなくて、いったい何のためのプロジェクト？　という雰囲気《ふんいき》なのですが、クラスで札つきのサイモン・マーティンだけは、小麦袋の世話の中で「親であること」を深く考えはじめます。母親に自分の赤ちゃん時代をたずね、生後六週間で家出した父親の「その日」のことを語らせます。葛藤《かっとう》の中で彼は大きく成長し、親であることの責任と「子ども時代はそれを負う必要はない」という解放感を知ります。母親や先生への感謝も、父親の残像との決別も、大きな一歩でしょう。アン・ファインは現代の家族をユーモラスに巧みに描く作家です。ほかの作品もあわせて読んでみてください。（鈴木）

ダストビン・ベイビー　★★★

ジャクリーン・ウィルソン・作、ニック・シャラット・絵、小竹由美子・訳　偕成社、２００４年

タイトルの意味は、ゴミ箱の赤ちゃん。何かの比喩《ひゆ》ではありません。主人公のエイプリルは、まさにゴミ箱に捨てられているところを発見された赤ちゃんだったのです。その後、里親や施設を転々として、身近な人の死や犯罪も経験し、よう

やく今の里親のマリオンのもとで「ふつうの」生活を手に入れたエイプリルですが、やはり自分が「ダストビン・ベイビー」だったことは忘れられません。一四歳の誕生日の朝、ささいなことでマリオンとけんかしたエイプリルは、自分の過去をたどろうと決意します。ゴールには、実のお母さんが待っているのでしょうか……？　重いテーマを扱っていますが、作品のトーンは決して暗くありません。ユーモアと軽妙な語り口によるところも大きいですが、一番の理由は、ウィルソンが現実を見つめながらも希望を捨てていないからだと思います。彼女がイギリスで最も支持される児童文学作家である理由は、そこにあるのでしょう。（三辺）

となりのこども　★★★

岩瀬成子《じょうこ》
理論社、2004年

夕食の後、毎晩のように家を抜け出して街を散歩する少女は、黒いゴミ袋のような男から「カイを忘れたのか」と声をかけられます。カイとは、かつて少女が出会い、彼女にしか見えない不思議な存在でした。この「緑のカイ」から始まる七編の短編連作。老人ホームに入所した老婆の手作り人形をあずかった少年が、人形たちとの会話を毎日電話で老婆に伝える「あたしは頭がヘンじゃありません」。夢のお告げが気味悪いくらい的中するので、級友の妹から猫の捜索《そうさく》を依頼される少女の「夢のお告げ」。原因不明の怒りからバイクを叩《たた》き壊した幼なじみの蛮行《ばんこう》を、なぜか肩代わりする高校生の兄を弟の目から見つめる「夜の音」。どの作品でも、とんがったり、ささくれ立った気持ちをなごますのは、子どもたちの細やかな気づかいと、さりげない思いやりです。子どもたちの、いかにもありそうな日常に寄りそいながら、大人社会の愚鈍《ぐどん》さと対照的な、彼らの鋭敏な感性を際立たせます。（野上）

みなみちゃん・こみなみちゃん　★

石井睦美《むつみ》・作、吉田奈美・絵
ポプラ社、2005年

弟が生まれてママが遊んでくれないので、みなみちゃんがお絵かき帳に自分の顔を描いていると、その絵が突然話しかけてきました。そして生意気にも、ピン

クのお洋服は嫌いだとか、みなみちゃんにいろいろと指図するのです。「あなた、あたしでしょう?」と、みなみちゃん。「ううん、あたし、こみなみちゃん」と、絵の中のみなみちゃんが答えます。「あたしは　あなたじゃないもの」と、こみなみちゃんは言い、服装の注文もうるさい。でも二人は友だちになり、一緒にお洋服屋さんごっこをして遊びます。みなみちゃんがプリンを食べようとすると、こみなみちゃんは不満そう。そこでお絵かき帳にプリンを描いてあげると、お皿とスプーンも描いてくれと言います。みなみちゃんがプリンを食べてからお絵かき帳を見ると、お皿とスプーンだけ残してプリンだけが消えています。みなみちゃんのさみしい気持ちに、暖かな光をともすような、不思議で楽しい読み物です。（野上）

タイの少女カティ　★★★

ジェーン・ベヤジバ・作、日置《ひおき》由美子・絵、
大谷真弓・訳　講談社、２００６年

九歳のカティは、おじいさんとおばあさんと一緒に暮らしています。お母さんは、病気で入院しているのです。物語の前半では、おじいさんとおばあさんとの日常がつづられます。ごくふつうの日常なのですが、心のどこかでいつもお母さんに思いを馳《は》せるカティがいじらしいです。そして、後半になり、ようやく再会できたお母さんは、不治の病に冒《おか》され、ほんのわずかな期間しか一緒にいられませんでした。辛《つら》い現実に直面しながらも、この物語には、ゆったりとおだやかで、優しい空気が流れています。悲しみがあるから、みんながいたわりあい、支えあって生きているのでしょう。そして、この優しさを彩《いろど》ってくれるのが、タイの美しい風景です。おじいさんとおばあさんと住んだ川辺の家、お母さんと最後の時をすごした海辺の家、そして新生活を始める都会の家。どこも、青と緑がゆたかで、ゆるやかな雰囲気につつまれています。読んだ後には、こちらも優しくなれそうな本です。（神戸）

ひとりぼっちのスーパーヒーロー　★★

マーティン・リーヴィット・作、神戸万知・訳　鈴木出版、２００６年

子どもは親に守られるものだというのは、私たち大人が共有している考え方だと思います。しかしだからといって、その通りにならないケースが少なくないのも、様々な事件で私たちは知っています。

これは、心に病を抱えた母親と暮らす一三歳の男の子、ヘックのお話です。母親は時々、ヘックを置き去りにしてどこかへ消えてしまいます。それだけでも子どもが抱えるには大きすぎる事態なのに、今度は家賃を払わないままだったので、アパートを追い出されてしまうのです。だからといってヘックは誰かに助けを求めようとはしません。そんなことをして母親の状態が明らかになれば、引き離されてしまうからです。ヘックは母親を守るスーパーヒーローに自分を見立てて、彼女を捜《さが》そうとします。母親に守られなければいけない年齢なのに、彼は自分が母親を守るんだと、立場を逆転することで、さみしさと孤独からかろうじて自分を守っているのです。しかしそれでは物事が解決しません。ヘックはどうするのでしょうか？（ひこ）

両親をしつけよう！　★

ピート・ジョンソン・作、ささめやゆき・絵、岡本浜江・訳　文研出版、２００６年

一二歳のルーイが書いた日記という形式ですから、彼の気持ちが正直に描かれています。家を引っ越したルーイは新しい学校に通うことになります。この学校、ものすごく勉強に力を入れていて、それは保護者も同じで、隣の席になったテオの父親など、試験が返されてきた後の休み時間にケイタイに電話をしてきて点数を聞くほど。そんな学校だから、これまで教育に関してのんびりしていたルーイの両親が急に成績アップに熱心になってしまいます。困ったルーイ。もちろん両親には悪気はなく、ルーイのためだと思い込んでいるのですが、それだけによけいにやっかいです。実はルーイ、将来は

お笑いタレントになろうと思っているので、今度オーディションをぜひ受けたいのですが、とても言い出せる雰囲気《ふんいき》ではありません。ルーイがとった行動は、両親をしつけること！　保護者の方には耳の痛い話満載《まんさい》ですのでご注意を。（ひこ）

サフィーの天使　★★

ヒラリー・マッカイ・作、冨永星《ほし》・訳
小峰書店、2007年

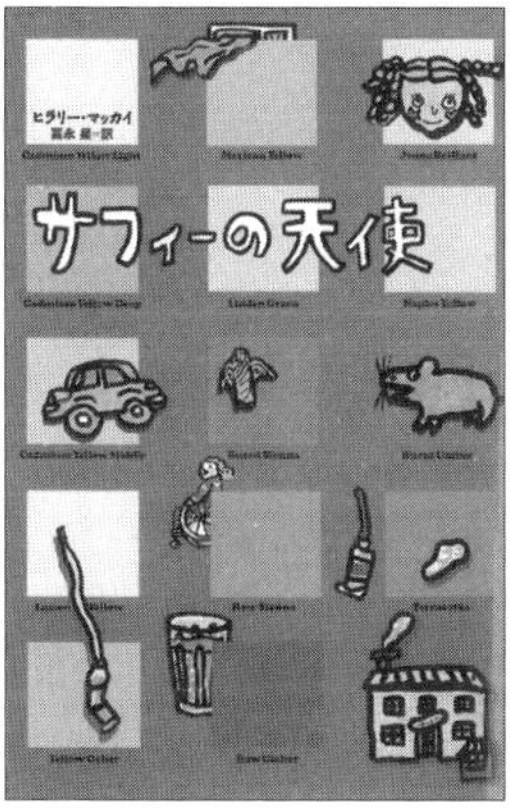

サフランは四人兄弟。上の姉がキャディ、下の弟がインディゴ、末っ子のあかちゃんがローズ。両親はどちらも画家です。だから子どもには色の名前をつけました。キャディはカドミュウム。インディゴは青、ローズはバラ色。壁にあるカラーチャートにみんな載《の》っています。でも、サフランだけはありません。サフランは知ります。自分が実の子どもではないことを。と書けばなんだか暗いお話のようですが、そんなことは全くありません。おじいちゃんの謎の遺言を頼りに彼女は、親友の助けも借りて自分の原点探しの旅に出るのです。なんといってもサフランの家族を筆頭《ひっとう》に、登場人物たちの魅力的なこと。これだけ一人一人を個性豊かに描ける作家はちょっといないのでは？　だから、設定は重いですけれど安心して読み進むことができます。いや設定を重いと思ってしまう私に先入観がありすぎるだけなんじゃない？　とマッカイさんに笑われそうです。続編の『インディゴの星』もあわせてどうぞ。（ひこ）

Two Trains　★★

魚住《うおずみ》直子・作、あずみ虫・絵
学習研究社、2007年

のどかは、六年生になっても好きな男の子がいないなんて、絶対変だと二人の友だちに言われます。そこで、男の子の話ばかりするほうがよっぽど変だよと言い返したばかりに、のどかは二人に意地悪され、孤立します。腹が立ったのどかは、美容院に行って髪の色を変えたりダイエットしたりおしゃれをして見事に変身。雑誌の読者投稿欄に写真が掲載され、クラスのリーダーグループから誘いを受

けることになります。でも、どのグループにも属さずに楽しそうにしている由子《ゆいこ》の一言がきっかけになって、鬱屈《うっくつ》していた気分が解放され、「本当のわたし」に気がつく「変心」など、五つの作品を収めた短編集。どの作品も、小学校高学年の女の子の抱く不安や、友だち関係の微妙な軋《きし》みなどを細やかにとらえて、同世代の女の子の共感を誘うでしょう。表題作の「Two Trains」も、並走する電車の中で見かけた少女たちの出会いと別れを描き、読み手の心に温かな余韻《よいん》が残ります。（野上）

きみといつか行く楽園　★★

アダム・ラップ・作、代田亜香子《だいたあかこ》・訳
徳間書店、２００８年

ブラッキーは一一歳。ある日の朝、何も身につけないままで彼は家に戻ってきます。姉のシェイはただちに医者に連れて行き検査を受けさせる。ブラッキーは母親の恋人であるアルに性的虐待《ぎゃくたい》を受けたのです。それでもブラッキーは児童福祉局の係員の前でアルをかばいます。というのは、母親と自分が結婚すればおまえの父親になれると言われたからです。父親のいないブラッキーにとってそれはとてもうれしかったのです。アルは逮捕《たいほ》されるのですが、ブラッキーの家族自体にはまだまだ問題が残っています。子育てと仕事で疲れきっている母親。薬物をやめて不安定な精神になっているシェイ。自分のことしか考えない弟のチードル。アルの事件が知れわたって、ブラッキーは学校でいじめられます。そんな時、学校で孤立しているメアリーと知りあった彼は……。ラストは苦いのですが、それは現実の苦さをそのまま反映しているからです。（ひこ）

マイカのこうのとり　★★

ベンノー・プルードラ・作、いせひでこ・絵、
上田真而子《まにこ》・訳　岩波書店、２００８年

こうのとりのつがいが、今年も納屋の屋根に巣を作りました。マイカはひなが生まれるのを楽しみにしています。三羽の内の一羽、灰色の幼鳥が親鳥から捨て

られてしまいます。そこでマイカが育てることに。父親は、飛べるようになれば親鳥も受け入れるだろうと訓練をするのですが、マイカの気持ちは複雑です。ずっと、そばにいてほしい。渡りの時、親鳥は灰色こうのとりだけを残して飛び立ってしまいます。こうのとりの変種だと考えた父親はマイカの気持ちを無視して、自分の仕事のお得意様である生物学者にあずけます。マイカは沈み込みますが、父親は理解してくれません。物語は、マイカが明け方目覚め、庭から灰色こうのとりが飛び立って行くのを見たところで閉じられます。もちろんそんなことは現実には起こらず、マイカの願望です。厳しい終わり方ですが、「別れ」は子どもが体験しなければならない現実ですから、それを温かい視線で描いたこの物語は、子ども読者にとって最良の贈り物の一つです。（ひこ）

本の力ってすごい！

それを自覚したのは、洋服ダンスを見ると、条件反射のようにドキドキする自分に気づいたときだった。そういえば、子どものころ、同じようにドキドキしながら祖母の家の洋服ダンスを開けたことがあった。あのとき、私は本気で扉《とびら》の向こうにナルニアの国があると思っていたのだろうか。思い返してみると、私にはそんな条件反射がいっぱいある。壺《つぼ》に入っている蜂蜜を見ると（高くても）つい買ってしまうし（もちろん『くまのプーさん』）、一番好きな動物をきかれると「黒ヒョウ！」と答えてしまうし（『ジャングルブック』のバギーラ）、愛犬の名前はジップで（『ドリトル先生』）、憧《あこが》れの食べ物はカリカリに焼いた豚の尻尾《しっぽ》（『大きな森の小さな家』）。数年前、初めてこれを食べたときは、私の感激ぶりを目にした知人の子どもが、面白がって日記に記したほどだ。

本で人生が変わった、などと聞くと、照《て》れくさかったり、大げさではないかと反発したくなった時期もある。「本」というものにつきまとう〝高尚《こうしょう》な感じ〟に対するちょっとした抵抗だったのかもしれない。でも、やっぱり本は私の人生を変えている。壺入り蜂蜜を食べるとき、そう、何の変哲《へんてつ》もないタンスを見るだけでも、私はわくわくしてしまう。ぜんぜん高尚ではないけれど……本は私の人生に奥行きを持たせ、楽しくしてくれる。だから、それを伝えたいのだ。本を読むと、得するよ！って。（三辺）

暮らし（生活・習慣）

ぼくは王さま（シリーズ） ★

寺村輝夫《てるお》・作、和田誠・絵　理論社、1961年〜→フォア文庫、2000年

主役の王さまは、ドンモダイヤという珍しい宝石のついた冠《かんむり》をかぶり、たくさんの家来にかしずかれているのですが、実は子ども（の夢）そのものです。わがままで、好き嫌いがあり、ウソもつけば勉強をさぼることも。『ぼくは王さま』には、そんな「王さま」になる幼児が思うままにふるまって騒動《そうどう》を起こすお話が四編おさめられています。破天荒《はてんこう》なナンセンスを軸にしながら、食べ物によって日常のリアリティを示すところに人気があり、特に卵焼き好きは有名です。「ぞうのたまごのたまごやき」では、王子が生まれたお祝いに巨大な卵焼きをふるまおうと「ぞうのたまご」を探すように命じるのですが、さてどうなるのでしょうね？　子どもは、ちょっと抜けている王さまを笑い、ナンセンスを貫《つらぬ》く様子に喝采《かっさい》をおくります。何十冊ものシリーズのほか、五十音の詩を楽しめる『あいうえおうさま』などの番外編も人気です。（鈴木）

あたまをつかった小さなおばあさん ★★

ホープ・ニューウェル・作、山脇百合子・画、松岡享子《きょうこ》・訳　福音館書店、1970年

小さな黄色い家に一人で暮らす小さなおばあさん。貧乏だけど「あたまをつかうことにかけては、たいしたじんぶつ」で、ぬれタオルで頭をしばり、人差し指を鼻にあてるお決まりのポーズで知恵をひねり出します。一枚の毛布しか持っていなかったおばあさんは、どうやって上等の羽根布団《はねぶとん》を手に入れたのでしょう？　食料を荒らすネズミにどう対処したのでしょう？　九編のお話の核《かく》となるそれぞ

れの思いつきは、実は、どこか間《ま》の抜けた自己満足なのですが、結果オーライになったおばあさんの深い満足感こそ、まさにお話の醍醐味《だいごみ》です。タマネギとチューリップを植える場所を間違えても、畑のチューリップが道行く人の目を楽しませ、タマネギがプランターに植えてあれば料理に便利。「わたしは、なんてまあ、かしこいおばあさんなんだろうねえ」と笑うゆとりと穏やかさには脱帽《だつぼう》です。（鈴木）

はらぺこおなべ　★

神沢利子《かんざわとしこ》・作、渡辺洋二・絵
あかね書房、1970年

人のために、せっせとご馳走《ちそう》を作って働くのが嫌になった片手なべのおばあさんは、「これからは、おいしいものを　おなかいっぱい　たべて、くらすのさ」と、家を飛び出します。ネズミが持って

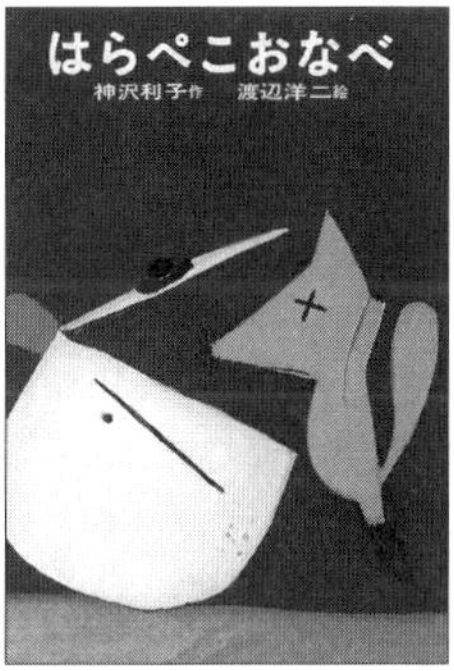

いたソーセージを取りあげてパクリ！　メンドリに出会うと、「あたしゃ、なんでも　たべちまうんだ」とパクン。畑に座り込んで、キャベツとトマトをパクパク。森の中で猟師とキツネを奪いあい、猟師を撃退してキツネをパクリ。野原では、牝《め》ウシをパクンと飲み込み、どんどん大きくなっていくおなべのおばあさんは、いくら食べてもおなかがすくので、だんだん不安になってきます。海に行けば魚もいるし大きなクジラもいると、蚊に教えられたおばあさんは海に出て、とうとうクジラまで食べてしまいます。そして、はらぺこおなべは宇宙に飛び出します。おなべがクジラまで飲み込んでしまうという、スケールの大きなナンセンス童話で、小さな読者もどんどん引き込まれていきます。（野上）

きかんぼのちいちゃいいもうと　★★
（その1　ぐらぐらの歯）

ドロシー・エドワーズ・作、堀内誠一・絵、渡辺茂男・訳　福音館書店、1978年→新版『ぐらぐらの歯』、酒井駒子・絵、2005年

きかんぼで、わがままで、周囲をふりまわしてばかりの幼い妹のエピソードをお姉さんが語ります。一筋縄《ひとすじなわ》ではいかない妹は、「おさかなとり」では禁じられ

た水に入り、「びょうきになったとき」も頑《がん》として医者にかかりません。でも、これと決めたお人形を（ある意味で乱暴ですが）一途《いちず》にかわいがり、隣のおじさんには半端《はんぱ》な毛糸をつないでえりまきを編んであげます。お姉さんはしばしば割を食うのですが、よくその声に耳を傾けてみると、妹のいさましさが自分の日常も彩《いろど》っていたことが喜びでした。きかんぼは、裏を返せば、一本気で好奇心が旺盛《おうせい》で素直ということ。だからまわりも、強情を叱《しか》るのではなく、同じ目線でその心にそおうとするのでしょう。復刊に際してはねっかえりの妹の挿絵は、堀内誠一から酒井駒子になり、三冊に分けられました。愛らしい「ちいちゃいいもうと」です。（鈴木）

大きな森の小さな家　★★

ローラ・インガルス・ワイルダー・作、かみやしん・絵　こだまともこ／渡辺南都子《なつこ》・訳
講談社、1982年

原作は、一九三二年に出版されています。ローラを主人公とした物語でもっとも有名な『大草原の小さな家』が三五年ですから、この作品が実は第一作となります。にもかかわらず、『大草原』のほうがよく知られてシリーズ名にもなっているのは、『大きな森の～』が、それ以降の作品のように波瀾万丈《はらんばんじょう》の物語ではなく、実に穏やかな内容だからでしょうか。二九年に始まった大恐慌の傷がまだ癒《い》えていない社会状況の中で書かれたそれは、まるで自分たちの過去を思い出して元気になろうよといった面持《おもも》ちの作品に仕上がっています。厳しい冬から刈り入れの季節までの一年間、すでに定住している開拓民が、どんな風な生活サイクルを営んでいたかを克明に描いていて、別の文化圏にいる私たちにとって、とても興味深い世界となっています。シリーズは未読でもいいですから、この作品だけはぜひ読んでほしいです。アメリカを考える基礎知識としても。（ひこ）

ちかちゃんのはじめてだらけ　★★

薫《くん》くみこ・作、井上洋介・絵
講談社、1994年

もう八歳になるんだから美容院に行きたいよと、ちかちゃんが言うのに、お母さんは一〇歳まで家でじゅうぶんと、取りあってくれません。だったら、八歳の

お誕生日プレゼントにしてもらえばいいというお姉ちゃんの助太刀《すけだち》で、ちかちゃんは初めて美容院へ。前髪を切る時は絶対寝ちゃダメと、お姉ちゃんにアドバイスされたのに、あまりの気持ちよさに寝てしまい、眉毛の形が悲惨な仕上がりになってしまう「はじめての美容院」。サイダーの栓《せん》を歯で開けようとして、ギン歯が取れたゆうたくんと一緒に歯医者さんに行く「はじめての歯医者さん」。六年生のお姉ちゃんのクラスに忘れ物を届けにいった時出会った、やさしい男の子に一目ぼれした「はじめての「スキ」。

小学二年生のちかちゃんの目をとおして、初めて体験する時の心のときめきやドキドキ感が、鮮《あざ》やかに映し出された三つのエピソードのそれぞれが、微笑《ほほえ》ましくて楽しい作品集です。（野上）

やさい町どんどん　★★

神沢利子《かんざわとしこ》・作、スズキコージ・画
福音館書店、1994年

やさい町は、山すそにある川をはさんだ小さな町。川にそった大通りには、かぶの看板をかかげた名物かぶらせんべい屋、なしの長十郎さんが店番をしている電気器具の店、キャベツさんの美容院など、いろんな店が、やさい神社の鳥居までつづいています。橋の南北にのびる、やなぎ通りには、とうふ屋、たまご屋、風呂屋の大黒湯などが並びます。この町を舞台に、「美人になった　さといもさんの巻」「朝湯の好きな　だいこんさんの巻」「きゅうりさん　あしたも天気の巻」と、やさいキャラクターが活躍する、ちょっと不思議で楽しいエピソードが、四月から始まり翌年の三月まで一二話紹介されていきます。八月は「ひゅーどろどろ　お化けの巻」。一〇月は「天高くいろいろ秋の巻」。一月は「お正月はやさいかるたでの巻」。大らかで気のいいやさい町の住人たちのお話が、まるで落語の長屋話みたいな語り口で繰《く》りひろげられ、ほんわかと暖かな気分にさせられます。（野上）

イヌのヒロシ ★★

三木卓・作、渡辺良重・絵
理論社、1995年（現在、品切れ）

絵描きさんの家でかわれている、生まれたばかりの、まだあどけないイヌのヒロシ。好奇心旺盛《おうせい》な子犬にとっては、出会うもの見るものがみんな不思議です。絵描きさんが電話に出ている間に、飲みかけのサイダーのブツブツいう会話につきあったり、木の枝と会話したり、海や空とお話したり、いろいろなものとの出会いを新鮮に受けとめながら成長していく姿がとってもユーモラス。若者になったヒロシは、ボクにチャーミングなお嫁さんをくださいと、お月さまにお願いします。最初と真ん中と最後に、ヒロシの生まれたころから青年期、そして晩年のヒロシの心象を描いた詩をはさんだ九編の連作童話集。さまざまな事物や自然と出会いながら、赤ちゃんから青年期をへて、年老いていく犬の生涯が、作者の優しいまなざしでしなやかに描き出されていて、心地よく読めるお話です。ところどころにはさみ込まれたモノクロの挿絵も、味わい深くて楽しめます。（野上）

イグアナくんのおじゃまな毎日 ★★

佐藤多佳子・作、はらだたけひで・絵
偕成社、1997年

樹里《じゅり》は、誕生日プレゼントに〝生きている恐竜〟イグアナをもらいます。といえば聞こえはいいですが、じつは、飼《か》いきれなくなった親戚《しんせき》のおじいさん（パパの勤める学校の理事長）が、サンルームのある樹里の家に目をとめ、イグアナを押しつけられたのでした。イヌやネコやハムスターならともかく、イグアナですよっ！　南の国の生きものですから、温度調整も、餌《えさ》の調達も、それはもうタイヘン！　でも、「ヤダモン」なんて名前をつけて、しぶしぶ世話をはじめる樹里とその家族ですが……次第にヤダモンがかわいくなってきます。いえ、樹里たちだけじゃなくて、きっと読者もイグアナに親近感を覚えることでしょう。何を考

えているかわからない、不気味な印象さえともなうイグアナが、ほんとうに魅力的に描かれているのです。樹里の書くイグアナ観察記録が、わかりやすくて面白くて、爬虫《はちゅう》類が苦手でも、飼ってみたいなあと思わせる説得力があります。（神戸）

ビート・キッズ Beat Kids ★★★

風《かぜ》野《の》潮《うしお》
講談社、1998年

中学二年生の横山英二は、引っ越してきた先の中学で、ひょんなことから吹奏楽部に誘い込まれ、パーカッションを担当することになります。彼の抜群のリズム感をかったのが同級生の菅野七生《すがのななお》。音楽の才能があり、切れ者で、お金持ちのボンボンですが、複雑な家庭の事情も抱えています。天然ボケで前向きな英二のほうも、父親がばくち好きでお人よしの上、華奢《きゃしゃ》な母親は病弱。早産で生まれた妹は心臓に欠陥があり、騒動《そうどう》の種《たね》がつきません。音楽を軸にした友情物語は、コテコテの大阪弁とあいまって、まさに浪《なに》花節《わぶし》の世界です。家族の再生というもう一つのストーリーがからみあい、笑って泣かせます。携帯電話もDVDもないところには時代を感じますが、登場する中学生や大人のコミュニケーション能力の高さには驚くでしょう。声をかけあうこと。一緒に音楽を作っていくこと。「はじけて、光って、響いて、揺れてる」花火になりたい、ドラマー英二の熱い物語です。（鈴木）

金色の象 ★★★

岩瀬成子《じょうこ》・作、北見葉胡《ようこ》・絵
偕成社、2001年

〝花〟のお父さんは、「ブルーハット」というスナックをやっていて、お母さんもそれを手伝っています。花のお兄さんは、お母さんが最初に結婚した時の子どもで、お兄さんがまだ小さかった時に離婚し、花のお父さんと再婚して何年かしてから花が生まれました。だから、お兄さんと花は、年齢が一〇歳も離れています。お兄さんの結婚相手の美希《みき》さんに、細くきったセロハンテープをまぶたには

ると、二重まぶたになると教えられて試してみます。すると、入院しているおばあさんを見舞《みま》った病院でも目の中がきらきらして、象が寝そべったような形の山が、黄金色に輝いて見えました。野球少年の祐一くんが幽霊を見たという庭での出来事。ほのかに恋するお兄さんの友だちの由之《よしゆき》くんのこと。友だちと家出して京都に行く話。小学六年生の〝花〟の細々《こまごま》とした日常に寄りそい、思春期にさしかかる少女の心象《しんしょう》を鮮《あざ》やかに描いた六編のそれぞれが、同世代の共感を誘うでしょう。（野上）

ゆきだるまのマール ★

二宮由紀子・作、渡辺洋二・絵
ポプラ社、２００２年

子どもが大きくなるのは親にとって少しさみしいけれど、大きな喜びでしょう。子どもの日やお誕生日に一年でどれだけ背が伸びたかを計ってもらった記憶のある方も多いと思います。この物語の主人公、ゆきだるまのマールくんは、大人になりたくて仕方がありません。でも、遊びたいさかりですから雪の降る日についつい遊びすぎて雪が体につき、大きくなってしまいます。早くおとうさんやおかあさんみたいに小さくなりたいのに。え、小さくなりたい？　そうなんです、マールくんはゆきだるまですから、時間がたてば、つまり人間で言えば成長すれば、小さくなるのです。小さくなればなるほど大人なんですね。私たちの感覚と正反対なので、読みながらちょっと混乱するかもしれません。その混乱を楽しんでほしいです。そうしながら、成長ってなんだろうと、改めて考えてみるのもいいかもしれませんね。（ひこ）

ファーブル昆虫記（全八巻）★★★

ジャン・アンリ・ファーブル・著、奥本大三郎・訳　集英社、２００５～０９年

このハンドブックを読んでいるみなさんも、一度はファーブルに憧《あこが》れたことがありませんか？「将来の夢」の選択肢《せんたくし》に「昆虫学者」が入っていた人も多いでしょう。昆虫の習性研究の先駆者《せんくしゃ》である

ファーブルですが、彼の昆虫記に子どもたちが夢中になったのは、研究の過程や成果が、物語の形式を用いた美しい文章で綴《つづ》られていたからだと思います。有名なフンコロガシの巻では、フンコロガシがせっせと糞《ふん》を丸めて玉を作る姿や、坂道をあがろうとしては足を滑《すべ》らせ何度も失敗するさまが面白おかしく語られ、隣家の下男からこっそり馬の糞を分けてもらったり、近所の子どもたちにお小遣《づか》いとひきかえに糞の玉を探させたり、ファーブルが様々な工夫と苦労を重ね、研究をしていた様子が描かれます。ここで紹介したのは完訳版ですが、小学生用の「ジュニア版」もありますから、まずは読みやすいこちらから試してみてください。また将来の夢の選択肢が増えるかもしれません。（三辺）

おまじないつかい ★

なかがわちひろ・作
理論社、2007年

魔法使いはよくいますが（え、いないですか？）、おまじないつかいって聞いたことがありません。ゆらちゃんのおかあさんは、通学前に玄関で火打ち石を打ちます。遠足の前日はシーツを使って、それはそれは大きなてるてる坊主を作ってくれます。しゃっくりを止める時、踊ります。ゆらちゃんは、おかあさんというのはそういうものだと思っていたのですが、遠足のバスの中で話したら、みんなのおかあさんとはちょっと違っているみたいでした。帰ってから尋ねると、おかあさんも自分はほかのおかあさんとは違うって言います。げっ。違うのか。実は彼女はおまじないつかいなんだそうです。なにそれ？「おまじない」は魔法のように即効性はなくて、ゆっくりゆっくり効《き》いてくるものです。欲望というより、柔らかで温かい、そう、願いとでも言っておきましょうか。それのほうがずっと気持ちがいいよね。ゆらちゃんと一緒に、おまじないつかいになる修行でも始めましょうか。（ひこ）

賢者の贈り物 ★★

オー・ヘンリー・著、和田誠・絵、
千葉茂樹・訳　理論社、2007年

短編の名手として日本でも広く名を知られているオー・ヘンリーの作品を、今回初邦訳の作品も含め、新訳で紹介する

のが、この「オー・ヘンリー ショートストーリー セレクション」のシリーズです。本書は四巻目になりますが、表題作でもある、貧しい夫婦のクリスマスの贈り物をめぐる物語「賢者の贈り物」や、教科書にも掲載された「最後のひと葉」（五巻に収録）などは、ご存じの方も多いでしょう。アイロニーに満ちた、けれど胸に深く響く結末が、心に残っているのではないでしょうか？ 意表をつく展開やあっと驚くオチは、オー・ヘンリーが最も得意とするところですが、それを読者にもわかりやすく、納得できる形で描いているのも、彼の作品が人気のある理由でしょう。原因と結果がはっきりした物語は、一見関係のない出来事の間に因果関係がひそむことを教えてくれます。言い換えれば、物語を求める人間の欲求を満たしてくれるのです。（三辺）

あたしが部屋《へや》から出ないわけ ★★

アメリー・クーチュール・作、小泉るみ子・絵、末松氷海子《ひみこ》・訳　文研出版、2008年

子どもが抱え込む悩みの多くはやがて自分で克服していきます。でも、大人ほどにはまだ人生に慣《な》れていない子どもは、時として大人が考える以上に悩みを抱え込んでしまうことがあります。しかもその気持ちを巧《うま》く言葉にできない、伝えられない、大人や親が信頼できないとなると、それはとてもつらいものです。リシューは母親が違う弟と暮らしています。それが彼女にはなかなか受け入れられません。サマースクールにも行きたくないし、都会に引っ越すのも嫌《いや》。そんな時、大好きなおばあちゃんが亡くなってしまいます。それらはリシューにとって、受け入れがたいという意味で同じ悩みなんですが、父親はなかなか理解してくれません。ついに自分の部屋に閉じこもってしまうリシュー。物語は、リシューがそれをどう克服していくかを、彼女の側に立ちながら丁寧《ていねい》に描いています。子どもが共感する物語です。（ひこ）

あなたはそっとやってくる　★★

ジャックリーン・ウッドソン・作、さくまゆみこ・訳　あすなろ書房、２００８年

エリーとマイアは一五歳。二人は学校の廊下でぶつかって出会います。互いに初めてあった気がしません。そしてひと目で好きになってしまいます。そういうことはありますよね。二人とも、家族の問題を抱えています。エリーは母親に二度家出をされ、今でも信頼できないのです。マイアは父親が浮気をしたことが許せない。互いの悩みを打ち明ければいいけれど、二人はなかなか近づきません。それは、エリーが白人で、マイアが黒人だったからです。恋はどんな困難も越えていくと思われるかもしれませんが、当事者である彼らは、自分自身の中にあるためらいやとまどいに気づきます。本当はそんなことを考えなくてもいいはずなのですが、表向きはともかく人種差別はまだまだこの世にはびこっています。きれいごとだけではすみません。でも、やっぱり恋は恋。二人はついに近づきます。初めてのキス。「その瞬間、すべてが静かで、世界は完璧《かんぺき》なものになっていました」。だよねえ。二人の運命は？（ひこ）

友だち・学校

クマのプーさん ★★

A・A・ミルン・作、石井桃子・訳　岩波書店、1957年

今や、ディズニーのキャラクターとしての知名度のほうが高くなったプーさんですが、ぜひぜひ、原作を読んでください。ほんわりとやさしく、ユーモラスで、大人も子どももいやされます。内容は、プーさんとコブタがなぞの足跡を見つけてその主《あるじ》を探したり（じつは、自分たちの足跡だった！）、しっぽをなくしたイーヨーのためにプーさんが一生懸命探してあげたりといった、日常のちょっとした冒険をつづっています。ものごとがうまくいかない時、プーさんはよく「いやんなっちゃう！」と言います。でもその様子が、ほんとうに困っているのか？　と思ってしまうほど、緊張感がなくて、ほほえましいのです。挿絵も、はっきりとした線と色使いのディズニー・プーとはまた違い、やわらかくゆるやかな線が、プーさんのへたれ具合を絶妙に表現しています。石井桃子の翻訳も、ゆったりとした世界観を、リズムのよい日本語で再現していて、とくにプーさんの歌は思わず一緒に歌いたくなります。（神戸）

それいけズッコケ三人組（シリーズ）★★

那須《なす》正幹《まさもと》・作、前川かずお・絵
ポプラ社、1978〜2004年

いまさらご紹介するのもなんですが、日本で最も親しまれている児童文学のシリーズです。小学校六年生の、ハチベエ（八谷《はちや》良平）、ハカセ（山中正太郎）、モーちゃん（奥田三吉）の三人が毎回活躍するのですが、なんと全五〇巻の長い長いシリーズです。でもご安心ください、毎回読み切りになっていますから、どれから読んでも大丈夫。このシリーズの魅力は、毎巻毎巻、一つのテーマに絞《しぼ》って物語が展開されること。三人組の活躍を、

面白おかしく読んでいるうちに、そのテーマがわかりやすく理解できるようになります。初恋、離婚、オカルト、時間の概念、会社組織、海外旅行、ダイエット、家出。様々な話題が五〇も提供されるのです。だから、興味のある話題から読んでいけばいいですね。順番に読んでいくのも面白いですよ。二六年にわたって書き継がれていますので、その時々の子どもが関心を持った話題が時代順に並んでいて、まるで子ども文化の歴史書です。（ひこ）

おれがあいつであいつがおれで　★★

山中恒《ひさし》、旺文社、1980年
↓理論社、98年

男の子と女の子のからだが、突然入れ替わってしまうのですから、そこから始まるエピソードのそれぞれは、ちょっとエッチでハラハラドキドキ。主人公の「おれ」が六年生になってまもないころ、女の子が転校してきます。なんとその子は、幼稚園時代の幼なじみ。おれのデベソや一緒に寝ていておねしょをしたことまでバラしてしまいます。そんな「あいつ」とおれが、「地蔵堂」で体あたりしたことがきっかけになって、二人のからだが入れ替わってしまうのです。本人たちはとまどいますが、まわりの人たちも事態がのみ込めません。六年生といえば、おたがいに異性を気にし始める年頃です。「おれのものをかってにいじるな」「あいつがおれのおっぱいをつかんだ」「あいつのかわりにビキニをつけた」「おれのしらないおれの恋人がくる」といった、章タイトルを見ただけでも、内容が想像できるでしょう。「転校生」のタイトルで大林宣彦《のぶひこ》監督の映画にもなった思春期文学の傑作です。（野上）

夜のパパ　★★★

マリア・グリーペ・著、大久保貞子・訳
偕成社、1980年
↓ブッキング、2004年

スウェーデンの作品で、看護師の母親が夜勤に出る間の不定期のベビーシッター（「夜のパパ」）を引き受けた「ぼく」

と、少女ユリアの交流を描く佳作です。「ぼく」は石の研究者で、フクロウのスムッゲルを相棒《あいぼう》にしているちょっと変わり者。ユリアも考え深く、一筋縄《ひとすじなわ》ではいきません。思春期にさしかかる子どもを一人の人間として尊重しつつ、交換日記の言葉を通して互いに考えを深めていく「ぼく」の柔軟さには胸うたれ、彼に真正面からぶつかっていくユリアもまぶしく見えます。大人の世界と子どもの世界は、夜だからこそ重なりあい、お互いに大切なものを引き出し得るのかもしれません。ユリアが眠っている間の留守番という建前ですが、夜食に菓子パンを食べたり、雨あがりの夜の町を少しだけ散歩したり、二人だけの秘密も楽しく、スムッゲルがいい味を出しています。グリーペの夫による版画の挿絵が、物語に奥行きを与えています。（鈴木）

ルドルフとイッパイアッテナ ★★

斉藤洋・作、杉浦範茂《のりしげ》・絵
講談社、1987年

リエちゃんに飼《か》われている小さな黒ネコ、ルドルフ。ある日、魚屋に追いかけられて逃げ込んだトラックで気絶し、気づくと、故郷がどこかもわからないまま、見知らぬ大都会に来ていました。そこで出会ったのらネコのイッパイアッテナは、小さなルドルフに目をかけ、世間の生きのび方を教えてくれます。弱きを助け、強きをくじく、ちょっと屈折《くっせつ》気味、その上文字まで読めてしまう変幻自在のイッパイアッテナ（命名の由来はぜひ物語を読んでみてください！）とルドルフの友情は、まさにネコに魂あり。根なしの境遇をユーモアにくるんで、ネコ世界と人間世界を巧みに行き来しながら、二匹でたくましく生きていきます。テンポのよいストーリーと軽妙なやりとりに笑い、最後はほろりときてしまうでしょう。続刊に、ルドルフが岐阜に帰っていく『ルドルフともだちひとりだち』、再び東京で若者らしく成長する『ルドルフといくねこくるねこ』があります。（鈴木）

あしたも よかった ★

森山京・作、渡辺洋二・絵
小峰書店、1989年

くまの子は、川のふちにすわっていました。足の下を、小さな川が歌いながら流れています。目をつぶって耳をすますと、くまくんくまくんと、ささやいてい

るようです。くまの子は、迷子《まいご》になったひばりの子に出会ったり、チョウのまねをして、目をつむって手をひらひらさせながら、野原を走ります。すると頭に何か当たって目を開けると、一匹のクモが左右に大きく揺れ、糸がちぎれそう。くまの子は、「ちぎれないで、ちぎれないで」とつぶやくと、揺れがおさまります。「よかった」と、くまの子はまた歩き出します。夕方、くまの子とぶつかったクモは、みごとな網をはって、網のすみに昼間見かけたチョウが、糸に巻かれていました。くまの子は、胸がしめつけられます。ドキッとするようなエピソードもまじえ、あどけないくまの子の、野原で出会ったものたちとの一日が、たくさんの〝よかった〟とともに描かれ、やさしい気分にさせられます。絵もかわいくてすてきです。（野上）

あらしのよるに ★

木村裕一・作、あべ弘士《ひろし》・絵
講談社、1994年

激しい嵐の夜に、ヤギはやっとの思いで壊れかけた小さな小屋に逃げ込みます。暗闇の中でからだを休めていると、そこにだれかが入ってきました。それはオオカミだったのですが、なにしろ真っ暗闇だから、おたがいに相手がだれだかはわかりません。どちらも風邪をひいていて、臭いもわからないのです。二匹ともおなかがペコペコ。こんな時、うまい餌《えさ》が近くにあったらなあと、オオカミは、大好物のヤギが隣にいるとも知らずにつぶやきます。わたしも、おんなじことを考えていたんですとヤギ。突然、大きな雷の音が小屋を震わせ、思わず二匹はしっかりとからだを寄せあいます。真っ暗闇の中での二匹の会話には緊張感があり、しかもユーモラスで、それがこのお話の醍醐味《だいごみ》です。嵐がやみ、二匹は再会を約束して別れます。真っ黒な画面に、エッチングのような細い線で描かれたヤギとオオカミの姿も、それぞれ魅力的で印象に残ります。続編が六冊刊行されています。（野上）

ふしぎな木の実の料理法　★★
（こそあどの森の物語シリーズ1）

岡田淳《じゅん》
理論社、1994年

人里はなれた「こそあどの森」で、スキッパーという若者が「ウニマル」という不思議な形の家に一人で暮らしていました。読書と思索《しさく》だけだったスキッパーの生活は、友人の博物学者バーバさんがポアポアの実を送ってきたことで一変します。手紙が雪でぬれ、ポアポアの料理法を知る人物名がわからなくなったため、内気なスキッパーは「こそあどの森」の住人全員に会いにいく羽目《はめ》に。「湯わかしの家」に住むポットさんとトマトさん。「びんの家」に住むギーコさんとスミレさん。雪の森の洞穴で出会ったマサカとナルホド。問題は解決しませんが、ポアポアの実を置いてくるたびに、スキッパーと住人たちに絆《きずな》が生まれていきます。誰でも幸せにする甘い木の実のおかげで、何ヶ月も熟成させたご近所づきあいが生まれ、最後はすばらしいお茶会になります。岡田淳は図工の先生なので、それぞれの家のユニークな構造も見どころです。続編が八冊刊行されています。

（鈴木）

カモメに飛ぶことを教えた猫　★★★

ルイス・セプルベダ、河野万里子・訳
白水社、1998年↓新書版、2005年

ストーリーは、タイトルのまんまです。黒猫ゾルバが、瀕死《ひんし》のカモメから託された卵をあたため、孵《かえ》ったひなをりっぱに育てて巣立たせます。ふつう、猫は食べる側、カモメは食べられる側でしょう？と疑問に思いつつも、読み進めていくうちに、仁義と愛情あふれる猫たちが、とまどいながらも必死で、まだ小さくて頼りないカモメのひなの面倒《めんどう》を見る姿がひどくいじらしいです。やや太り気味のゾルバが、おなかをすかせたひなのためにはりきってハエを捕るなど、猫らしさを発揮《はっき》した場面もほほえましく映ります。母カモメの死の原因は、原油がついたためだったり、エコロジー、環境破壊、平和といった話題も見えかくれしています

が、けっして押しつけがましいところはなく、事実をたんたんと語る姿勢が好ましいです。でも、なんといっても、猫とカモメのキャラクターが際立っているのが一番でしょう。弱肉強食の関係を越えた、普遍《ふへん》的な友情・愛情を素直によろこべることが、地球の未来につながるような気がしてきます。(神戸)

カラフル　★★★

森絵都《えと》
理論社、1998年

罪を犯《おか》して死んだ「ぼく」は、いきなり「抽選」に当たり、やり直すチャンスを与えられます。そして、自殺した中学生、真《まこと》の体を借りて、魂の修行をすることになります。こうして生活を始めると、真の抱えていた問題がわかります。父親は一見、人がよさそうだけれど利己的で、母親はフラメンコの先生と不倫《ふりん》、初恋の相手は援助交際をしていました。でも、だんだんと、それぞれの事情や心情があきらかになります。真が見ていたのはごく限られた側面だけでした。世の中には、きれいな色も汚い色もあり、あまりにもカラフルだから、人は迷うのだと「ぼく」は気づくのです。重いテーマを抱えた物語ですが、文章はとても軽やかでテンポがよいので、さくさく読めます。「ぼく」をガイドする、プラプラという名の天使らしくない天使が、物語にさらなる彩《いろど》りをそえています。この世に生きる期間を「ホームステイ」だと思えば、だれもが自分らしく自由に生きられそうで、勇気が出てくる一冊です。(神戸)

にんきもののひけつ　★

森絵都《えと》・文、武田美穂・絵
童心社、1998年

バレンタイン・デーに、同じクラスのこまつくんはチョコレートを二七個もらいました。でも、けいたは、義理チョコをたったの一個でした。ハンサムで、頭がよくて、スポーツが得意なこまつくんですが、それだけの理由で人気者だなんて、けいたは納得がいきません。そこで、

こまつくんの「人気者の秘訣《ひけつ》」を探ることにします。ところが、どんなにじっくり観察しても、とくにすごいことは起きません。ついに、けいたはこまつくんに直接聞くことにしますが……。クラスで平均的な男の子のけいたの気持ちが、文章、絵ともに、ユーモラスかつ切実に表現してあり、つい手を握って感情移入してしまいます。こまつくんが示してくれた答えが、あっぱれなほど意表をつくもので、けいたでなくてもうなずいてしまうでしょう。「にんきもの」シリーズとして、こまつくんの悩みを描いた『にんきもののねがい』、けいたにチョコをあげたかなえが主人公の『にんきものをめざせ！』なども、コミカルでするどくて面白いです。（神戸）

ふしぎの時間割　★★

岡田淳《じゅん》・作／絵
偕成社、1998年

小学校を舞台にした不思議なお話が、時間割ごとに紹介されます。一時間目が「ピータイルねこ」。学校に行きたくない女の子が、人間のことばを話す黒ネコと出会い、なかよしになります。二時間目の「消しゴムころりん」では、変なヤモリのおかげで、小学二年生の男の子と女の子がなかよくなるお話。次が「三時間目の魔法使い」。四年生のとしおくんが、休み時間に出会った魔法使いのようなおじさんに、願いをかなえてもらいます。四時間目は、「カレーライス三ばい」で、転向してきた女の子の大きな泣き声で、まわりのものがみんなゆがんで見えて、教室中が大騒ぎになります。そして、五時間目は「石ころ」で、石ころになった友だちをとり戻す話。続く六時間目は、「〈夢みる力〉」で、六年生の真一が、闇の力に立ち向かう、不思議なお話です。こうして、不思議な時間割は夜まで続き、学校が楽しくなってきます。（野上）

サイテーなあいつ　★

花形みつる・作、垂石眞子《たるいしまこ》・絵
講談社、1999年

小学校四年生のカオルは、席決めでソメヤの隣になってしまいます。最悪！というのは、クラスのみんな、ソメヤはサイテーなやつだと思っているからです。必殺技は、つばをとばすこと。試験

では平気で他人の答えを写す。図工や社会科の発表ではアイデアを盗む。女の子に抱きつく。そうした行為を責めると、すぐに泣いてしまう。だからみんなはソメヤにさわると手が腐《くさ》るなんて思っている。でも、そうしたことをするにはソメヤなりの理由があります。カオルはソメヤから逃げません。追いかけられると怒るし、解答を写すと、「自分でかんがえろよ」って言います。カオルはソメヤと仲間になることにします。バスケットボールやドッジボールの時、ソメヤのブキミさを利用して相手を逃げさせ、その間にカオルが得点する。つまり、空気を読んで、みんなに嫌《いや》がられるところを直すのではなくて、それを個性にしたらいいってことです。すばらしい発想の転換です。読めばとても気持ちが楽になりますよ。（ひこ）

四月の野球　★★★

ギャリー・ソト・作、神戸万知・訳
理論社、1999年（現在、品切れ）

カリフォルニアに住むチカーノ（メキシコ系アメリカ人）の子どもたちの日常を切り取った一一の短編がおさめられています。言葉の端々《はしばし》にあらわれるスペイン語や、タコスなどの料理文化にチカーノらしさが表われていますが、淡い初恋や、新しい学年になった時のドキドキ感は万国共通。さわやかな青春を感じることができます。表題作の「四月の野球」では、野球が上手ではないためにリトルリーグに入れないジェスとマイケルの兄弟が、寄《よ》せ集めのチームで不器用な野球を経験します。シーズンが終わった後、家でテレビを見ながらもグラウンドやフライのことを想像するところに、しみじみとした余韻《よいん》が残ります。少年がベースギターに憧《あこが》れる「ギターなしのブルース」。新品の洋服を願う少女を描く「母と娘」。いずれの話でも、明るくユーモラスな会話や情景を描きながら、子どもの成長の瞬間を鋭くとらえています。（鈴木）

だいあもんど　★★

長崎夏海《なつみ》・作、佐藤真紀子・絵
新日本出版社、1999年

みんなは集団登校だけど〝あたし〟は勝手に個人登校。教室に入ろうとすると、ドアの上から足が降ってきて、前を行く女の子の首に巻きついたので、女の子は悲鳴をあげ泣き出します。カイトと〝あたし〟は、しょっちゅうバトルをやっているので、カイトが〝あたし〟と間違えたのです。〝あたし〟とカイトと〝とっきん〟は、クラスの中でのなかよし三人組。禁止された十円玉ゲームでお金のやり取りはするし、スーパーではエスカレーターで逆《さか》あがり競争をしたり、洋服売り場で隠れんぼをして、あげくは店員と鬼ごっこになります。乱暴で荒っぽい言葉を投げあい、お互いにバトルやいたずらを楽しみながら、うっとうしさを弾き返す元気あふれる三人組。中学進学を前に、それぞれに難問を抱えながらも、屈託《くったく》のない日常を軽快に描き、ちょっとはみ出し気味の彼らなりの生きざまを前向きにとらえて、エールを送る作家の視点が爽やかです。（野上）

レモネードを作ろう　★★

ヴァージニア・ユウワー・ウルフ・作、
こだまともこ・訳　徳間書店、1999年

母親と二人暮らしのラヴォーンは一四歳。家は貧しいですが、そこからステップアップするために大学へ行きたいと思っています。母親もそれを支援しています。とはいえ学資を出すほどの余裕はありませんから、ラヴォーンは自分で学資をためようとアルバイトを始めます。つまり、彼女にははっきりとした目標と、そのために何をすべきかがわかっているのです。ベビーシッターのアルバイトを見つけますが、彼女を雇ったのは一七歳のジョリー。未婚の母で、幼い二人の子どもがいます。彼女は学校も中退していますから字もあまり読めず、良い仕事を選ぶことはできずにいます。その日暮らしで、ラヴォーンとは正反対の状態です。ラヴォーンはジョリーを見捨てることはできず、字を教えることも始めます。学資稼ぎのアルバイトのつもりが、いつの

まにかジョリーは一緒にステップアップしていく友人となるのです。この物語には、子どもの力への信頼感があふれていて、読んでいてとても気持ちがいいです。（ひこ）

シャーロットのおくりもの　★★

E・B・ホワイト・作、ガース・ウィリアムズ・絵、さくまゆみこ・訳
あすなろ書房、２００１年

家畜のブタの運命は、おそらくだれもが予想できるでしょう。この物語に登場するブタのウィルバーにも、生命の危機が二度ありました。一度目は、生まれた直後です。ひよわかったため、処分されそうになりますが、ファーンという女の子が助けてくれました。二度目は、ファーンに育てられたあと、ゆくゆくはハムやベーコンになるという自分の運命を羊に知らされます。嘆《なげ》き悲しむウィルバーに救いの手をさしのべたのは、クモのシャーロットでした。品評会で、ウィルバーの頭上に「たいしたブタ」という文字を編みこんだ巣をはったのです。人間たちは、奇跡だ！　とさわぎ、ウィルバーの命は助かります。一方シャーロットは、自分の死期が近づいたことを悟《さと》り、ウィルバーにある頼みごとをします。ブタとクモというめずらしい組み合わせの友情から、命のつながりを実感できる、心温まるファンタジーです。（神戸）

あしながおじさん　★★★

ジーン・ウェブスター・作、谷口由美子・訳
岩波少年文庫、２００２年

孤児院の最年長児で一八歳のジェルーシャ（ジュディ）・アボットは、「あしながおじさん」の厚意《こうい》で大学に入ります。条件は毎月一度「ジョン・スミス」という匿名宛《とくめいあて》でその篤志家《とくしか》に報告の手紙を書くこと。この本の大半は、その手紙で構成されています。書簡ってこんなに面白いのか！　と夢中になること間違いなし。それは、ジュディが大学生活を素直な感受性で受けとめて楽しみつつ、書く

ことへの格別に強い動機と才能がある上に、恩人に対する心からの感謝を基盤とした手紙だからです。息遣《いきづか》いが聞こえてきそうなくらい生き生きと、学生生活のエピソードを伝える手紙は、思わず笑ってしまうほど愉快《ゆかい》です。さて、このあしながおじさんとはいったい誰なのか？　謎解きの要素もあり、ジュディの大学生活には最後まで目が離せません。（鈴木）

レンアイ@委員（シリーズ）★

令丈《れいじょう》ヒロ子・作、小笠原朋子・絵
理論社フォア文庫、２００２〜０８年

恋の悩みに年齢は関係ありません。このシリーズは、小学生たちのレンアイにまつわる様々な出来事を中心に描いています。大人が子どもの悩み相談をするというのなら、現実にも物語にもいくらでもあるでしょうけれど、このお話の場合、同年齢の子どもが相談にのるのが面白いです。主人公は小学五年生のワコ。アドレス間違いでワコのケイタイに来た悩み相談メールに、つい答えてしまったのが始まりです。それも自分はモデルをやっている美人で、レンアイ@委員という組織があると偽《いつわ》って。それから、様々な女の子や男の子から悩み相談が来るようになります。さあ、そうなると、いい加減に答えるわけにはいきません。ワコは親友のナツメと一緒に、悩み相談をしながら、自分も成長していきます。子どもが子どもの相談にのるだけでなく、巻が進むと、だんだんワコたちは他人の相談に答えてばかりいられなくなり、自分の悩みについて真剣に向きあっていくのも、親しみやすくっていいですよ。（ひこ）

パンダのポンポン

（パンダのポンポンシリーズ１）★
野中柊《ひいらぎ》・作、長崎訓子《くにこ》・絵
理論社、２００４年

パンダのポンポンは、レストランのコックさんです。仲良しの黒白ネコのチビコちゃん。ほかにも、コアラのララコ、キツネのツネ吉、ヤギのギイじいさん、クジャクのジャッキーなど、個性豊かで

インパクトのある動物たちが登場します。第一話「サンドイッチ・パレード」では、ポンポンが朝ごはんのサンドイッチをチビコちゃんに届ける途中、道で会う動物たちがなぜか次々とついてきてしまい、最後はパレード状態になります。ほかに収録されている「空飛ぶオムライス」「紅白ふわふわケーキ」も、食べ物にまつわる話です。サンドイッチもオムライスもケーキも、描写がとってもおしゃれで、おいしそうで、読んでいてお腹が空《す》きますが、心は満たされることでしょう。シンプルでちょっとゆるめな絵も、ポップな語り口にぴったりと合っています。とりわけ、大きくて丸いポンポンと、小さくてとんがったチビコちゃんのコンビが、視覚的にも絶妙なコンビになっています。（神戸）

教室の祭り　★★

草野たき・作、北見葉胡《ようこ》・絵
岩崎書店、2006年

ネットの書き込みなどで一つの話題に多くの人が盛りあがる状態を「祭り」と読んでいますが、このタイトルの「祭り」もそうしたことを指しています。四月、澄子は今度のクラスに親友の直子がいるのを知ってほっとします。一方通い出した塾では、同じクラスから来ているカコたちと親しくなります。澄子はカコたちのグループに所属しますが、それとは別に直子と親友なのです。澄子は直子とカステラを作る約束をしている日に、カコたちからディズニーランド行きを誘われます。先に約束したのは直子なのに、澄子はカコたちを選んでしまいます。それをきっかけに澄子はカコたちといっそう親しくなり直子とは疎遠《そえん》になります。そして直子は不登校に。その原因はわかりませんが、気になる澄子は直子を訪ねようとします。それを知ったカコたちも一緒に行くと言い出し……、祭りが始まります。もし自分が澄子だったらどうするのだろうか？　と想像しながら読んでみてもいいと思います。（ひこ）

きりんゆらゆら　★★

吉田道子・作、大高郁子・画
くもん出版、2006年

「ぼく」は父親の仕事の都合《つごう》で引っ越しが多い。だから転校先ではいつもなるべく親友を作らずに軽いつきあいですま

せています。ところが、今度のクラスではなぜかクワガタくんが気になるのです。クワガタくんはだれとも話をしない子。だから、親友とはちょっと違う関係になれると、「ぼく」は思ったのかもしれません。クワガタくんは事故でお兄さんを亡《な》くしているみたいです。それが何か影響しているのでしょうか？　クラスのみんなは別にクワガタくんを無視しているのではなくて、むしろ気づかっている様子。「ぼく」がクワガタくんのことを知りたがるのをあまり喜んではいないらしいです。今まで深く人とつきあってこなかった「ぼく」がクワガタくんとの出あいでどう変わっていくのか、そしてクワガタくんはどういう子どもなのかが読みどころです。切なくて、でも最後は幸せが降りそそぐ傑作《けっさく》ですよ。（ひこ）

ツー・ステップス！ ★

梨屋《なしや》アリエ・作、菅野《かんの》由貴子・絵
岩崎書店、２００６年

いつのまにか子どもたちの間でも「空気を読む」ことが友達関係の重要な要素となっています。相手の立場に立って物を考えるのは大切ですが、「空気を読む」はそういう意味ではなさそうです。自分たちの気に入らないことを誰かが言ったりしたりすると、「空気を読めない」として時に排除してしまいます。ですから、「空気を読む」は一見グループ間のコミュニケーションを円滑《えんかつ》に行なうためのテクニックのようですが、排除のためのシステムなので、コミュニケーションを形成はしません。この物語はそうした「空気を読む」システムの虚偽《きょぎ》を見えやすく描いています。小学五年生のオノザが属するグループのリーダー的存在のアイアイが、人気のマフラーをしてきますが、実はそれはニセモノです。何日かしてオノザはお父さんが買ってくれた本物をして学校に行きます。するとなんとなくグループから浮いてしまう。オノザはどうなるのか？　今「空気を読む」が気になる子どもは、ぜひ読んでください。（ひこ）

ピトゥスの動物園　★★

サバスティア・スリバス・作、スギヤマカナヨ・絵、
宇野和美・訳　あすなろ書房、２００６年

舞台はバルセロナの下町。一〇歳のタネット少年をリーダーに、仲良し六人組は楽しい毎日を送っていますが、ある日、最年少のピトゥスが一〇万人に一人の難病にかかってしまいます。治療に大金が必要と知ったタネットたちは、町の空き地に動物園を作ってお金を集めようと思いつくのですが……。少年たちが、一見実現不可能な計画を、実行委員を結成し、ボランティアを集め、みんなのやる気を引きだし、動物のおりやポスターを用意し、お客を呼ぶアイデアを出しあい、一歩一歩実現へ向けて進めていくさまが丹念に描かれます。魔法もなければ、お金持ちのスポンサーが現われるといった非現実的な設定もなく、子どもたちは地道に努力して、夢のような計画を成功させるのです。自分たちだってタネットみたいにとてつもなく大きなことができるかもしれない――そんなふうに思えるところが、この本が子どもたちに支持される理由でしょう。（三辺）

ライム　★★

長崎夏海《なつみ》
雲母《きらら》書房、２００６年

「生きてくのって、あきらめていくことなんだろうか」「あきらめて、長いものにまかれて、うまくわたっていくのが成長かよ」。この物語の主人公中学校二年の日向舞《ひなたまい》はそんな思いを抱いています。とてもまっすぐな疑問です。両親は別居中で、そのことを彼女は宙ぶらりんの状態だから、すっきりしてほしいと思っています。タイトルともなったライムとは、彼女がクラスでの自己紹介の時あがってしまい、好きな物はライムだとそれだけ言ったので、みんなからつけられたあだ名です。物語の最後まで彼女は友達から日向舞ではなくライムと呼ばれています。家族の中での日向舞としての生活は両親の別居などでとても不安定なのですが、学校でのライムは安心して振る舞うことのできるキャラクターなので

す。だから最初にあげたような若者らしい疑問を抱くことができています。大きい事件は何も起こりませんが、今の中学生の息づかいが聞こえてきそうな物語です。（ひこ）

大正野球娘。　★★
大正野球娘。　★★

――土と埃《ほこり》にまみれます

神楽坂淳《かぐらざかじゅん》・作　徳間書店、２００７・０８年

昔、女の子は走ってもいけない、口を開けて笑ったら下品という価値観の時代がありました。そんな大正時代、超一流のお嬢様学校、東邦星華高等女学院の女の子たちが男の子と野球の対戦をするお話です。主人公の鈴川小梅は洋食店の一人娘一四歳。自分がお嬢様でないのに少し引け目を感じています。なにしろ通学前に家でしているのは、スープを取るための牛骨を叩き割ることですからね。親友はお嬢と呼ばれている、学校一のお嬢様。このお嬢が許嫁《いいなずけ》の男の子に、女なんて男の後ろにいれば良いと侮辱《ぶじょく》されたのです。このままでは乙女がすたります。話を聞いたクラスの面々も凛々《りんりん》と決起し、野球で男の子と戦うのです。が、野球って何？　というレベルからのスタート。がんばれ乙女たち！　大正時代の文化と、スポ根マンガなどのパロディも満《まん》載《さい》の超エンタメです。昔、『はいからさんが通る』（大和和紀《わき》）が好きだったお母さん、『サクラ大戦』をプレイしていたお父さんも楽しめますよ。（ひこ）

ファイヤーガール　★★

トニー・アボット、代田亜香子《だいたあかこ》・訳

白水社、２００７年

ジェシカは自動車事故で全身にやけどを負った少女。彼女は治療のために病院を変わるために引っ越し、トムの学校へとやってきます。トムは目立つことを恐れている子どもです。あこがれの女の子に声をかけるなんてとんでもないことで、ただ頭の中で彼女を助けるヒーローとして自分を思い描いているだけです。

そこに現われたのがジェシカ。彼女は「生きている人間の顔とはとても思え」ず、トムたちは動揺《どうよう》します。それでもトムはしだいにジェシカに「慣れ」てきます。だからといって、理解が進むなどという甘い展開はしません。ジェシカにしたってトムたちがどんな反応を示そうと、そんなことは二の次、治療のほうが大事なのです。しかし、トムは「きみの外見が（略）こわくて、そばにいったりやさしくしたりできない」と口にだして言えるようにはなります。差別意識がどのようにして生まれ、そこからどう抜け出していくのか、いじめの問題も含めて、深く考えるのに最適な物語です。（ひこ）

ぼく、カギをのんじゃった！ ★

（もう、ジョーイったら！1）

ジャック・ギャントス・作、前沢明枝・訳
徳間書店、２００７年

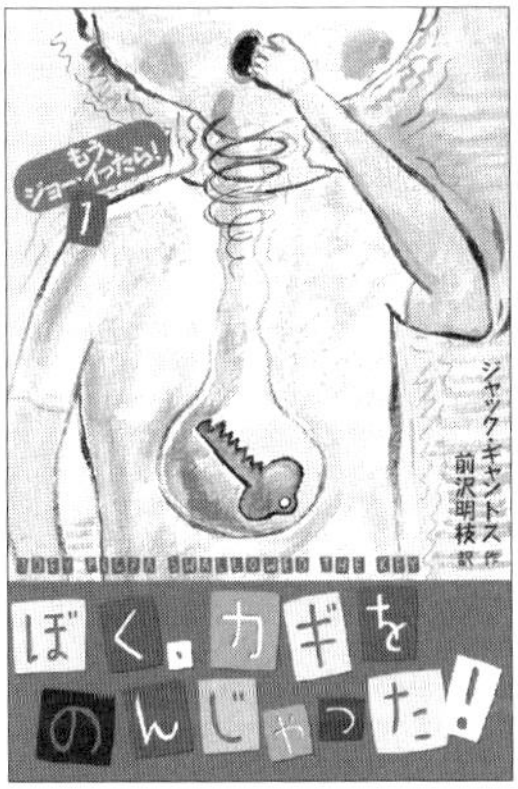

教室でじっとしていられない子どものことが話題になっていますが、ジョーイもそうした子どもの一人です。急に教室を飛び出すこともあります。先生がみんなに質問すると、自分もそれに参加しようとして答えを知らなくても手をあげます。ジョーイは教室を乱そうとしているのではなく、そうした行動をしてしまう子どもであるだけなのですが、まわりの子どもや先生にとって、大変なのは事実です。ジョーイはよくわかっています。「考えて、実行する。たぶんふつうの人たちは、みんなそうしてるんだと思う。でもぼくは、たいていそうはできない」。ぜひ、ジョーイになったと想像してみてください。自分をコントロールできないのですから本人が一番つらいのがおわかりになると思います。「ぼくの脳がどこか悪いのかも知れないと思うと、とてもこわい」。もし教室にこうした子どもがいたら、嫌ったり遠ざけたりしないで、本人の話を聞いてみてください。サポーターになってあげてください。（ひこ）

ガッチャ！ ★★

ジョーダン・ソーネンブリック・作、
池内恵《さとし》・訳　主婦の友社、２００８年

友達は同年齢に限りません。学校教育が始まってから同年齢以外の友達を作りにくくなりました。しかも地域の子ども集団が失われつつあるために、子ども同士でも異年齢集団が減って、同級生だけのつきあいが増えました。しかし、でき

れば違う年齢に友達がいたほうが良いのです。高校三年生のアレックスは、飲酒運転事故で裁判所から奉仕活動を命じられて、老人ホームで暮らす老人ソロモンの世話をすることになります。ソロモンはおとなしい老人でも優しい老人でもなく、アレックスには頭に来ることばかり。判事に別の奉仕活動への変更を願い出ますが答えはノー。やがてソロモンがジャズミュージシャンであったことを知り、ギターを教えてもらうようになるあたりから二人は友達になっていきます。若者にこびないけれど、若者を馬鹿にもしていないソロモン。最高の友達ではないですか。だから、アレックスもソロモンに心を開いていくのです。異世代だからこそ心を許せることもあるのがよくわかります。（ひこ）

バレリーナ・ドリームズ（シリーズ）★

アン・ブライアント・作、神戸万知・訳
新書館、２００８年～

バレエものは昔から人気がありました。今でもいくつかのシリーズものが出ています。その中でこれをお薦《すす》めするのは、スポ根でもなく、ヒロインものでもなく、才能に満ちあふれた女の子の成功物語でもなく、ごくごく普通に、バレエが好きで練習している三人の女の子を描いているからです。そう、彼女たちは選ばれた者ではなく、身近な存在です。バレエ学校で知りあったポピー、ジャスミン、ローズ。みんな花の名前であることも手伝って、三人は意気投合して、大好きなバレエを励《はげ》ましあいながら習得していきます。毎巻語り手が変わって、それぞれの気持ちや事情が読者にもよくわかるので親しみがいっそう増します。バレエ好きの子どもたちを描いているのですが、実はどこにでもいる子どもの友情物語です。同じ趣味を持つ子どもが助けあって生きていく姿は、友達関係で悩んでいる子どもに、よい贈り物となるでしょう。（ひこ）

ルール！　★★

シンシア・ロード・作、おびかゆうこ・訳
主婦の友社、２００９年

ルールは、決めれば確かに便利ですが、今度はそのルールに縛《しば》られる不便さがあります。ちょうどよいルールって本当に難しいです。一つだけ、大事なルールをお教えしましょう。いったん決めたルールがしんどくなったら、すぐにやめるというルールです。この物語には何でもルールにしてしまう女の子が出てきます。自閉症《じへいしょう》の弟デービットがいるキャサリンは一二歳。弟の行動はキャサリンの常識から見ればヘンなわけで、だからキャサリンはルールを作って弟に覚えさせようとします。お隣に同い年のクリスティが越してきたので友達になりたいけれど、弟のことを知られるのがちょっといやです。キャサリンは弟の通院する病院で車いすを使うジェイソンと知りあいます。彼は言葉を口にできないので、カードで会話をします。仲良くなるキャサリンですが、彼のこともクリスティに話せない。それは友達を作るルールじゃないから。でも、本当の友達のルールって何？　日頃、空気を読んでいる人は、ご一読くださいな。（ひこ）

昔のはなし（神話・伝説・古典）

ロビン・フッドのゆかいな冒険　★★★

ハワード・パイル・作、村山知義／村山亜士《あど》・訳　岩波書店、1971年
→岩波少年文庫（全二巻）、2002年

ロビン・フッドといえば、世界一有名な義賊《ぎぞく》と言っても過言《かごん》ではないでしょう。彼が仲間たちと暮らすシャーウッドの森や、恋人のマリアン姫の名前も、一度は聞いたことがあるかもしれません。しかし、実際の冒険譚《たん》となると意外に知らないという人に、本書はお勧めです。タイトルのとおり、数多くのロビンの逸話《いつわ》の中でも「ゆかいな」冒険が選ばれ、弱きを助け強きをくじく企ての数々（特に宿敵のノッチンガムの郡長やヒヤフォードの僧正を懲《こ》らしめる場面は痛快！）や、仲間の「楽しき人々」と緑の森で自由で気ままな暮らしを楽しんでいる様子が、パイル自身の筆による挿絵とともに描かれます。日本語訳では「シャーウッドの森の野武士たち」という言葉が使われていますが、仲間たちとの生活は、棒試合・弓試合あり、焚《た》き火であぶった脂《あぶら》の滴《したた》る肉や泡立ったビールの出る宴会あり、とまさに豪快で大らか。思わず彼らの仲間の証《あかし》である緑の服に袖を通してみたくなります。（三辺）

ポリーとはらぺこオオカミ　★★

キャサリン・ストー・作、掛川《かけがわ》恭子・訳
岩波書店、1979年

『赤ずきんちゃん』『ジャックと豆の木』『三匹の子ブタ』『オオカミと七匹の子ヤギ』を元にしたお話です。登場するのは、ポリーというかしこい女の子と、まぬけなオオカミ。オオカミは、あの手この手を使ってポリーを食べようとしますが、いつもポリーに言いくるめられ、失敗ばかりです。たとえば「ポリーずきん」では、「赤ずきん」を読んだと自慢《じまん》するオ

オオカミにむかって、「あたしの本ではちがうわ」といいかえし、オオカミをけむに巻いてしまいます。強くてこわいはずのオオカミはおとぼけキャラ、弱いはずのポリーのほうが完全に強気で、この立場の逆転がとても愉快《ゆかい》です。食べる、食べられると言っているわりには、ちっとも危険な香りがしません。ただ漫才でボケとツッコミをしているだけかと思うほど、和気《わき》あいあいとしています。だれもが知っている昔話のパロディなので、きっと読者もツッコミながら楽しめることでしょう。（神戸）

クラバート　★★

オトフリート・プロイスラー・作、中村浩三・訳　偕成社、1980年

ドイツとポーランドにまたがるラウジッツ地方のクラバート伝説を元に、プロイスラーが一一年の歳月をかけて描き上げた濃密な物語です。時は一八世紀、一四歳の少年クラバートは孤児。訪れた水車小屋で粉ひきの見習い職人となりますが、親方は魔法使いです。週に一度カラスになって魔法も教えてはもらえますが、どうも奇妙な感じがします。面倒見《めんどうみ》の良かった職人頭が謎の死を遂《と》げるのですが、ほかの職人たちはまるで何事もなかったかのような態度です。ここには何か秘密があるに違いない。クラバートはそれを突き止めようとしますが……。少年の愛と勇気と戦いの物語、と言えばなんだか陳腐《ちんぷ》ですが、そうしたシンプルな題材をそろえて、プロイスラーは人の欲望や弱さまでを見えやすく描きながら、最後には希望へと導いていきます。いや、もうその物語運びの巧《うま》いことといったら！　読書もそろそろレベルアップかなという時期の子どもに最適です。（ひこ）

お江戸の百太郎（シリーズ）　★★

那須正幹《なすまさもと》・作、長野ヒデ子・絵　岩崎書店、1986年〜

百太郎は、江戸の本所亀沢町の長屋に住む、千次という岡っ引きの息子です。千次親分は、たいした手柄《てがら》をあげたこともないのですが、一二歳になる息子の百太郎は、頭の回転も速く、父親顔負けの

活躍をして、さまざまな難事件を解決していきます。最初に手がけたのは、本所深川の材木問屋・伊勢屋の娘・千賀ちゃんの誘拐事件。百太郎がかよう寺子屋の師匠で、先祖代々の浪人だけれども、剣道と柔術の達人でもある秋月先生の手助けもあって、千賀ちゃんの無事救出に成功します。以来、千賀ちゃんは百太郎の家にちょくちょく遊びに来て、岡っ引きの助手にしてくれといって、千次や百太郎を困らせます。百太郎と千次に、秋月先生と千賀ちゃんも加わって、江戸の風物や文化をからませながら、様々な怪事件に取り組んでいく、読み始めたらやめられない痛快な捕り物帳。『怪盗黒手組』『赤猫がおどる』『大山天狗怪事件』『秋祭なぞの富くじ』と、シリーズは続きます。（野上）

ドン・キホーテ ★★★

ミゲル・デ・セルバンテス・作、
牛島信昭・訳　岩波少年文庫、1987年

スペインの作家セルバンテスが五〇〇年以上も前に書いた冒険物語です（ちなみに、「ドンキ・ホーテ」という表記は間違いです）。とはいえ、堅苦《かたくる》しいものではけっしてありません。物語の読みすぎで自分を騎士ドン・キホーテだと思いこんだ老人が、正直だけれど頭のちょっと弱い男サンチョ・パンサを説得して従者に仕立てあげ、旅にでます。大きな風車を巨人だと思いこんだり、ふつうの宿屋を城だと信じたり、田舎娘を理想の姫だと決めつけたり、とにかく妄想《もうそう》と勘違いのオンパレード。たわごとばかりいうドン・キホーテに、おたおたとツッコミを入れるサンチョ・パンサのかけあいが、とにかく面白いです。とっても変な二人ですが、ひたむきで純粋で真面目で、なんとも憎めません。だからこそ、五〇〇年以上たった今でも、物語が読みつがれ、キャラクターも愛されつづけているのでしょう。芝居やバレエでもよく上演されます。でも、まずは原作ならではの面白さを体感してみてください。（神戸）

七人のおかしな妖怪たち ★★

たかしよいち・作　スズキコージ・絵
理論社、1990年

妖怪って、怖いものだと思われていますが、この本の中には、おかしな妖怪ばかりが七人登場します。「しゅてんどうじ」は、生まれた時から、お乳のかわり

にお酒を飲んで育った、酒呑童子《しゅてんどうじ》の子ども時代の話。もらしたオシッコが、作物を豊かに育てるというので、あちこちの村からひっぱりだこ。娘をさらって食う、万年杉のような巨大な青鬼が村に現われ、酒呑童子は酒飲み対決をし、酔《よ》っ払《ぱら》った青鬼をオシッコで流してしまうのですから、笑ってしまいます。秋になると、西の山から人の手の形をしたものが二本、まるで豆のつるのようにのびてくる「手ながの目」。酔っ払って、お寺の仁王様を壊した天狗のじいさまが、子どもたちに作り話をする「ほらふきてんぐ」。「鬼がら」では、セミの脱《ぬ》けがらみたいな、鬼の脱けがらまで登場します。どれも、奇妙で不思議な、スケールの大きなお話です。（野上）

アンデルセンの童話（シリーズ）★★

大塚勇三・編／訳、I・S・オルセン・絵、福音館書店、１９９２年（福音館文庫、２００３年）

『親指姫』『人魚姫』『マッチ売りの少女』『みにくいアヒルの子』『はだかの王さま』など、おなじみのアンデルセン童話を集めたシリーズです。アンデルセンの童話は、短く縮めた絵本がたくさん出ていますが、ここではノーカット版が収録されています。『人魚姫』は、五六ページもあり、美しい海の描写、人魚姫の切ない気持ち、ドラマティックな展開をたっぷり味わうことができます。また、『ブタ飼《か》い王子』『雪だるま』といった話や、アンデルセンにしてはかなりユーモラスな『まったく、ほんとうです！』のような、それほど知られていない話も楽しめます。『はだかの王さま』の題名で有名な話は、じつは直訳すると『皇帝の新しい服』だったというような、新しい発見もあるでしょう。『空飛ぶトランク』『ナイチンゲール』『エンドウ豆の上に寝たお姫さま』『赤い靴』など、隠れた傑作もぜひ読んでみてください。さらに、このシリーズでは、デンマークの画家オルセンの挿絵を採用しているのも特徴《とくちょう》の一つで、おすすめです。（神戸）

落窪物語《おちくぼものがたり》 ★★★

氷室冴子《ひむろさえこ》
講談社、1993年

この物語は、平安版「シンデレラ」です。幼い時に母君を亡《な》くした落窪姫は、継母《ままはは》にいじめられ、繕《つくろ》いものを押しつけられ、つらくみじめな生活を送っていましたが、右近《うこん》の少将という将来有望な若者に見初《みそ》められて結婚します。古典というと、敷居《しきい》が高い気がするかもしれませんが、この本ならだいじょうぶ。少女小説の一時代を築き、「ジャパネスク」シリーズなど、平安時代を舞台にした人気作品を発表してきた氷室冴子が、雰囲気《ふんいき》をしっかりと伝えつつ、今の子どもも共感できるラブストーリーに仕立てあげています。古めかしい言いまわしが随所《ずいしょ》に出てくるものの、本文のすぐ横に意味が書いてあるので、とまどうこともありません。登場人物の台詞《せりふ》は今のことばになっていて、落窪姫や右近の少将の心がストレートに響きます。昔の風習、道具、衣裳《いしょう》、食べものなどは、本文の上に絵つきの解説があり、図鑑のようでたいへん親切です。読めばきっと、古典や平安時代がぐっと身近に感じられることでしょう。（神戸）

仮名手本《かなでほん》忠臣蔵 ★★★

橋本治・文、岡田嘉夫《よしお》・絵
ポプラ社、2003年

橋本治・岡田嘉夫の歌舞伎絵巻シリーズの第一巻。以下、『義経千本桜』『菅原《すがわら》伝授手習鑑《でんじゅてならいかがみ》』『国性爺合戦《こくせんやかっせん》』『妹背山女庭訓《いもせやまおんなていきん》』と続きます。欧米にはオペラ絵本があって、子どもがオペラの筋になじむのに一役買っていますが、日本の歌舞伎や文楽にも、それにあたるものがあれば！　ということで始まったのが、このシリーズ。忠臣蔵といえば、年末の風物詩とも言えるくらい有名な物語ですが、その原作の『仮名手本忠臣蔵』のストーリーは意外に知られていません。また、歌舞伎を観にいっても、全一一段が通しで上演されることはないので、この絵本で全容をつかんでおくと、物語の世界に入りやすくなるでしょう。歌舞伎はもとより古

典に造詣《ぞうけい》の深い橋本治の平易な文章と、美しい色使いの岡田嘉夫の挿絵による本書は、絶好の入門書になること、間違いありません。二五〇年以上、日本人の心を揺さぶりつづけてきた物語の魅力を存《ぞん》分《ぶん》に味わってみてください。（三辺）

グリム童話集（全三巻）★★

佐々木田鶴子《たづこ》・訳、出久根育《でくねいく》・絵　岩波少年文庫、２００７年

人々の間で何世代にもわたって語り継がれてきた昔話は、物語の持つ力を実感させてくれます。中でも「グリム童話」が抜群《ばつぐん》の知名度を誇っているのは、グリム兄弟が推敲《すいこう》を重ねたために昔話の「型」ができあがったこと、原題『子どもと家庭の童話』が示すとおり子ども向けに書かれていることなど、「童話」として広く長く読み継がれている要素を持っているからでしょう。研究者の立場から言えば、一八一二年の初版と四五年後に出た最終版の違いや、物語の採集の仕方なども問題になるのでしょうが、もともとは焚《た》き火のまわりや炉端《ろばた》で語られていた昔話の面白さを子どもの読者に伝えるのに、この岩波少年文庫の『グリム童話集』ならいい入口となるでしょう。「白雪姫」「赤ずきん」といった知名度の高いものから「ツグミのひげの王さま」「かしこいお百姓の娘」など話の形の整った物語が集められ、「語られたお話のおもしろさを生かす」平易な語り口と出久根氏の挿絵が、昔話の魅力を存分《ぞんぶん》に表現しています。（三辺）

風の陰陽師《おんみょうじ》（全四巻）★★

三田村信行　ポプラ社、２００７〜０９年

陰陽師・安倍清明《あべのせいめい》の少年時代を描いた大長編で、一・きつね童子、二・ねむり姫、三・うろつき鬼、四・さすらい風、と全部で四巻まで続きます。幼い頃に童子と呼ばれていた清明は、父・保名《やすな》の死後、都で陰陽頭を務める加茂忠行《かものただゆき》のもとで養われます。まだ見ぬ狐の母・葛《くず》の葉を訪ねて信太《しのだ》の森に行くのですが、臆病《おくびょう》で弱虫の清明は、危機的な状況に陥ると不思議な力がわいて出て命が救われるの

です。放浪の陰陽師・智徳《ちとく》法師に師事して秘術を学び、童子はしだいに逞《たくま》しく成長していきます。幼少期から青年期にいたる清明に、宿命のライバル蘆屋道満《あしやどうまん》が道摩《どうま》という名で登場し、都で名を馳《は》せた大盗賊・袴垂《はかまだれ》などのほか、闇の陰陽師や都の怨霊《おんりょう》など、有名無名のキャラクターが複雑に絡んできます。でも、それぞれが個性的に描きわけられているから、すんなり物語に溶け込めて、人間ドラマとしても楽しめます。様々な怪異や物の怪《もののけ》や式神《しきがみ》が出現し、まさに波乱万丈《ばんじょう》の成長物語です。（野上）

遊びと冒険

長くつ下のピッピ ★

リンドグレーン・作、大塚勇三・訳
岩波書店、１９６４年

ピッピは理想の子どもです。大人にとっての？　いえいえ違います。子どもにとって理想の子どもなのです。彼女は両親がいない一人暮らしで大金持ち、学校に通わなくて、そして誰にも負けない世界一の力持ち。誰に束縛《そくばく》されることもなく自由に毎日をすごせるのです。勉強しなさい！　早く寝なさい！　お手伝いしなさい！　小づかいをへらすよ！　なんて言われることはないし、悪い子にやっつけられることもありません。え、それじゃあ、しつけができないし、勉強もしなくなるですって？　そうかもしれませんね。でも、思い出してください。子どもの頃だったら、こんな境遇《きょうぐう》になりたかったと思いませんか？　つまり、このシリーズは、子どもの願いをそのまま描いた物語です。いいじゃないですか。子どもに手渡して、楽しい時間を与えてくださいな。そして、大人もピッピのようになりたかった子ども時代に思いをはせることができれば、目の前にいる子どもともっと親しくなれるかもしれませんよ。（ひこ）

トム・ソーヤーの冒険　★★

マーク・トェイン、大久保康雄・訳
新潮文庫　1953年

男の子の世界を描いた古典中の古典です。ミズーリ州の架空の町で繰《く》り広げられる、トム・ソーヤーと友人ハックル・ベリーフィンの愉快《ゆかい》な冒険物語。トムは母親が亡《な》くなって、今は弟のシドと一緒に叔母の家で暮らしています。しつけに厳しい叔母の期待に応えられずいつも叱《しか》られてばかり。一方のハックは父親が失《しっ》踪《そう》してから、一人暮らしで不安な毎日ながら、自由を謳歌《おうか》しています。頭のいいトムは人を出し抜くことが得意。少し臆《おく》病《びょう》ながら奔放《ほんぽう》なハックは、大人にとって困った子どもですが、子どもにはうらやましい存在です。「理性のトム」と「自然なハック」、二人は本当にいいコンビです。ひょんなことから殺人現場を見てしまった二人は、大変なことに巻き込まれていくのですが、もちろん最後はハッピーエンドですから、ご安心を。昔の子どものさまざまな遊びも出てきますから、今の子ども読者は、そこも楽しんでください。でも、全然古くないのがすごいねえ。（ひこ）

ツバメ号とアマゾン号　★★★

アーサー・ランサム・作、岩田欣三《きんぞう》／神宮輝夫・訳、岩波少年文庫、1958年
→岩波書店、67年（現在、品切れ）

湖水地方で夏休みを過ごすウォーカー家の四きょうだいは、帆船「ツバメ号」を操《あやつ》り、湖の小島で野営をすることになります。船長やAB船員など役割分担も決め、必要品を積んで出航！　子どもだけで船を操縦《そうじゅう》していく様《さま》はお見事です。小島でのすばらしい日々は、大人の注意深い目によって守られ、「オボレロノロマハノロマデナケレバオボレナイ」と伝えるお父さんも、食料調達先の「土人」役を引き受けるお母さんも、子どもたちの遊びを真剣に尊重しています。キャンプの楽しさに加え、謎のフリント船長やブラケット家の姉妹の「ヤマネコ号」が現われ、謎解きや戦いも盛りあがります。

まるで夏の輝きそのもののような一三日間。責任感あふれるジョン、冷静なスーザン、空想家のティティ、元気なロジャ。あなたは誰をひいきにしますか？　ランサム・サーガの幕開けの一冊です。（鈴木）

青いイルカの島 ★★

スコット・オデル・作、藤原英司《えいじ》・訳
理論社、1960年→新版、2000年

実話を元にした物語です。一九世紀半ば、ロサンゼルスの南に浮かぶ島。上陸した白人たちに襲われた島民たち。白人たちはラッコの毛皮を求めてやってきたのです。たまたま助かった少女は弟と二人、島で暮らします。やがて弟を亡《な》くし、彼女は孤独になりますが、自分で食料を調達し、服を作り、自給自足の生活を送ります。作者のスコット・オデルは、想像力を駆使《くし》して、少女の心の動きや、暮らしをまるで目に見えるように描いています。それを読むだけでも、人間の生命力や精神力の強さに感動できるでしょう。そして、少女が誇りを持って生きていく姿に、間違いなく感動を覚えることでしょう。人が一生に得る体験の多寡《たか》はしれていますから、経験を遥《はる》かに超《こ》えたこうした物語に夢中になれるのです。さて、少女は助かるのか。一八年後、ついに人間が上陸してきます。白人ですから、彼女は出て行くのをためらいます。でも、最後は決心をして姿を現わすのですが、決して誇りを失いません。そこがすごくいいのですよ。（ひこ）

グリーン・ノウのお客さま ★

L・M・ボストン・作、亀井俊介・訳
評論社、1961年→新版、2008年

ピンはアジアからロンドンに来た孤児です。身寄《みよ》りのない彼は、学校から出かけたロンドン動物園で、ゴリラのハンノーと出会います。実はハンノーもまた、密猟を行なった人間に両親を殺され、子どもの頃に売られた孤児のゴリラでした。だからでしょうか、ピンはハンノーに惹《ひ》かれます。おそらくハンノーもピンに。ピンは長い休みをすごすために招待されたグリーン・ノウ屋敷の大きな庭で、偶然にも、動物園から逃げ出してきたハ

ンノーと再会します。大人たちがハンノーを探していることは知っていますし、通報しなければいけないのもわかっていますが、ピンはハンノーをかくまいます。ハンノーもピンを自分の子どものように思い、彼を守ろうとするようになります。果たしてピンとハンノーの運命は？　孤独を知っているから、身を寄せあうことの温かさも人一倍知っている、一人と一匹の物語は、友情について考え始めた人にぜひ読んでほしいです。（ひこ）

目をさませトラゴロウ　★★

小沢正文・文、井上洋介・絵
理論社、1965年

どれも、「山のたけやぶに、とらがすんでいた。なまえは　トラノ・トラゴロウといった」という書き出しで始まる、八編からなる童話集。最初の、「一つが二つ」は、キツネが発明した一つのものを二つにする機械で、トラゴロウは自分を二人にしてもらいます。一人が昼寝していても、もう一方が肉饅頭《にくまんじゅう》を探せるから便利だというわけです。ところが、どっちが昼寝して、どっちが肉饅頭を探しに行くかでけんかになります。次の「きばをなくすと」では、二本あるはずの立《りっ》派《ぱ》な牙の一本がなくなり、失った牙を探しに行くのですが、いく先々でさんざん意地悪され、牙を取り戻したトラゴロウは、みんなを食べてしまいます。これに続くお話でも、仕掛けられた手の込んだ悪さに、トラゴロウはだまされそうになりますが、最後には相手を一口で飲み込みます。幼児のような発想で、人間の心の奥まで照らし出すような、ちょっと不思議で考えさせられる童話です。（野上）

おしいれのぼうけん　★

古田足日《たるひ》／田畑精一・作
童心社、1974年

「さくらほいくえん」の子どもたちには、こわいものが二つあります。一つは押し入れ。悪いことをすると、先生に閉じこめられるからです。もう一つは、先生たちが見せてくれる人形劇に登場する

「ねずみばあさん」です。ある日、昼寝の時間になっても、「さとし」と「あきら」は追いかけっこをしていたため、押し入れの上段と下段にそれぞれ入れられます。一人だったらすぐに泣きだして降参するところでしょうが、二人でしたから、おたがいに励《はげ》ましあい、先生にあやまらないまま、ねばり続けます。それでも、だんだん暗やみが怖《こわ》くなり、そこにあらわれたのは……なんと、あの「ねずみばあさん」でした。戸を開けると、暗やみがひろがる押し入れは、子どもが怖がるものの定番です。ほんとうは狭いはずなのに、異世界へつながっているように思えてなりません。この話では、そんな心理をうまくつかんでいます。押し入れの中ではけっしてあやまろうとしなかった二人ですが、外に出た時、自然に「ごめんね」と出たところに、成長を感じます。

（神戸）

クローディアの秘密 ★★

E・L・カニグズバーグ・作、松永ふみ子・訳 岩波書店、1975年
→岩波少年文庫、2000年

誰でも、一度は家出をしたいと思ったことがあるはず。それが証拠に、児童書には家出の話がたくさんあります。親に叱《しか》られた時、冒険したくなった時、動機はいろいろありますが、結局は「認めてもらいたい」という思いにつきるでしょう。家を出ることによって、自分の価値を確認しようとするのです。一二歳のクローディアも、長女だというだけで不当な扱いを受けていると思い、家出を計画します。が、同じなのはそこまで。優等生のクローディアは、行きあたりばったりに家を飛び出して野宿するなんて羽目に陥るのはまっぴら。周到に計画された家出先は、なんとメトロポリタン美術館でした。冷暖房完備、天蓋《てんがい》つきベッドやお風呂（＝噴水）まである美術館で、クローディアは快適な家出ライフを送ります。しかし、肝心《かんじん》の家出の目的は果たせるのでしょうか？　その答えは、タイトルにもある「秘密」。そう、この物語のもう一つの重要なテーマは秘密です。その秘密が知りたければ、ぜひ本書を。
（三辺）

コンチキ号漂流記《ひょうりゅうき》 ★★

ハイエルダール・著、神宮輝夫・訳
偕成社、1976年

一九四七年に、学者のハイエルダールは、いかだに乗って南米ペルーの港を出

発し、太平洋を横断して三ヶ月後にポリネシアのツアモツ諸島に到着しました。アンデス山脈の人々がポリネシアに移住したという学説を証明するため、みずから古代と同じ方法で航海してみせたのです。この本は、その時の漂流日記ですが、ただの記録ではなく、立派な冒険物語になっています。サメと格闘したすえ、友情に似た関係を結ぶようになったり、パイロット・フィッシュをしたがえて海を進んだり、夜の海一面に光るプランクトンを目撃したり、まるで異世界を見るようでひどく新鮮です。インターネットのない時代に、無線電信機で信号をとばし、何千キロも離れた陸地の人間と交流していたというのも、素直に驚きです。それ以上に、天候と風と海流を正確に読みとり、いかだで太平洋を渡ってしまえるなんて、人間てなんてすごいのだろうと、ただただ感動します。ほんものの冒険の醍醐味《だいごみ》をぜひ味わってみてください。

（神戸）

大草原の奇跡《きせき》　★★

アラン・W・エッカート・作、和田穹男《たかお》・訳
岩波書店、1982年↓めるくまーる、2000年

一九世紀。開拓者家族の末っ子ベンは言葉を話しません。どんな動物とも親しくなれる才能を持っていますが人間とだけはうまくいかないようです。心配のあまり父親は彼をどなってしまいます。家を飛び出したベンは帰り道がわからなくなり、眠るために岩の隙間《すきま》に身を潜めます。そこには子どもを亡《な》くしたばかりのアナグマがいました。アナグマはベンに優しく接します。まるで、失った子どもの穴を埋めているかのように。こうしてベンとアナグマの生活が始まります。エサを持ってくるアナグマ。足の怪我《けが》の手当をしてあげるベン。本当に親子のようで、ベンの傷ついた心は癒《いや》されていきます。発見されたベンは、どうなったか、そしてアナグマの運命は？　は読んでくださいね。物語は超一級品！　読書の面白さを子どもは知るでしょう。母親が父親に言う言葉が印象的です。「あの子に

話しかけるときにしゃがんだり、身を屈《かが》めたりしたのはいつのこと?」。簡単だけど、つい忘れてしまう大切なことですね。（ひこ）

〈ヤギ〉ゲーム　★★

ブロック・コール・作、中川千尋《ちひろ》・訳
徳間書店、1987年

ハウイはサマーキャンプで男の子たちに服をはぎ取られ、湖の小さな島に置き去りにされます。途方《とほう》にくれた彼が見つけた小屋に入ろうとすると、女の子の声。ローラも女の子たちに同じようにされていたのでした。卑劣ないじめですが、それを怒っている余裕はありません。なんとかここを脱出し、服をどこからか手に入れなければ……。そしてもう、あんなやつらのいるサマーキャンプになんか戻らない。そう決めた二人は、逃避行《とうひこう》を始めます。お金もない彼らはどのようにして生き延びていくのか？　自分たちが望んだことではないにしろ、裸で出会ったハウイとローラは、最初はぎこちなく、そしてゆっくりと互いを知り信頼感を育んでいきます。誰かと友達になること、誰かを好きになることが、どれだけ人には必要なのか、それで強くなれることなどが、染《し》みいるように伝わってきます。読み始めたらやめられない魅力に満ちた物語。（ひこ）

マンホールからこんにちは　★

いとうひろし・作
徳間書店、1990年

ある日、「ぼく」がお使いの帰りに道を歩いていたら、マンホールからへんてこなものが出てきました！　たしかにマンホールって、不思議ですよね。だって、町中にふつうにあるけれど、ほとんどの人は入っちゃいけない場所なんですから。ひょっとしたら、見知らぬ世界へつながっている気がして、考えるだけでわくわくしてしまいます。この本は、そんな期待に、見事こたえてくれます。「ぼく」が最初に会ったのは、キリンでした。アフリカの川で水浴びをしていて、気がついたら日本の下水の中にいました。そして、やっと見つけた出口が、マンホール

だったそうです。「ぼく」は驚きもせず、おなかをすかせているキリンにキャベツをあげます。続いて、マンモス、かっぱと遭遇《そうぐう》します。みんな、マンホールにたどりついた理由をちゃんと説明してくれますし、こちらも思わず納得してしまいます。マンホールには、ほかにどんな生きものがいるのでしょう？　読んだあとに、想像するのも楽しいでしょうね。（神戸）

おさるのまいにち　★

いとうひろし・作／絵
講談社、1991年

「ぼくは、おさるです」「みなみの　しまに、すんでいます」。朝、おひさまが出ると、「まず、おしっこを　して、ごはんを　たべます」。一ページに一行か二行の短い文章で、小さな島に住むおさるの毎日が、ユーモラスな絵で紹介されていきます。おさるたちは、世界中を旅するウミガメのおじいさんが、旅のお話をしてくれるのを、楽しみに待っています。海の彼方《かなた》に、ポツンとおじいさんの姿が見えると、みんな大騒ぎ。ところが、上陸したおじいさんは、疲れてお昼寝。そこでみんなは、のみ取りをしたりしながら時間をつぶすのです。やっと目をさましたおじいさんのお話は、大きな船と出会ってびっくりした時のこと。力強い太い線で描かれた船の先から後までが、鮮やかなカラーで四見開き。そこに、豆粒くらいのカメが船底におでこを「ごつん」。思わず笑ってしまう、文字を読み始めた小さい子にもぴったりの、のどかで楽しい絵童話です。（野上）

アドリア海の奇跡　★★★

ジョアン・マヌエル・ジズベルト・作、
アルフォンソ・ルアーノ・絵、
宇野和美・訳　徳間書店、1995年

舞台は一五世紀末のクロアチア。修道院の見習い少年で孤児のマティアスは、ある荷物を運ぶ仕事を言いつけられます。しかし、その中身は見ることも許されず、ただアドリア海方面にむかえと言われるだけで、具体的な目的地は知らさ

れません。じつは、その裏には、錬金術の秘薬をめぐる陰謀《いんぼう》と策略の罠《わな》が待ちかまえていました。錬金術といえば、永遠の命。日本でも、漫画『鋼《はがね》の錬金術師』が大人気ですので、なじみのあるかたも増えたでしょう。人類がはるか昔から求めてやまない世界ですね。ですから、手に入れるためなら、どんな汚い手もいとわない人がたくさんいて、マティアスにも様々な危険がふりかかります。次に何が起きるのか、だれが味方でだれが敵なのか、さっぱりわからないまま、ストーリーはぐいぐい進んでいきます。まさにジェットコースターのような、はらはらどきどきの展開です。マティアスの目線で、錬金術のゆくえを体感してみてください。中世のアドリア海、貴族や僧侶など、異国情緒もたっぷり味わえます。（神戸）

へんてこもりに　いこうよ　★

たかどのほうこ・作／絵
偕成社、1995年

そらいろ幼稚園の裏に、ヘンテ・コスタさんが作った、「ヘンテ・コスタのもり」という小さな森があります。みんなは「へんてこもり」と呼んでいる森で、なかよし四人組がしり取りを始めました。ぞう、うし、しろながすくじら、らくだ、だちょう、うま、とスムーズに続いていくのですが、そのあとに追い込まれた子が、「まるぼ」と叫びます。すると、ヤカンのような格好の、おかしな生き物「まるぼ」が現われました。まるぼに案内されて森の奥に行くと、しり取りに出てきた動物たちが、お互いにしっぽを握り輪になって踊っています。動物たちに、しり取りの続きをせかされて、思わず「ぼさこう！」と言うと、頭のてっぺんに木が生えた、たわしみたいな奇妙な動物が登場。次に呼び出されたのは「うりんぞ」。これで最初のぞうにつながり、奇妙な動物たちはしっぽを握りあって、ぐるぐる回り始めます。へんてこもりの、へんてこ動物たちがユーモラスな、へんてこ童話です。（野上）

ぼくの心の闇《やみ》の声　★★

ロバート・コーミア・作　原田勝《まさる》・訳
徳間書店、1997年

これは人の心に宿る悪意をめぐる物語です。時は第二次世界大戦が終わって数年後。舞台は戦後不況にあえぐアメリカ

の小さな町。主人公ヘンリーの父親は、兄が交通事故死して以来悲しみから立ち直れず、家族は母親のパートでなんとか食いつないでいます。ヘンリーも母親が勧める食料品店でわずかながらも収入を得ています。ふとしたことで知りあった老人は強制収容所を生き延びてきた人。彼はナチスによって滅ぼされた故郷の村を木彫りで再現することに日々を費《つい》やしています。それを知った店の主人ヘアストンは、ヘンリーに木彫りを破壊することを命じます。従わなければ母親を首にすると言う主人。仕方なくヘンリーは年老いた友人の作品を壊します。しかし、なぜそんなことをさせたのか？　ヘアストンは言います。「おまえがいい子だからさ」。私たちはこうした大人がいることを知っています。子どもの物語で、こんな大人をきちんと描いていく作者の真《しん》摯《し》さに触れてほしいです。（ひこ）

シャーロック・ホウムズ　まだらのひも　★★

コナン・ドイル・作、林克己《かつみ》・訳
岩波少年文庫、2000年

シャーロキアンと呼ばれる熱狂的なファンもいる元祖探偵小説ですが、ホームズ・シリーズは、大人だけでなく子どもも読者にとっても稀有《けう》な探偵物と言えます。ホームズとワトソンという強烈な個性のあるキャラクター、ミステリーにつきもののおどろおどろしい不気味な雰《ふん》囲気《いき》、奇抜なアイディア、論理的かつ正統的な推理による事件解決。これらがすべてそろった推理小説で、かつ子どももも読めるものは、なかなかありません。逆に言えば、子どもにも理解できる設定と推理でこれだけ面白いものが書けるドイルは、やはり天才なのでしょう。本書には、表題作「まだらのひも」に加え、「赤毛連盟」や「技師の親指」など上記の条件を満たした、いかにもドイルらしい短編六編収録されています。最近よく見かけるサイコティックな設定や、コンピューターやバイオテクノロジーなどの最新技術がらみの謎解きに頼らずして推理小説の面白さを堪能《たんのう》させてくれるドイルの作品は、今も昔も貴重なのです。（三辺）

宝島　★★★

R・L・スティーヴンスン・作、
海保眞夫《かいほまさお》・訳
岩波少年文庫、2000年

ジム・ホーキンスを語り手とする古典的な海洋冒険小説です。海賊フリントの宝の地図を偶然《ぐうぜん》手に入れたジムは、地主のトレローニさんとリヴィシ医師と一緒にヒスパニオラ号に乗り、宝探しの旅に出ます。しかし、腕をかわれてコックに雇《やと》った一本足のジョン・シルヴァーは海賊でした。船上では反乱が起き、敵と味方が入り乱れて、ジムも何度も危ない目にあいます。上陸した島での砦《とりで》づくり、船のマスト上での戦い、裏切り、立ち聞き。スリルに富んだ物語には他《た》の追随《ついずい》を許さない迫力があり、雑誌連載を元にしているため盛りあがりが何度も訪れます。起伏に富んだストーリーの中で、一番魅惑的なのがシルヴァーでしょう。教養があり、荒くれ船員たちを言葉で操る知恵者ぶりと、神をも恐れぬだいたんさと、残酷でやくざっぽいところ。人間の本性を立体的に示す最高の悪者です。宝をめがけて熱病のように突き進む男たちの中で、負けてもなお、シルヴァーは魅力を放ち続けます。（鈴木）

アイスクリームごっこ？　★

二宮由紀子・作、にしむらかえ・絵
ポプラ社、2003年

ある朝、めんどりのメアリーさんが散歩から帰ると、お風呂に見知らぬカバが入っていました。カバは、動物園ごっこをしているのだと言います。メアリーさんが廊下に出ると、足元で子ウサギの双子がスリッパごっこをしています。台所で冷蔵庫を開けると、ハンガーが入っていて、アイスクリームごっこをしていると言います。アイスクリームなら冷蔵庫じゃなくて冷凍庫でしょ、そうしないと融《と》けちゃうよとメアリーさんがいうと、冷凍庫だと寒すぎるので、融けてぐったりしているアイスクリーム役をしているのだとハンガー。ケーキがハンガーごっこしたり、玄関のドアにはさまれた象が

満員電車ごっこをしているのだと言ったり。まるで、幼児の遊びの中でよく見かける、変身ごっこみたいですね。何かになりきることで、世界が違って見えてくる、遊びの楽しさを再現したようなおもしろいお話です。自分で読んでも、読んでもらっても、想像力が刺激されますよ。（野上）

ジュディ・モードは ごきげんななめ ★

メーガン・マクドナルド・作、ピーター・レイノルズ・絵、宮坂宏美・訳　小峰書店、２００４年

ピーター・レイノルズ描く、表紙のジュディ（小学校三年生）をご覧ください。もうなんてすてきにリアルな子どもでしょう。物語はその印象を裏切りません。夏休み（新学年は夏休み明けから始まります）に家族で行った釣りのあと、魚だと思ってサメを食べたことをお父さんから知らされたジュディは、さっそく学校に着て行くTシャツに「あたしはサメを食べた」と書いて出かけます。これだけでジュディがどんな子かはわかるでしょ。クラスのほかの面々も個性的です。変わった物語が展開するのではありません。本当にただただ小学校三年生の毎日が描かれています。そしてここからが肝《かん》心《じん》なのですが、どの子も「あ、こういう子、いるいる」って感じなのです。「いるいる」って子が集まると、この年齢の子どもの日常はなんてファンタスティックなのだ！　とわかるわけです。もう忘れてしまっていた人もいるかも。でも、きっと同年齢の子どもは「わかる、わかる」って大喜びで読みますよ。（ひこ）

スパイ・ガール（全四巻） ★

クリスティーヌ・ハリス・作、前沢明枝・訳　岩崎書店、２００７〜０８年

政府組織によって脳内にチップを埋め込まれ天才となった改造人間、少女ジェシーの物語です。と言えば、なんだかかっこいいヒーローもののようですが、少し違います。確かに彼女は毎回次々と難事件を解決していきますから、そこは痛快なのですが、もし失敗した場合、救いの手はさしのべられませんから、とても非情な組織に属しているわけで、楽しいは

ずはありません。また、彼女自身はそんな仕事をしたくない。でも、脳内チップなしには生きてはいけませんから、ジェシーは組織を離れることができないのです。組織の大人たちは、ジェシーが天才であることと、子どもだからスパイに向いている（警戒されない）ことにしか興味を示しません。彼女が何に悩んでいるか、何がしたいのかはどうでもいいのです。え、まるで塾や受験に追いまくられている自分みたいだですって？　そう、この物語はハラハラドキドキのスパイものなんですが、主人公の置かれている立場は、現代の子どもそのものです。だから、とっても共感できると思います。（ひこ）

夢の彼方《かなた》への旅　★★

エヴァ・イボットソン・著、三辺律子・訳　偕成社、2008年

今風の子どもの物語もいいけれど、昔読んだような児童文学らしい児童文学もいいなあ。でも、昔の本を今の子どもに薦《すす》めるのはちょっとなあと思っている人にはこの物語です。時は二〇世紀初頭。孤児のマイアはロンドンの寄宿舎学校にいたのですが、叔母が引き取ると言ってきたので、家庭教師のミントン先生とともにブラジルまでやってきます。実は叔母の目的は、マイアの扶養手当を手に入れることでした。叔母はブラジルにいながら、こっけいなほどイギリス風に暮らしています。叔母の双子の娘は、いじわるでマイアを無視。舞踏会にも行かせてもらえません。彼らは現地の人間を侮蔑《ぶべつ》していますが、マイアは溶け込んでいきます。ね、古典の児童文学や昔話を彷彿《ほうふつ》とさせるでしょ。でも古くはありません。マイアのキャラクターなどはやはり今の視線で作られていますし、テンポも遅くありません。しっかりとした物語とでも言えばいいでしょうか。軽いエンタメを卒業したら、ぜひこれをどうぞ。（ひこ）

椿《つばき》先生、出番です！　★★

花形みつる・作、さげさかのりこ・絵
理論社、2009年

幼稚園ものです。といっても、かわいい幼少の子どもと、子どもが大好きな先生が出てきて、無垢《むく》で明るくて心が洗われるお話が展開するわけではありません。まだ新米の椿先生が子どもたちと繰《く》りひろげるてんやわんやの大騒ぎのお話

です。この物語を読んで、子どもの清らかさに触れ、癒《いや》されたいなんて思わないでください。そんなものはありません。もしあなたが幼稚園児の子育て真っ最中ならおわかりのような、うるさいガキ、いや、お子さんが登場いたします。それだけではありません。この椿先生、まことに見事に頼りなく、時には園児より子どもめいています。大人は大人らしく、なんて価値観はありません。もうただただ、園児と同じレベルで遊んでしまうこともあり、けっこう大事件も起こってしまいます。でも、だからこれを読む園児は、椿先生が大好きになるでしょうし、リアルな物語だと感じるでしょう。まだ「リアル」って言葉は知らないかもしれませんけれど。新しい幼稚園ものが登場しました！（ひこ）

ビーバー族のしるし　★★

エリザベス・ジョージ・スピア・作、こだまともこ・訳
あすなろ書房、２００９年

一八世紀のアメリカの開拓時代を背景に、白人入植者である一二歳のマットと「インディアン」（北米先住民）の少年エイティアンの友情を通して、住み慣れた土地を追われていくインディアンの姿を描いています。土地とつながり、自然を大切にして暮らしてきたインディアンたちの暮らしを、白人たちは「野蛮」としか理解しません。しかしマットはエイティアンとの交流を通し、それが大きな間違いであることを学んでいきます。マットが、『ロビンソン・クルーソー』に出てくる原住民フライデーの描き方に疑問を持つようになる場面は秀逸《しゅういつ》です。本当ならフライデーはクルーソーにいろいろ教えてあげられるはずなのに、と思うのです。事実、エイティアンはマットに大自然の中で生きる知恵を授けてくれます。その知恵自体が物語の面白さになっているところもすばらしく、読者もまた、エイティアンたちの暮らしに深い尊敬と共感を抱くようになります。異文化との衝突と異文化への理解を描いた、すぐれた作品です。（三辺）

異世界ファンタジー

エルマーのぼうけん（シリーズ）★

ルース・スタイルス・ガネット・作、ルース・クリスマン・ガネット・絵、わたなべしげお・訳、子どもの本研究会・編集　福音館書店、１９６３〜６５年

エルマー少年は、仲良くなった年よりネコから、どうぶつ島に捕《と》らわれて気の毒な子どもの竜の話を聞き、助けにいく決心をします。さっそく、冒険の準備を始めますが、持っていくもののリストが不思議です。黒いゴム長靴や磁石のように、実用的なものはともかく、チューインガム、色違いのリボン七本、桃色の棒つきキャンディを二ダースなど、目的がよくわからないものも含まれています。ところが、どうぶつ島にわたり、トラやライオンやワニといった動物におそわれそうになると、この道具が見事なほどに活躍してくれます。トラには大好物のチューインガムを与え、ぼさぼさのたてがみが悩みのライオンは三つ編《あ》みにしてリボンで結び、キャンディをあげる名目でワニを一列に並ばせて川をわたるのです。小さくて力も弱いはずのエルマーが、知恵と機転《きてん》をきかせて動物からの攻撃をかわしていく様子は、読んでいて心から爽快《そうかい》になれます。（神戸）

風にのってきたメアリー・ポピンズ　★★

P・L・トラヴァース・作、メアリー・シェパード・絵、林容吉《ようきち》・訳　岩波書店、１９６３年→岩波少年文庫、２０００年

世界一有名な乳母《うば》メアリー・ポピンズですが、慈愛《じあい》に満ちた優しいおばあさんを想像したら大間違い。愛想は悪いし、自信過剰《かじょう》でしょっちゅう鏡ばかり見ているし、そもそもどう見たって子ども好きとは思えません。じゃあ、バンクス家の子どもたちはさぞかし乳母を嫌っている

のでは？　と思うかもしれませんが、実際はその逆。なぜならメアリーは「ごく特別」なのです。メアリーについていくと、絵の中の世界へ入ったり、笑うとガスが溜《た》まって宙に浮いてしまうおじさんの家でお茶を飲んだり、月を飛び越えた牝牛《めうし》に会ったり、夢のようなことが次々と起こるのですから。いえ、本当に夢かもしれません。なにしろ、そんな不思議なことがあったなんて、メアリーは決して認めないのです。でも、子どもたちは信じずにはいられません、魔法は存在すると。信じたいという気持ち、「証拠なき確信」をこれほどうまく描いた物語はなかなかありません。（三辺）

クレヨン王国の十二か月（シリーズ）★★★

福永令三・作、三木由紀子・絵　講談社、１９６４年→講談社青い鳥文庫、８０年

大晦日《おおみそか》の晩、ユカは、姿を消したクレヨン王国のゴールデン王を探して、シルバー王妃と一緒にクレヨン王国の一二の町を旅していくことになります。ゴールデン王が戻る条件は、シルバー王妃が一二の欠点を直すこと。「おねぼう」「偏《へん》食《しょく》」「ほしがりぐせ」など、誰しも一つや二つ思いあたるのでは？　一二の月の順番にたどる町は、それぞれクレヨンの一色で統一されていて、たとえば、一月の町は雪の白、五月の町はさつきの緑です。町の中では、王妃の欠点にちなんだエピソードが展開され、うそつきの鷽《うそ》にだまされたり、雨を降らすのに貝のアメフラシを使ったり、ナンセンスと言葉遊びがふんだんに使われています。大晦日の一晩に一年分の旅をする中で、シルバー王妃は本当に欠点を克服し、王さまを連れ戻せたでしょうか？　最後は、ハラハラドキドキです。続刊に何十冊ものシリーズが出版されており、クレヨン王国をさらに知ることができます。（鈴木）

ホビットの冒険　★★

J・R・R・トールキン・作、瀬田貞二・訳　岩波書店、１９６５年

『ロード・オブ・ザ・リング』（『指輪物語』）の映画化で中つ国もすっかり有名になりましたが、フロドの手に指輪が渡るまでのいわば前日譚《たん》にあたるのが、この『ホビットの冒険』です。トールキンが自分の子どもに語って聞かせた物語が元となっているために、『指輪物語』よりも子どもに読みやすい内容になっていますが、オクスフォードの古英語・英文学の教授であり、北欧神話やケルト神話に深い造詣《ぞうけい》があったトールキンが創りあげた第二世界の奥深さは、『指輪物語』と変わりません。居心地のいい家にのんびり暮らしていたホビット族のビルボは、突然訪ねてきた魔法使いのガンダルフとドワーフたちに、行きたくもない冒険に連れ出されます。トロルに出くわし、高貴なエルフ族の谷を訪れ、地の底の湖でゴクリと有名ななぞなぞ合戦をして、あの「ひとつの指輪」を手に入れるのです。ビルボの旅と冒険なくしては、壮大な『指輪物語』はありえなかったのです。
（三辺）

ライオンと魔女　★★
（ナルニア国ものがたり1）

C・S・ルイス・作、瀬田貞二・訳　岩波書店、1966年

ファンタジーといえば必ず名前のあがる古典作品。別世界「ナルニア」の創造から滅亡までを全七巻にわたって描く壮大な物語ですが、ルイスは最初からシリーズを想定していたわけではありません。一巻目の『ライオンと魔女』は、彼がずっと心に抱いていた「雪の森を傘と包みを持って歩いているフォーン（半人半獣の神話の生き物）」のイメージから出発したと言います。ピーター、スーザン、エドマンド、ルーシィの四人兄妹は、古い屋敷の衣装ダンスから雪に覆《おお》われた国ナルニアに入ります。そこで出会ったのが、傘と包みを抱えたフォーンのタムナスさんでした。ナルニアが白い魔女に支配されていることを知った四人は、はからずも善と悪の戦いに巻き込まれることになります。七巻をナルニア誕生から滅亡までの年代順に読むか（六・一・五・二・三・四・七巻の順）、それとも出版順に読むか（一から七巻へ）という議論がありますが、私は断然、後者をお勧めします。ルイスのイメージが広がっていくさまを、イメージから生まれた物語の力を、存分《ぞんぶん》に味わうことができると思う

からです。（三辺）

ムーミン谷の冬（シリーズ）★★

トーベ・ヤンソン・作／絵、山室静・訳　講談社、1968年
↓「ムーミン童話全集」90年

ムーミンと聞くと、雪が厚く降り積もり、しんと静まり返った谷の風景が浮かびます。フィンランドのどこかにあるというムーミン谷を舞台にしたムーミン・シリーズは、日本で広く読まれている英米のファンタジーとはまったく違う雰囲《ふんい》気《き》を持っています。ムーミンというのは、カバに似た不思議な種族。彼らは長い冬がやってくると冬眠しますが、その最中にふっと目を覚ましてしまったムーミントロールと、不思議な生き物たちとの交流を描いたのが、この『ムーミン谷の冬』です。家の流しの下に住む「流しの下の住人」や、水浴び小屋の戸棚で暮らしていた「ご先祖様」、少女の姿をした「はい虫」、姿を見た者は凍死するという「氷姫」。このシリーズにはどういう生き物なのか、なぜそこにいるのか、時には姿かたちさえ説明されない者がたびたび登場しますが、そこにまた底知れぬ神秘を感じます。読みながら常に畏《おそ》れの気持ちがつきまとうような、不思議ですばらしいファンタジーです。（三辺）

おばけ桃の冒険 ★

ロアルド・ダール・作、田村隆一・訳
評論社、1972年↓新版『おばけ桃が行く』柳瀬尚紀・訳、2005年

四歳になるまでのジェームスは、両親と平和に暮らしていて、友達もたくさんいて、とても幸せな生活でした。ところが、両親は動物園から逃げ出した犀《さい》に食べられてしまいます。ジェームスは二人のおばさんのところにあずけられるのですが、「ふたりともまったくおそろしい人でした。わがままで怠《なま》け者」、そして理由もなくジェームスを叩《たた》きます。シンデレラ以上にかわいそうなジェームスで

すね。庭にある月桂樹の精霊《せいれい》から、幸せになれる魔法の粒をもらうのですが、落としてしまいます。ところがこの粒を栄養として吸収した桃の実がどんどん大きくなって、ジェームスはその中に入り込みます。え、いくらなんでもそんなお話はあほらしいですって。ええ、あほらしいですよ。このあほらしさにのって楽しめるか楽しめないかで、あなたやあなたの子どもがどんな物語を好きなのかがわかりますよ。どっちでもいいのですが、楽しめる人ならもう、この大ボラ話の面白さったら!(ひこ)

霧のむこうのふしぎな町 ★★

柏葉《かしわば》幸子・作、杉田比呂美・絵
講談社、1975年

小学六年生のリナは、夏休みのあいだ、お父さんの知りあいのところですごすことになりました。ところが、駅に着くと、その場所にはだれも住んでいないというのです。それでも、とにかく歩いていくうちに、まわりが霧につつまれ、気がつくと外国のような通りに立っていました。まさにそこが、目的地「霧の谷」だったのです。この町には、ケンタウロス、小鬼《こおに》、魔法使いの子孫など、風変わりな住人がたくさんいます。下宿先のピピコットおばあさんに「はたらかざる者、食うべからず」と言われ、リナはアルバイトをすることになりますが、そのバイト先も不思議なところばかりです。せともの屋では、とある王子がつぼに変えられていたり、本屋では売り物のはずの本を、ほんとうに必要な人に無料であげてしまったり……。とにかくへんてこだらけです。でも、すごく楽しそう。そうそう、お菓子屋のエクレアやキャンディは、最高においしいけれどぜったいに太らないそうです。うらやましいですね!(神戸)

影との戦い ★★★

ル・グウィン・作、清水真砂子《まさこ》・訳
岩波書店、1976年

「ゲド戦記」シリーズの一巻目です。

魔法の天性を持つ少年ハイタカは、「沈黙のオジオン」の弟子になったのち、功名心に燃えて、魔法学院に入学します。しかし、挑発《ちょうはつ》されて自制心を失い死霊《しりょう》を呼び出し、その「影」に追われることになります。舞台となるアースシーでは、魔法とは、あらゆるものの「真の名」を学び、世界のバランスの中で操《あやつ》ることです。いわば言葉を介《かい》した実用的な技《わざ》。「真の名」は、その人の最も大切なもので、ハイタカの真の名「ゲド」も師匠や大親友にしか明かされません。この物語は、長じて「竜王」「大賢人」となったゲドの知られざる若き日々を語る物語ですが、ゲドは「影」に追われる中で大切なことに気づき、ついには逆に「影」を追ってその「真の名」を呼び、自らに統合します。その軌跡《きせき》は、若者らしい見事な成長の旅といえるでしょう。光と影をあわせ持つ自己について、考えを深めるヒントを与えてくれるファンタジーです。（鈴木）

ドーム郡ものがたり（シリーズ）　★★★

芝田勝茂《かつも》作、佐竹美保・絵　福音館書店、
1981年→小峰書店、2003～05年

物語の発端《ほったん》は、作者が倉庫で見つけた羊皮紙《ようひし》の古い本、『ドーム郡小史』の一部を翻訳したということになっています。最初の一冊が『ドーム郡ものがたり』、二冊目は『虹への旅』で、三冊目が『真実の種、うその種』。いずれも『ドーム郡小史』の中の、ある時代を切り取った物語として構成されていますが、それぞれ独立した作品として読むことができます。一冊目は、一七歳のクミルという身寄りのない少女が主人公。公立学校の先生として赴任《ふにん》して子どもたちに慕《した》われていたクミルは、教え子の嘘がきっかけになった冤罪《えんざい》で、秘密の任務を課せられてドーム郡を追放されるのです。その任務とは、人の心を凍りつかせ、人類を滅亡させるフユギモソウという恐ろしい植物の進行を阻止《そし》するために、遠く離れたコノフの森に住むヌバヨという人物を探して連れ帰ることでした。三冊で一二〇〇ページを超える大長編ですが、戦争の醜さと平和への願いが強く印象づけられる力作です。（野上）

かいけつゾロリのドラゴンたいじ ★

（かいけつゾロリシリーズ1）

原ゆたか・作／絵
ポプラ社、1987年

子どもに大人気の「かいけつゾロリ」シリーズです。ギャグと遊びが満載《まんさい》で、ページのすみずみまで子どもを楽しませようという熱意と気迫《きはく》にあふれています。シリーズ第一作のこの本では、「アーサー王伝説」を下敷《したじ》きにして、ドラゴン退治にいくアーサーを、ゾロリたちがあの手この手で邪魔《じゃま》します。でも、アーサー王を知らなくても、問題なく楽しめます。

そして、話が面白いのはもちろん、特筆すべきは、これでもか！ と工夫をこらした絵でしょう。表紙を開くと、話に登場する「ドラゴンたいじせんもんてん」の商品紹介があり、使い方も図解してくれています。本文中にも、迷路、剣のリスト、「ゾロリ・ドラゴン」の解体図があったりします。「ひかりのつるぎ」「すいしょうのつるぎ」といった本格的な剣にまじって「あきたけん」なんてものもあって笑えます。キャラクターのセリフが、ところどころ吹きだしになっているのも、文章との絶妙のコンビネーションを作りあげています。（神戸）

空色勾玉《そらいろまがたま》 ★★★

荻原規子《のりこ》　福武書店、1988年
→徳間書店、96年

日本の古代を舞台にした壮大な歴史ファンタジーです。村の娘・狭也《さや》は、一五歳になった祭りの夜に、鬼から「おまえは〝闇《くら》〟の氏族の巫女姫《みこひめ》だ」と告げられます。闇《くら》の氏族とは、土着の八百万《やおよろず》の神々を奉ずる先住民。それに対して、仏教文化を運んできた新渡来人を輝《かぐ》の氏族として、光と闇がせめぎあう中で、空色勾玉に導かれるように、マジカルで秘儀的な物語世界が展開していきます。互いに不思議な力を持った「水の乙女」と、「風の若子」の波乱万丈《ばんじょう》で奇想天外な冒険に、運命的な恋をからめた、神々と人間たちの織りなす物語は絢爛豪華《けんらんごうか》で、まさに古代史ファンタジーならではの醍醐《だいご》

味《み》です。〝勾玉〟をめぐる物語は、この作品の後『白鳥異伝』『薄紅天女《うすべにてんにょ》』と続き、「勾玉」三部作として人気をよんでいます。（野上）

オズの魔法使い　★★★

L・F・バウム・作、W・W・デンスロウ・画、渡辺茂男・訳
福音館書店、１９９０年

少女ドロシーは、竜巻《たつまき》に家ごと飛ばされ、飼《か》い犬のトトと一緒にカンザスから「オズの国」に来てしまいます。家に帰る方法を知るためには、エメラルドの都の「オズ大王」に会わなければなりません。黄色いレンガの道を旅する中で、「脳みそ」がほしいかかし、「心臓」がほしいブリキのきこり、「勇気」がほしい臆《おく》病《びょう》なライオンも仲間に加わり、珍道中が繰《く》り広げられます。冒険の旅は決してたやすいものではありませんが、かかしが知恵を出し、木こりが優しい心を示し、ライオンが堂々《どうどう》と戦うことで難局《なんきょく》を切り抜けていきます。本当にほしいものは実は……というメッセージと、おもちゃの国のようなオズの世界の楽しさが重なって、一世紀以上も読みつがれる古典になりました。デンスロウの挿絵で楽しみたい、博覧会のような牧歌的なファンタジーです。（鈴木）

ジャングル ブック　★★

キップリング・作、金原瑞人《みずひと》・訳　偕成社、１９９０年

舞台はインドの密林。暴れ者のトラのシーア＝カーンにさらわれた人間の少年モウグリは、オオカミに助けられ、ジャングルの一員として成長します。知恵者クマのバールーや、ジャングル一の狩人、黒ヒョウのバギーラにジャングルの掟《おきて》を叩きこまれ、モウグリはたくましく成長しますが、結局は人間であるがゆえに、ジャングルを追われることになります。キップリングは植民地政策を擁護《ようご》した帝国主義者と批判され、長く顧《かえり》みられなかった時期がありますが、人間世界とジャングルと二つの世界に引き裂かれ、どちらにも属することのできないモウグ

リの哀しみに触れるにつれ、そう簡単には切り捨てられない揺れや迷いを感じます。この作品がいつまでも色あせない理由は、そんなところにもあるのでしょう。もちろん、動物物語としても、異国の香りを放つファンタジーとしても、モウグリの成長物語としても、第一級の小説であることは間違いありません。（三辺）

南の島のティオ ★★

池澤夏樹　楡《にれ》出版、1992年
→文春文庫、96年

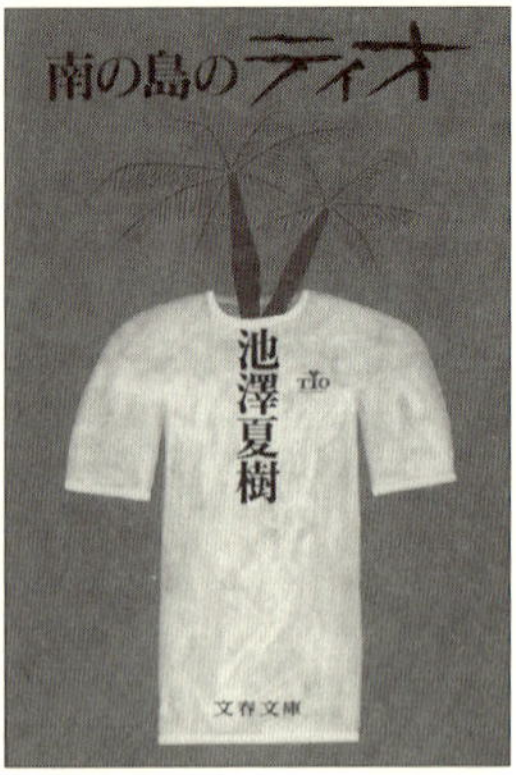

ティオという少年を語り手に、南太平洋に浮かぶ小さな珊瑚礁の島を舞台にした、短編の連作をまとめたものです。この本には、それを受け取った人が、かならず島を訪ねたくなるという、不思議な絵はがきを売りにきた「絵はがき屋さん」、真昼の青空に、見たこともないような風景を花火で描く「空いっぱいの大きな絵」など、すてきなイメージが鮮やかに広がるお話ばかりが一〇編も入っています。「昔、天を支えていた木」「地球にひっぱられた男」「星が透《す》けて見える大きな身体」など、タイトルを見ただけでも不思議な物語世界が想像できそうですね。日々の暮らしの中での、島の子どもたちと精霊《せいれい》たちの不思議な出会いを、空や木や地球や星や宇宙全体の中にとらえ、まるで神話のようにスケールの大きい神秘的な物語として描かれ、どのお話もとっても魅力的です。（野上）

黒ねこサンゴロウ（シリーズ） ★★

竹下文子・作、鈴木まもる・絵
偕成社、1994年〜

ケンという少年が、黒ねこのサンゴロウに出会い、一緒にうみねこ族の宝を探しに旅に出る冒険ファンタジーで、一〇冊まで出版されています。『旅のはじまり』を第一作に、『キララの海へ』『やまねこの島』『黒い海賊船』『霧の灯台』と五冊続き、そのあとに「黒ねこサンゴロウ旅のつづき」シリーズが五冊。続刊最初の『ケンとミリ』では、ケンは従妹のミリと一緒に、再びサンゴロウに会い、

二作目の『青いジョーカー』では、カリン草という毒草をめぐって、謎の女シーナとの闘いが展開。三作目の『ほのおをこえて』では、貝がら島での権力争いに巻き込まれます。四作目『金の波　銀の波』に続く、五冊目『最後の手紙』では、北の海で遭難《そうなん》して行方不明の少女の救出に向かったサンゴロウが、濃霧の中でもう一人のサンゴロウに出会い、自分はいったい何者なのかという難問を突きつけられて悩みます。最初の一冊を読み始めると、最後まで読みたくなる魅力的な物語です。（野上）

不思議の国のアリス ★★

ルイス・キャロル、矢川澄子・訳
新潮文庫、1994年

ある日、アリスが土手の上でお姉さんと一緒に座っていたところに、チョッキを着た白ウサギが「たいへんだ、たいへんだ、遅刻しそうだ！」と言いながら通りすぎていきました。びっくりしたアリスは思わずウサギを追いかけ、巣穴に飛びこみます。すると、どこまでも下に落ちつづけ、やがて、なんとも奇妙な世界に着いたのです。このエピソードは、多くの人が知っているでしょう。その後に登場する、チェシャネコ、帽子屋、トランプの女王も、キャラクターとしてひじょうに有名です。一五〇年近く前に書かれた作品ですが、今読んでも、奇抜なナンセンスが斬新《ざんしん》で、ちっとも古さを感じさせません。いろいろな訳書が出ていますが、この本は、詩人の矢川ならではのことばのセンスが、物語に心地よいリズムを生みだしています。また、「～てね」という語尾が、直接読者に語りかけているようで、親しみやすいです。文庫というコンパクトさも、手に取りやすいでしょう。（神戸）

妖精王の月 ★★★

O・R・メリング・作、井《い》辻《つじ》朱《あけ》美《み》・訳
講談社、1995年

ケルトの妖精の世界に、現代の少女が入りこむ、ロマンチックなファンタジーです。カナダ人のグウェンと、アイルラ

ンド人のフィンダファーはいとこ同士。二人とも妖精が大好きで、夏休みに、妖精界への入口を探す旅に出ます。そして、妖精のテリトリーで野宿した時、フィンダファーは妖精王に見初《みそ》められ、連れ去られてしまいます。グウェンは、フィンダファーを取りもどすため、後を追うのですが……。妖精は土地と強く結びつき、自然の一部になっています。ふつうの人間の目には「現実の世界」しか見えなくても、同じ場所に、いくつもの時間と空間が重なっているのです。その重層的な雰囲気《ふんいき》をたっぷり味わいつつも、物語の柱は、やはり妖精と人間のかけ引きです。妖精と人間の恋というだけでわくわくします。たとえケルトの妖精になじみがなくても、現代の少女が主人公なので感情移入がしやすく、親近感もわきます。自然とともにある妖精を感じられる人間でありたい、そう思わずにいられない、幻想的な魅力にあふれる本です。（神戸）

精霊《せいれい》の守《も》り人（シリーズ）　★★★

上橋菜穂子《うえはしなほこ》・作、二木真希子・絵　偕成社、1996年〜（→新潮文庫、2007年）

短槍使いの放浪の女剣士バルサが、水の精霊の卵を宿した「新ヨゴ皇国」の皇子チャグムの暗殺を企てる帝の追っ手と、卵食いの妖怪ラルンガの襲撃から守るための冒険ファンタジーです。皇子のからだに産みつけられた卵は、夏至《げし》の日にかえるというのですが、その前に妖怪に食われると、以後一滴の雨も降らず、大地は干乾《ひから》びてしまいます。帝が差し向けた刺客と、妖怪の魔の手を逃れるバルサとチャグムの様々な闘いには、息もつがせぬ迫力があります。架空の王国を舞台にした無国籍ファンタジーですが、著者の神話的な世界観が濃厚に映し出され、それが作品の奥行きともなっていて魅力的です。放浪の剣士や呪術師や魔物を巧みに絡めて、そこに少年の試練を配するなど、古典的なファンタジーの要素を散りばめた痛快な冒険活劇で、テレビアニメにもなって人気を呼びました。これを第一作として、「守り人シリーズ」は一〇巻までが書き継がれています。（野上）

不思議を売る男　★★★

ジェラルディン・マコックラン・作、佐竹美保・絵、金原瑞人《みずひと》・訳　偕成社、1998年

訳者があとがきで「現代の『アラビア

ンナイト』」と呼んでいるとおり、MCCと名乗る怪しげな男が全部で一一の不思議な物語を語っていく枠《わく》物語になっています。『アラビアンナイト』のシエラザードは殺されるのを逃れるために次々に物語を語りましたが、MCCはアルバイトをしている古道具屋の商品を売るために、その品物にまつわる物語を語り聞かせます。舞台はイギリスから、インドや中国、トランシルバニア、ジャンルもホラーめいた話から冒険談、ミステリーと様々。これだけいろいろな種類の物語を語れるMCC、つまり作者のマコックランは、素晴らしいストーリーテラーです。まるで種々多彩な短編を集めたアンソロジーのようなMCCの物語を楽しんだあとには、物語の「枠」のほうでも、あっと驚く事実が明らかに。最後で意表をつくやり方は、マコックランの十八番です。どうぞMCCの語りに身をゆだね、たっぷりと楽しんでください。（三辺）

ハリー・ポッターと賢者の石　★★

J・K・ローリング・作、松岡佑子《ゆうこ》・訳　静山社、1999年

Illustrated by Dan Schlesinger

名実ともに、現時点で世界一有名な児童書と言っても過言ではないでしょう。孤児のハリーは、意地悪な叔父一家の家で辛《つら》い日々を送っていますが、一一歳の誕生日を目前にして、魔法学校から入学許可証が届きます。そして、ロンとハーマイオニーという親友を得て楽しい学校生活を送る一方で、両親が有名な魔法使いだったこと、しかし、邪悪な魔法使いヴォルデモートに殺されたことなど、次々と衝撃的な事実を知り、運命に導かれるように悪に立ち向かっていきます。「ハリポタ」については、その魅力についても欠点についてもさんざん語られてきていますが、結局のところ、なぜこれだけの読者を獲得できたか、本当の答えはまだ出ていないように思います。ですから、単純に一冊の本として「感想」を述べれば、出生の秘密というテーマ自体が持つ力、謎解きや、魔法学校生活の詳

細など、数々の魅力を持った面白い物語です。何しろ、大勢の子どもがこれだけの厚さを一気に読み通したのですから。これを機会に、今や世界一有名になったホグワーツ魔法学校を訪れてみたら？（三辺）

ローワンと魔法の地図 ★★

エミリー・ロッダ・作、さくまゆみこ・訳 あすなろ書房、2000年

内気で臆病《おくびょう》なローワン少年は、村の危機を救うため、竜が住むと言われている魔の山にいく一行に加わることになってしまいます。魔法の地図を頼りに、クモの扉や底なし沼、洞窟《どうくつ》など、さまざまな障害を乗り越え、とうとう竜と対決することになるのですが……。

作者ロッダは、読者を引き込む物語を作りだす腕のいい職人だと思います。個性豊かな登場人物を配し、次々と現われる難問をクリアしゴールを目指すというRPG（ロールプレイングゲーム）の感覚を取り入れ、読者をぐいぐい引っぱっていく謎ときも用意するという周到さ。加えて、架空の動物バクシャーを始めとする魅力あるファンタジー世界を創造し、想像の喜びもしっかり味わわせてくれます。そして、取り柄《え》のない主人公が、いやいやながら冒険の旅に出て、数々の苦難を経て人々を救い、ヒーローになって戻ってくる、という王道のパターン。「行きて帰りし物語」は、子どもの心に最も訴えかける物語の一つなのです。（三辺）

デルトラ・クエスト（シリーズ） ★

エミリー・ロッダ・作、岡田好恵《よしえ》・訳 岩崎書店、2002年～

影の大王が支配するデルトラ王国。鍛《か》冶《じ》屋《や》の息子のリーフは王国に再び平和を取り戻すために、城の衛兵《えいへい》だったバルダと共に、冒険の旅に出る！　というとてもシンプルなお話です。ならば、つまらないかというと、そんなことは全くなくて、これが読み出すとやめられないくらいに良くできています。第一部は七巻あるのですが、毎回パターンは同じ。王国の真の世継《よつ》ぎが腰に巻くベルトには、も

ともと七つの宝石が飾られていました。それを奪われてしまったのが、影の王に王国を支配されている原因です。だから毎回、一つずつそれを探して行きます。最後には宝石を守っているモンスターと知力・体力を駆使《くし》して戦い、勝利を収める。この繰《く》り返しです。でも、毎回見事に少しずつ趣きを変えて、子ども読者にもちゃんと納得が行くように工夫されています。その職人技《わざ》がすばらしいのです。物語の面白さを子どもが知るには、もっともふさわしい本の一つです。（ひこ）

狐笛《こてき》のかなた　★★★

上橋菜穂子《うえはしなほこ》　理論社、2003年
（→新潮文庫、06年）

里はずれの森に住む少女〝小夜《さよ》〟は、呪者《じゅしゃ》の使い魔にされて人を襲い、猟犬に追われていた瀕死《ひんし》の子狐〝野火〟を助け、出入り厳禁の屋敷に逃げ込みます。そこで、少年〝小春丸〟に出会い、彼らは領地争奪をめぐり憎しみあっている領主同士の怨念《おんねん》と呪術的な抗争に巻き込まれていくのです。「狐笛」とは、強力な呪者が使い魔の霊狐《れいこ》を自在に操《あやつ》る笛で、霊狐は死ぬまでその笛の音の呪縛《じゅばく》から逃れられません。小夜も土着の神々から継承した呪力を持っているので、使い魔を操る呪者によってたびたび命をねらわれます。その窮地《きゅうち》を、霊狐の野火が救うのです。領主の隠し子であった小春丸の跡継《あとつ》ぎをめぐる策謀《さくぼう》に、小夜と野火の叶《かな》わぬ恋が様々に絡みあい、悲惨な結末さえ予感させながら物語は終盤に向かっていきます。満開の桜が白雲のように山肌をおおい、花びらが舞い散る春の野に、まるで幻影のようにのどかに繰《く》り広げられる終章には、気持ちよく酔《よ》わされます。（野上）

風神秘抄《ふうじんひしょう》　★★★

荻原規子《のりこ》・作
徳間書店、2005年

時代は、後白河上皇院政下の平安末期。坂東《ばんどう》武者の家に生まれた一六歳の草十郎は、腕は立つが、野山で一人笛を吹くほうが好きだという変わり者。戦《いくさ》に負け、

慕《した》っていた武将の首が獄門に晒《さら》されるのを見て絶望していた草十郎は、六条河原で死者の魂鎮《たましず》めに舞う少女・糸世《いとよ》の不思議な力に引き寄せられ、笛を口にします。すると、舞と笛が奇妙に響きあい、花吹雪が降りそそいで、二人は互いに激しく惹《ひ》かれあうのです。不思議な力に気づいた後白河上皇は、自分の延命のために二人を舞わせますが、途中で草十郎は意識を失い、糸世は舞台から姿を消してしまいます。異界に幽閉《ゆうへい》された糸世を、救い出そうとする草十郎。笛の超能力に危機感を抱く上皇の追っ手が配備される中、カラスの鳥彦《とりひこ》王が仲間を動員して助けるあたりは圧巻です。歴史上の人物を配し、愛を通してだれにも支配されない自由に目覚める、少年と少女の姿がまぶしい歴史ファンタジーです。（野上）

忍剣《にんけん》　花百姫伝《かおひめでん》（全七巻）★★

越水利江子《こしみずりえこ》・作、陸原一樹《くがわらかずき》・絵
ポプラ社、2005年〜

とても面白いエンタメ作品の多くは、案外、新しい素材を使ったり、新しい展開を採用したりはしていません。むしろ、どこかで読んだような、見たような、聞いたようなものが多いのです。どうしてかといえば、それは気ばらしや、時間つぶしのために読まれるものだからです。レベルが低いって意味ではありませんよ！　落ち込んでいる時、何かを一時忘れたい時、疲れた時、エンタメ作品はどれほど人を元気づけ、救ってくれることでしょう。この物語はまさに超オススメの物語です。記憶を失っていた花百姫が腰にさしていた天竜剣が、突然輝きだします。かつて落城し、滅ぼされた忍者の城、八剣城に伝わる秘剣で、それに反応した仲間が次々と集まり出します。一方魔の手も忍び寄り、危機の連続で、時空だって飛び越えてしまいます。こう展開してほしいって望むように応《こた》えてくれるのがすばらしいです。勉強で疲れた頭をときほぐしてくれますよ。あ、でも、読み出したら止まらないけど……。（ひこ）

ドラゴン　飼い方育て方　★★

ジョン・トプセル・著、ジョーゼフ・ニグ・編、神戸万知・訳　原書房、2008年

タイトル通り、ドラゴンの飼育法を記した本です。どうせおふざけでしょ？　なんて思ってはいけません。立派な索引まで含め全一二七ページにわたって、「ド

ラゴンとはなにか?」「ドラゴンの品種」「ドラゴンを訓練する」などの項目を立て、ドラゴンについて詳しく説明しているのですから。『ニーベルングの指環』に出てくる「ワーム」や、バビロンの門に描かれている「ムシュフシュ」など、神話や物語に起源を持つドラゴンを紹介する一方で、「ドラゴンは何百年も生きるので、あなたの死後も世話が行き届くように手配して」「孵化《ふか》の様子が観察できるよう、孵卵器《ふらんき》は中が見えるタイプがお勧め」といった現実的(?)なアドバイスもあります。個人的にはドラゴン品評会のノウハウを伝授してくれる「ドラゴンを披露《ひろう》する」の項目がお気に入り。審査員は「目の輝き」や「うろこの色ときめ細かさ」「服従度」などをチェックするそうですので、どうぞみなさんも心してドラゴンを育ててください。(三辺)

漂泊《ひょうはく》の王の伝説　★★★

ラウラ・ガジェゴ・ガルシア・作、松下直弘・訳　偕成社、2008年

「どんな道のかたすみにも」ジンたちがいたアラビアのジャーヒリーヤ(無知の時代)を背景に、王子ワリードの波乱に満ちた冒険を描いた壮大なファンタジーです。ワリードは美と知恵と力に恵まれた若者でしたが、長年の夢であったカスィーダ(長詩)のコンクールで貧しい絨毯《じゅうたん》織りに敗北を喫《きっ》したところから、運命が暗転し、転落の人生を歩むことになります。ワリードを導く数奇な運命と、その葛藤《かっとう》が物語の核であることは間違いありませんが、それと同じくらい迫力を持ってせまってくるのが、アラビアの香り漂う異世界の風景です。果てしなく広がる砂漠の上をわたる灼熱《しゃくねつ》の風、ラクダの集うオアシス、三日月刀を振りかざす盗賊、そして何より人知を超えた存在であるジンの描写が、得《え》も言われぬ魅力を生み出します。一口にファンタジーと言ってもいろいろな作品がありますが、別世界の風を感じたいという人には、絶対にお勧めの一冊です。(三辺)

魔法少女レイチェル　滅びの呪文（上・下）★★

クリフ・マクニッシュ・作、金原瑞人《みずひと》・訳　理論社フォア文庫、2008年

『ハリー・ポッター』にもちょっとあきてきたなあと思っている人には、絶対にこれ！　クリフ・マクニッシュの想像力が全開の、新しいファンタジーです。ある日レイチェルは弟の悲鳴を聞いて地下室にかけつけます。壁から腕が伸びて弟を引きずり込もうとしています。レイチェルは助けようとするのですが、力およばず自分自身も未知の世界へと連れ去られます。地球を我が物にしようとする魔女たちと、それを阻止《そし》しようとするレイチェルや魔導師《まどうし》たちの戦いが繰《く》り広げられるのですが、なんてったって描写が怖《こわ》い、怖い。ファンタジーというよりホラーです。読み始めたら、怖いので、結果がわかる最後までやめることなどできません。でもそれよりすごいのは、この話が実は子どもと大人の関係のあり方を、全く新しい視点で描いている点。もし、子どもにはもっと力があるのに、それを恐れた大人がこっそり封じ込めていたとしたら？　その力が解放された時、世界はどうなってしまうの？　子どもには痛快な物語。（ひこ）

日常につながる不思議

だれも知らない小さな国　★★
（コロボックル物語1）

佐藤さとる・作、村上勉・絵
講談社、1959年

せいたかさんは、子どものころ、ある小山で体長三センチほどの小さな人「コロボックル」と出会います。それから、大人になってもコロボックルのことを忘れないせいたかさんは、小山をたびたびおとずれますが、コロボックルとの再会はなかなか果たせません。警戒心の強いコロボックルたちは、カエルの扮装《ふんそう》をして、せいたかさんがほんとうに信用できる人間かどうか調べていたのです。やがて、せいたかさんとコロボックルの交流が始まりました。コロボックルたちの「番人」となったせいたかさんは、彼らの世界を守るため、小山を買いとり、コロボックルの国づくりを手伝います。なんて贅沢《ぜいたく》な世界なんでしょう。コロボックルにただひとり選ばれた人間になれるなんて、ほんとうにうらやましいです。詳細でリアルな描写を読むたびに、そう思わずにはいられません。出版から五〇年経《た》ちましたが、今でもコロボックルを見つけたときの新鮮な喜びは、まったく色あせていません。（神戸）

ドリトル先生アフリカゆき　★★

ヒュー・ロフティング・作、井伏鱒二・訳　岩波書店、1961年
↓岩波少年文庫、2000年

ドリトル先生といえば、本を読んだことがない人でも、動物語を話せるお医者さんだということは知っているでしょう。動物語を話せたら、どんなにすてきでしょう。誰でもそんな想像をめぐらせたことがあると思いますが、ドリトル先生の場合、そのためにいろいろな苦労をしょい込むことになります。動物たちが

押しかけてきたために、人間を診《み》るほうの医者は廃業に追い込まれ、家事をしてくれていた妹は怒って出ていき、先生はどんどん貧乏になってしまいます。そんな折、アフリカのサルたちの間で正体不明の疫病《えきびょう》がはやっていると聞いたドリトル先生は、アフリカへ渡り、大冒険に巻き込まれるのです。その後も先生は動物語の研究をやめず、魚語、虫語など次々と学んでいくに従って冒険の範囲も広がり、ついにはガの言葉を解したために月にまでいくことになります。相手を理解しようとする心が、世界を広げていくのだということを、先生は身をもって示してくれるのです。（三辺）

星の王子さま ★★★

サン＝テグジュペリ・作、内藤濯《あろう》・訳
岩波書店、1962年

テグジュペリが自分で描いた素朴《そぼく》な挿絵と題名につられて読むと、哲学的な内容にめんくらうかもしれません。サハラ砂漠の真ん中に不時着して途方《とほう》にくれる飛行士が小さな男の子に出会い、「ね……ヒツジの絵をかいて」とせがまれます。上等の服を着て星のしるしをつけている「小さな王子さま」。彼は、地球から遠く離れた小惑星B-六一二で暮らしていたのですが、お世話していたバラとの関係に混乱し、痛みを抱えながらふるさとを出たのでした。酔《よ》っ払《ぱら》いのいる星、一人ぼっちのうぬぼれ男のいる星。様々な星を旅したのちにやってきた地球で、王子さまは、会話し、心を通わせることで、たった一匹のかけがえのない友達だと思えるキツネに出会い、「心で見なくちゃ、ものごとはよく見えない」という秘密を教えてもらいます。もはや彼に会えない飛行士がいとおしく語りかける王子さまの話に耳を傾けましょう。知恵にあふれる言葉は座右《ざゆう》の銘《めい》になるかもしれません。（鈴木）

おばあさんのひこうき ★

佐藤さとる・作、村上勉・絵
小峰書店、1967年

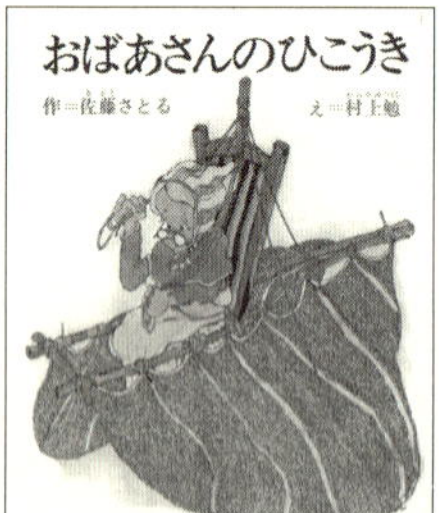

編《あ》み物名人で、一人暮らしのおばあさんのふしぎなお話です。ある日、窓から

迷い込んできた大きな黒いチョウの美しさに見とれ、羽とおなじ模様の編み物にチャレンジします。ところが、なかなか上手にできません。やっとうまくいきはじめたなと思ったら、ふしぎなことに編み物はフワフワと浮きあがります。いったいなにが起こったのか、おばあさんはびっくり。これじゃあ、普通の編み物はできません。そこで、面白いことを思いつきました。椅子を竹竿《たけざお》で固定して、そこに羽をつけてまわりを毛糸で編んで、飛行機を作ることにしたのです。満月の夜を待って、おばあさんは毛糸で作った飛行機に乗り、孫の住む町の団地を見に行きます。結婚して町に住む一人娘から、一緒に暮らそうと言われても、団地に住むのは苦手で、断わろうと思っていました。でも、空から見た団地はとても魅力的で、一緒に住む決意ができました。ほんのりと心のあたたまる、楽しいお話です。（野上）

トムは真夜中の庭で　★★

フィリパ・ピアス・作、高杉一郎・訳
岩波書店、1967年

もし、数あるファンタジーでベストワンを選べと言われたなら、この作品になるでしょうか。トムは弟が病気になったため、おじさんのアパートで暮らすことになります。そこは大きな古いお屋敷を改造した建物です。夏休み、弟と一緒に遊ぶのを楽しみにしていたトムは、寂《さび》しくてなりません。夜中、トムが眠れないでいると、一階フロアにあった大きな時計が時を告げます。トムが数を数えていると、なんと一三回も鳴るではありませんか！　何か不思議なことが起こっている。そう思ったトムはフロアに降り、一つの扉を開けます。真夜中のはずなのに、そこには明るい庭が広がっていたのでした。トムはそこで一人の少女に出会います。彼女はトムを幽霊だと言い、トムは彼女を幽霊だと思う。果たして真相は？　ここには魔法が出てくるわけではありませんし、世界を守ったり、危機また危機の冒険もありません。でも、本当にファンタジーがあります。テーマは「愛《いと》おしさ」です。読んでみて。（ひこ）

床下《ゆかした》の小人たち　★★

メアリー・ノートン・作、林容吉《ようきち》・訳
岩波書店、1969年

家の床下で暮らしている小人一家の物語です。床上の人間から、様々な品物や

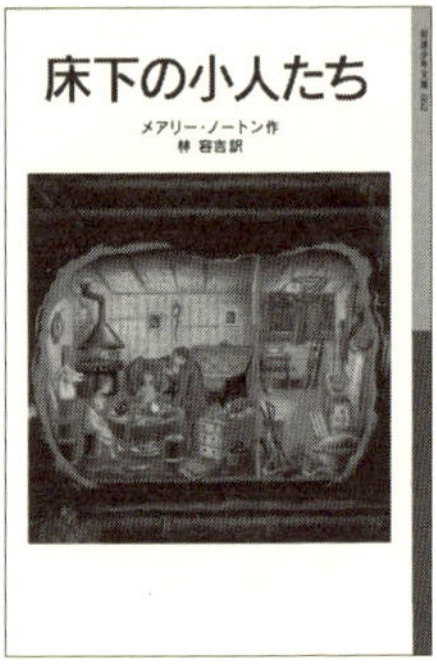

食料を調達してくるのですが、彼らはそのことを「借りてくる」と言っています。人間が使っているどんな品物が、どう利用されているかは読んでのお楽しみ。小人一家の一人娘アリエッティは、床下での生活にうんざり。外の世界を見てみたい。ある日、おとうさんのお許しが出て、初めて一緒に「借りてくる」仕事に出かけます。ところが一人の少年に見つかってしまいます。彼は病気がちで孤独でしたから、アリエッティと友達になりたくて、小人のことを秘密にします。しかもいろんな品物を差し入れてくれます。小人たちの苦労はなくなりましたが、それは危険と隣りあわせだったのです。ファンタジーの代表作ですが、家族物語としてもすばらしい出来です。自由がほしいアリエッティと、彼女を心配する両親の姿や、家族から離れて病気療養する子どもの寂《さび》しさなども丁寧《ていねい》に書き込まれているから、時代を超《こ》えておもしろいのです。（ひこ）

かいぞくオネション ★

山下明生《はるお》・作　長新太・絵
偕成社、1970年

日曜日の朝だというのに、ヒロは一人でご飯を食べていました。どうして一人ぼっちかというと、海にオシッコをする夢を見ておねしょをし、それをからかったおねえちゃんにかみつき、ママにも叱《しか》られて置いてきぼりにされたのです。窓ガラスをノックする音を聞いて、外を見たら大きなマンボウが迎えに来ていました。マンボウの背中に乗って、ヒロは海に出ます。すると魚たちは、「かいぞくオネションさま」と言って、ヒロのまわりに集まってきます。オネションは強い海賊《かいぞく》なのですが、おねしょをした日はお医者さんになって、魚たちの病気を治してくれたというのです。魚たちは、病気を治してもらおうとオネションのまわりに殺到《さっとう》します。そこに暴れん坊のノコギリザメが魚たちを次々と飲み込みながら、オネションに勝負を挑んできます。おねしょをきっかけに、それを逆手《さかて》に取ったユーモラスな冒険物語で、小さな読者を勇気づける一冊です。（野上）

ピカピカのぎろちょん　★★

佐野美津男　あかね書房、１９７１年
↓ブッキング、２００５年

ずいぶん昔のお話ですが、今でも新しいので、ご紹介しておきます。主人公の女の子は弟と公園に行くのですが、警官に止められてしまいます。学校に行こうとすると、今日は休み。テレビも映りません。どうなっているのかと調べに行ったおとうさんが戻ってきて言うには、「ピロピロになった」道路にはバリケードができ、空をヘリコプターが飛びまわっています。大人たちはそんな状態を素直に受け止めるだけ。女の子は友達と一緒に商店街のアーケードの上に登って公園を見ます。するとそこにはギロチンが置いてあります。次の日公園のまわりには黒い壁ができていて中をのぞけません。でもピロピロは終わったらしく、いつもの日常が戻ります。中を見ることができない公園を除いて。もう誰も気にしていないかのようです。女の子以外は。不思議な物語ですが、これはホラーでしょうか？　ファンタジー？　それとも現実？　いろいろ想像してみると面白いですよ。（ひこ）

風と木の歌　★★

安房《あわ》直子　実業之日本社、１９７２年
↓偕成社、２００６年

八つの短編の最初の作品は「きつねの窓」。一面に咲く桔梗《ききょう》の花畑で出会った子狐に、指を桔梗色に染めてもらった若

者が、指で窓をつくってのぞくと、過ぎ去った昔の懐かしい光景が映し出されます。「さんしょっ子」は、山椒《さんしょう》の木の精を思わせる少女と、茶屋の息子の報われない恋を哀切に描いた作品です。ガラスの棒を太陽にかざし、まっ白なハンカチの上に虹をかけ、そこから採った青い色を椅子に塗ると、そこに座った目の見えない少女に、まざまざと空が見えてくる「空色のゆりいす」。オレンジ色の水をたらした紐で縄とびをすると、夕焼けの国に行くことができる「夕日の国」。「だれも知らない時間」では、二〇〇年も生きた亀からもらった時間の中で、だれにも

知られずに夏祭りの太鼓の練習をする若者が、亀の夢の中に閉じ込められていた娘を助け出します。野の草花や樹木や風が奏《かな》でる音色を色とりどりにつむぎ出した、幻想的なすてきなお話がつまった短編集です。（野上）

ぽっぺん先生と帰らずの沼 ★★

舟崎克彦　筑摩書房、1974年
→岩波少年文庫、2001年

独活《うど》大学の生物学助教授のぽっぺん先生は、構内にある「帰らずの沼」の生態系についての論文の締め切りが迫っていて、頭を抱えていました。そんなとき、羽が桃色のウスバカゲロウの珍種を見つけます。追いかけていくうちに、こともあろうに先生は、そのウスバカゲロウに変身してしまうのです。カゲロウの命は短く、あえなく死んでしまいますが、鼻《はな》長魚《ながうお》に食べられてなんとか復活。沼の中には、鼻長魚の命をねらうものがたくさんいます。先生は、カワセミに食べられ、いたちに食べられ、次々と沼の生きものたちのからだを渡り歩いて、やっとのことでもとのからだに戻るのです。食いつ食われつの食物連鎖を先生自身が身をもって体験し、沼にいる生物たちの奇妙な習性や沼の生態系が、ユーモラスに紹介されていきます。『ぽっぺん先生の日曜日』に続くシリーズの二作目。シリーズは九冊まで書かれ、『ぽっぺん先生のどうぶつ日記』も六冊刊行されています。（野上）

はれ　ときどき　ぶた ★★

矢玉四郎・作／絵
岩崎書店、1980年

〝一〇円安〟とあだ名されている、小学三年生の畠山則安は、二年生の夏休みに書いた絵日記が先生にほめられたので、それ以来一日も欠かさず日記を書き続けています。それを母親に盗み見されて頭にきた則安は、ハチャメチャな〝あしたの日記〟を書いて、母親をびっくりさせようとするのです。トイレを開けたら大蛇がいたとか、母親が鉛筆を天麩羅《てんぷら》にしたら、父親が喜んで食べたとか。と

ころが、それがすべて現実になってしまうから驚きです。天気の欄に、「はれときどきぶた」と書いたら、晴れているのに突然空からぶたが降ってきて、おだんごを喉《のど》に引っかけたお母さんの首を引っぱったら、長く伸びちゃうので大変。則安はあわてて日記を取り出して消しゴムで消します。とにかく奇想天外、これでもかこれでもかと、メチャクチャな事件が続くので、まるでマンガみたいに痛快です。アニメにもなったこの作品には、続編が何冊も書かれています。（野上）

羊男のクリスマス　★★★

村上春樹・文、佐々木マキ・絵　講談社、1985年（→講談社文庫、89年）

羊の皮をかぶって暮らす「羊男」は、『羊をめぐる冒険』などの長編小説に登場する登場人物で、実は複数名います。『羊男のクリスマス』は外伝《がいでん》のような小品で、佐々木マキの絵とあいまって独特な世界を作りあげ、クリスマスにふさわしい温かさがかもし出されています。お話の中の羊男は、「聖羊上人《しょうにん》が穴に落ちて亡くなったクリスマス・イブに、穴の開いた食べ物を食べた」という理由で呪《のろ》いにかかり、頼まれた音楽の作曲ができません。呪いを解《と》くためには、クリスマス・イブに、自分で掘った穴に落ちなければなりません！　奇妙な成り行《ゆ》きにとまどいながらも、「しかたないか」と進んでいく羊男には、最後にすてきなハッピーエンドが待っています。『不思議の国のアリス』を思わせる筋書きや奇妙きてれつな人物たちとの出会い、一種の不条理《ふじょうり》感もありますが、ひと時の幸福な時間は、まぎれもない本物でした。ドーナツが一本の道筋を作っています。（鈴木）

魔女の宅急便　★★★

角野《かどの》栄子・作、林明子・画　福音館書店、1985年

キキは魔女の血を引く女の子。一三歳の年の満月に「ひとり立ち」するという習わしに従い、黒ネコのジジと一緒に家を出て、コリコの町に来ます。仕事は「魔

女の宅急便」で、恋の贈り物から展覧会の絵まで何でも運びます。最初は偏見《へんけん》のあった人たちも、キキの人柄と仕事熱心を知って、うちとけていきます。空飛ぶホウキはキキの自立の象徴でしょう。母親譲りの古いホウキは旅立つときは気に入りませんでしたが、新しいホウキを作るときには、お守り代わりにその一房を枝に結びつけずにはいられません。母を受容しながら自分の道を行く。それが、キキにとって確かな自立になります。新品のおてんばホウキを自然に乗りこなし、空飛ぶ魔女の姿がコリコであたり前の風景になった一年後、キキはいつの間にか遠くまで来ていたことに驚きます。母と娘それぞれの立場からしみじみと楽しめるでしょう。肝《きも》っ玉《たま》母さんのおソノさんや機械好きのとんぼさんも名脇役です。（鈴木）

どうぶつえんの いっしゅうかん ★

斉藤洋・作、高畠《たかばたけ》純・絵
講談社、1988年

動物園は月曜日がお休みだから、このお話は火曜日から始まります。バクとラマの部屋はとなりどうし。火曜日の朝、ラマは夕べ見ていた夢を、バクに食べられたと文句を言いますが、バクは否定します。いい夢だったのにとラマが言うと、ただ空を見ているだけの夢だったじゃないとバクの口が滑り、食べたのがバレてしまいますが、その後のバクの言いわけが笑えます。水曜日は、フラミンゴの部屋。三八羽のフラミンゴが、いっせいに口をそろえて、昨日のバクの話を繰り返します。そこに「ガオーッ」っと、ライオンの吠《ほ》える声がひっきりなしに入ってきます。木曜日は、前の日にお客さんにサービスして吠えすぎ、声をからしたライオンとクロヒョウの会話。幼稚園と小学生の団体が来て、ライオンが吠えないのでガッカリ。そこでクロヒョウが、かわりに吠えてみせます。動物園の一週間が、いろいろな動物たちの愉快《ゆかい》なおしゃべりを交《まじ》えて、ユーモラスに紹介され楽しめます。（野上）

ひたひた どんどん ★

内田麟太郎《りんたろう》・文、伊藤秀男・絵
解放出版社、1988年

穏やかな春のお昼。町の人たちが「いい天気だね、今日も」なんて言いながら空を見上げると、なんと、海が空に浮か

んでいて、「ひたひた どんどん」と押し寄せてきます。見上げる海の波間には、クジラもサメもアザラシもトドも浮かんでいます。町の空は海でおおわれ、ビルもバスもタクシーも、絵本までも浮き輪をしているのです。電柱はイヌにしがみつき、イヌはネコにしがみつき、関取はトマトにしがみつく。ナンセンスな展開と、原色を配したダイナミックな筆遣《ふでづか》いに圧倒させられます。うねり寄せる濃い青緑色の海の描写もすばらしい。登場する人物や動物、海の生き物などキャラクターの表情やしぐさもユーモラスで笑いを誘います。海は、「ひたひた どんどん」と、山のてっぺんをめがけて進んで行き、そこでシオマネキが「しおこい、こい、こい」と、赤いはさみを振りながら潮を招いています。元気の出る底抜けに楽しい絵本です。（野上）

クヌギ林のザワザワ荘　★★

富安陽子・作、安永麻紀・絵
あかね書房、1990年

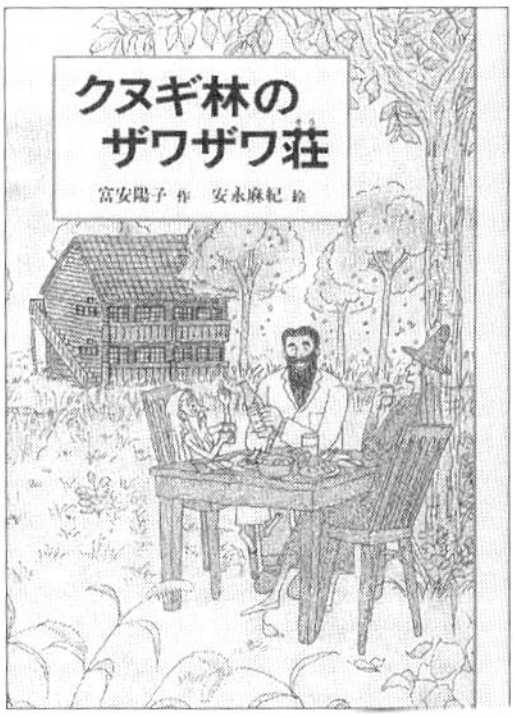

主人公の矢鳴《やなり》先生は、背高ノッポで胸まで届く長いひげを伸ばした科学者で、人が乗って空を飛ぶことのできる雲の完成を目指しています。そのいかがわしさから、アパートを追い出された先生は、猫股《ねこまた》不動産という奇妙な不動産屋の手引きで、お神楽山《かぐらやま》にあるクヌギ林のザワザワ荘に案内されました。そこには、人魂《ひとだま》を集めるアズキトギや、一〇〇年前に竜宮城を追われたという水の精《せい》など、一風変わった妖怪たちが住んでいます。飛ぶ雲作りの研究成果を生かして、日照り続きのお神楽山に雨を降らせようとした先生は、誤って滝壺に眠っていた水竜を目覚めさせてしまいます。ところが、水の精が水竜に乗って見事に操《あやつ》り、おかげで雨を降らせることに成功。山は生き返り、水の精は権現様として奉《たてまつ》られることになるのです。伝統社会に根ざした、民間信仰や自然思想を巧みに生かし、愉快《ゆかい》で個性的な妖怪がたくさん登場する、不思議で楽しい物語です。（野上）

ふるさとは、夏　★★

芝田勝茂《かつも》・作　福音館書店、1990年
→パロル舎、96年

両親の都合で夏休みの一ヶ月を父親の田舎ですごすことになった少年と、そこで出会った少女が主人公。ミョウガを食べてミョウガ臭い息を吹きかけ、人々に忘れ物をさせるブンガブンガキャー。巨大な猫で、ブタ猫と呼ばれるジンミョー。畑の神様の、ボットのおばば。貧乏神のふりをした福の神のコーボーさま。沼の神様で、河童《かっぱ》の別名のビンズリ。二人は、人間臭くてユーモラスな土着の神々との不思議な出会いを通して、二人に向かって放たれた白羽の矢の秘密を解明していきます。まるでタイムスリップしたような素朴《そぼく》な村でのひと夏の冒険物語は、少年の自立への第一歩であり、愛への目覚めでもあったのです。そして父親の故郷での不思議な体験を通して、少年は両親とのゆるぎない絆《きずな》を確認していきます。ミステリアスでスリリングな、魅力あふれるファンタジーです。（野上）

花豆の煮《に》えるまで　★★

安房《あわ》直子・作、味戸《あじと》ケイコ・絵
偕成社、1993年

山奥の温泉宿の一人息子の三吉は、町に買い物に出かけた帰りに、山道であったキツネやモズやイタチや鬼に、豆や魚をせびられると、気持ちよく分けてやりました。ある日、山道で三吉の名を呼ぶ優しい声がして、振り向くと赤い着物を着た娘が立っていました。それは山《やま》姥《うば》の娘だったのです。娘に花豆を渡すと、花豆が大好きだった山姥は、それから山の幸をどっさりと届けてくれます。そして、娘も三吉の嫁におくり、二人の間に生まれたのが小夜《さよ》です。山姥の娘は、小夜が生まれるとまもなく、風となって山に帰って行ってしまいます。副題が「小夜の物語」というこのお話は、祖母が花豆が煮えるまでのあいだ、三吉と山姥の娘の出会いと別れを語り出すところから始まります。母親と同じように、風になって野山をかけめぐる小夜の物語は、自然の霊的で不思議な世界を背景に、小夜という少女の成長と自立を色鮮やかに映し

出し、深く心に刻み込まれます。（野上）

エヴァが目ざめるとき　★★

ピーター・ディッキンソン・作、唐沢則幸《のりゆき》・訳　徳間書店、１９９４年

未来小説です。一三歳のエヴァは交通事故で重体となります。半年ほど眠り続け目覚めると彼女はチンパンジーになっていました。人間の体が壊れてしまったので科学者の両親は、エヴァと仲が良かったチンパンジーに彼女の記憶を移植したのです。それが本当に愛情なのかは疑問ですね。自分の姿にエヴァはうろたえますが、しだいに事実を受け入れ、友達だったチンパンジー、ケリーの記憶を自分の記憶と統合《とうごう》していきます。そして、両親の思惑《おもわく》を振りきって、チンパンジーたちと共に新しい社会を作るために無人島へと移住していくのです。つまりは子どもが大人社会を見限って自分たちの世界を作ろうとする話ですね。両親はもちろん、マスコミやテレビの視聴者などの勝手な欲望の描き方などに、鋭い社会批判がうかがえますが、難しい物語ではありません。超一流の語り手ピーター・ディッキンソンが、どんな世界に導いてくれるかを存分《ぞんぶん》に楽しんでください。（ひこ）

りかさん　★★

梨木香歩《なしきかほ》　偕成社、１９９８年

人形やフィギュアでのごっこ遊びは、だれでも思い出があるのではないでしょうか。人形がほんとうに生きていたらいいなあと、一度は考えたことがあるかもしれません。その夢をこの物語はかなえてくれます。ようこは、ひな祭りのお祝いに、おばあさんから市松人形の「りかさん」をもらいます。ほんとうは、リカちゃん人形がほしかったのですが、すぐにりかさんと仲良くなります。そりゃ、そうです。りかさんは、人間と対話ができる、すごい人形なのですから。おまけにりかさんは、とても気だてのいい人形で、ようこのお姉さんのような存在になり、見ていてうらやましい限りです。りかさん用の着がえ、食器など、小道具も

本格的で、ごっこ遊びの意欲をかき立てられます。でも、りかさんとの生活は、けっして「ごっこ」ではありません。「いい人形は吸い取り紙のように感情の濁《にご》りの部分だけを吸い取っていく」そうです。たしかに、りかさんに耳をかたむけ、交流することが、ようこの心が成長する様《さま》としっかり重なっています。（神戸）

穴 ★★★

ルイス・サッカー・作、幸田敦子《あつこ》・訳　講談社、1999年

とにかく面白い。「面白い」なんて手《て》垢《あか》のついた言葉かもしれませんが、読み終わって本を閉じた時にまず出てくる言葉は、「あー、面白かった」に違いありません。主人公は先祖代々不運に見舞われ続けてきた、筋金入りのツイていない少年スタンリー・イェルナッツ。彼もご多分《たぶん》に漏《も》れず、たまたま歩いていたら空からスニーカーが降ってきたために（そして、そのスニーカーが盗品だったために）、少年院へ送られることになります。砂漠のど真ん中にある少年院で、少年たちは干《ひ》からびた湖底にひたすら穴を掘ることを命じられます。いったいなぜ？　ひいひいじいさんの呪《のろ》いや、ひいじいさんを襲ったという無法者の宝、父さんの好きだった月の子守唄など、一見何でもないような小道具が繋《つな》がっていくさまは見事。偶然のようにみえる出来事が――五代にわたるイェルナッツ家の不運すべてが、必然であったことが最後の最後に明かされた時、「あー、面白かった」と言わずにはいられないはずです。（三辺）

ハリネズミのプルプル ★

―1森のサクランボつみ大会

二宮由紀子・作、あべ弘士《ひろし》・絵
文溪堂《ぶんけいどう》、1999年

忘れっぽいハリネズミたちのお話です。プルプルも、友達のフルフルも、お父さんも、学校の先生も、みんなすぐに忘れてしまいます。フルフルなんて自分のお誕生日を忘れてしまい、森で遊びほうけていたのでした。お祝いのために集まったはずの村人たちも、それがフルフ

ルのお誕生会だというのをすっかり忘れてしまいます。なんとおかあさんもそうなんです。だから、フルフルの名前が書かれたバースデーケーキも、きっとフルフルが作ってくれたのだと、みんなで食べるしまつ。やれやれ。学校では、先生は今何を教えていたか忘れるし、プルプルたちは、何を教わっていたか忘れます。それじゃあ困るかというと、そうでもなくて、ハリネズミたちは仲良く暮らしています。人間の子どもたちは毎日、覚えることばかりさせられているけれど、忘れることだってけっこう大切なんだと思います。その面白さをぜひ味わってくださいな。（ひこ）

悪者は夜やってくる　★★

マーガレット・マーヒー・作、幾島《いくしま》幸子訳
岩波書店、２０００年

ある日、学校の図書室に入れるための物語を書くように、先生は生徒に言いました。じつは、職員室に置くコーヒーメーカーを買ったため、本を買う予算がなくなってしまったのです！　最初からなんともふざけた話ですね。フォーンビーは、物語を書くのもくだらないと思っていました。ところが家に帰る途中、物語の主人公の「スクイージー・ムート」という名前がふと頭に浮かんできました。そこで、物語を書き始めます。すると、なんとその主人公が現実世界に飛びだしてきて、あれこれ注文をつけて邪魔《じゃま》をします。おまけに、フォーンビーの妹も、勝手に話を書き加えたりして、展開はどんどんはちゃめちゃになっていきます。はたして、物語は無事完成するのでしょうか？　スクイージーが、すごい悪者というわりには、なんだかまぬけで、いい味を出しています。物語を読む楽しさだけでなく、作りあげていく過程もいっしょに体感できてお得な、満足感のある本です。（神戸）

ルート２２５　★★

藤野千夜《ちよ》
理論社、２００２年

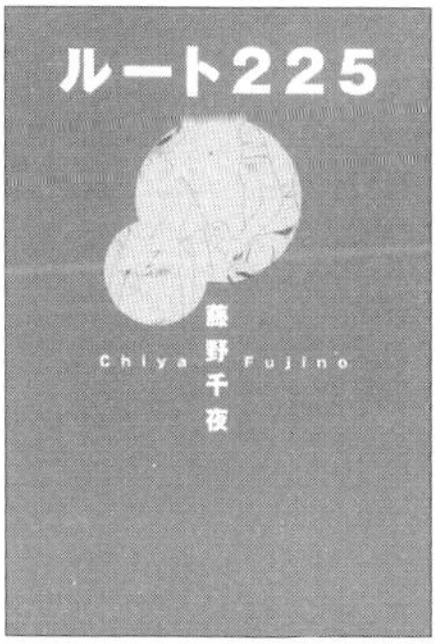

一四歳のエリは、なかなか帰ってこない弟を探しに行きます。彼は公園で見つかるのですが、どうやら学校でいじめら

れているらしいのです。家に帰ろうとしたけど、なぜかたどり着けません。弟の同級生の家が見つかって、そこで道を教えてもらいますが、なぜか弟はおびえています。その同級生はすでに亡《な》くなっているというのです。やっと家に戻ることができた二人ですが、両親がいません。やがて二人は気づきます。どうやらパラレルワールドに来てしまったことを。元の世界と繋《つな》がっているのはテレホンカードだけ。残りの回数を使いきってしまうと、それも不可能になってしまいます。ホラー小説かSFのようですが、そうではなくて、現代の子どもの不安感を見事に描いています。子ども読者の多くは、自分の気持ちを代弁していると感じるでしょう。今ではテレホンカードもほとんど使われなくなってしまいましたが、そうした現代のスピードの速さも実感してほしい作品です。（ひこ）

妖怪アパートの幽雅《ゆうが》な日常（シリーズ）　★★★

香月日輪《こうづきひのわ》
講談社、２００３年〜

主人公の稲葉夕士《ゆうし》は、中学一年生のときに両親を交通事故で亡くし、親戚の家に引き取られていましたが、そこの家族とうまくいかず、早く出たいと思っていました。幸い寮のある高校に合格し、そこに移るのを楽しみにしていたのに、入学目前にして寮が全焼してしまいます。悲嘆にくれていた夕士が、不動産屋で紹介されたのが寿荘。風呂とトイレは共同ですが、家賃は賄《まかな》いつきで高校の寮よりも安い。ところがそこは、妖怪アパートだったのです。大家さんは黒坊主で、おいしい食事を作ってくれる食事係のるり子さんは、手だけの幽霊。住宅街のアパートなのに、共同浴場は、地下洞窟にこんこんとわく天然温泉。始めは不安と困惑で、早く出たいと思っていたのに、それぞれの過去を持った、奇妙で気のいい妖怪や幽霊たちに囲まれて、夕士は毎日が刺激的で、だんだん魅力的にさえ思えてきます。様々な怪事件をはさみ、一〇巻まで続く人気シリーズの第一巻です。（野上）

龍のすむ家　★★★

クリス・ダレーシー、三辺律子・訳
竹書房、２００３年

「一軒家のすてきな部屋　ただし子どもとネコと龍が好きな人に限ります」。

こんな案内を見て、大学生のデービッドは間借《まが》りを決めます。彼を迎えたのは、野生のリスに夢中な一一歳のルーシー、「龍のほら穴」で陶製の龍を制作する母親のエリザベス、ネコのボニントンでした。デービッドは、二〇歳にして少女に引きずられ、リスの救済策に巻き込まれ、ネコとかかわりあい、おまけに恋まで始まります。何かにつけて一生懸命な彼は好感度満点の青年でしょう。さて、家のそちこちにいるエリザベスの龍は、「まるで本物のように」所有者の内面と呼応し、時に生命力をきらめかせます。デービッドが贈られた「ガズークス」も、考え深げに鉛筆とノートを抱え、彼にお話作りのインスピレーションを与える龍でした。そう、物語のもう一つの主題は物語作りそのもの。ガズークスと通じあう「作家」デービッドの七転八倒《しちてんばっとう》も見どころです。（鈴木）

リンゴちゃん　★

角野《かどの》栄子・作、長崎訓子《くにこ》・絵
ポプラ社、2003年〜

田舎のおばあちゃんが、リンゴをたくさん送ってくれました。その箱の中に、おばあちゃんが作った人形が入っていました。それがリンゴちゃんです。リンゴちゃんはとってもわがままで、マイにいろんな難題をふっかけてきます。マイがなかよしで、いつも一緒に寝ているブタのぬいぐるみのかわりに、自分とベッドで寝ろというのです。そして、約束を破ると、〝リンゴやまののろい〟で、みんな〝だんまる石〟にしてしまうと、おどかします。しかたなしに、リンゴちゃんをベッドに入れますが、ぬいぐるみをかわいそうに思って、リンゴちゃんの反対側に入れてやりました。すると、怒ったリンゴちゃんによって、ぬいぐるみも、部屋の時計も、寝室のお父さんやお母さんも、みんな〝だんまり石〟にされて眠ってしまいます。そこでマイは、リンゴちゃんと大喧嘩。ちょっとわがままだけど憎めない、かわいいリンゴちゃんのお話は、この後に何冊も続きます。（野上）

ありんこ方式　★★

市川宣子《のぶこ》・作、高畠那生《たかばたけなお》・絵
フレーベル館、２００５年

このお話の主人公は、小さなアリです。群れをなして行動するアリを〝最強のありんこ軍団〟だとうわさするトカゲとカナヘビの話をはさんで、アリたちのしたたかな暮らしぶりを、ユーモラスに描いていきます。「王」と題されたお話には、アリとは対照的に大きな、森の王さまのクマが登場。冬ごもり前の不安でイライラしたクマは、カマキリの死骸《しがい》を見つけ、それを運ぶアリたちとともに口に入れ、さらに巣を掘って何百何千というアリをひとなめ。それでも、クマに巣をこわされたアリたちは、降り始めた雪の中で、せっせと家をつくり直します。家はこわされたけど、〝秘密兵器〟がかくされた〝蔵〟は無事だったのです。〝秘密兵器〟って、なんだったのでしょう。めぐりめぐる季節の中で、小さなアリたちの営みを追いながら、さまざまな生き物のいのちと死を見つめた、すばらしい童話です。（野上）

わたしたちの帽子　★★

高楼方子《たかどのほうこ》・作、出久根育《でくねいく》・絵
フレーベル館、２００５年

家を改装するために、一ヶ月だけ六階建ての古びたビルで暮らすことになった少女は、そこで葉っぱや花模様の布切れをつなぎ合わせた、子ども用の帽子を見つけます。帽子をかぶったまま部屋を飛び出した少女は、迷路のようなビルの中で、アーモンドみたいな目の不思議な少女と出会います。二人はすっかり仲良しになって、ビルの中の探検が始まります。ビルそのものが奇妙だけれども、登場人物たちもかなり現実離れしています。不思議な帽子がキーとなった夢の物語かと思わされますが、次第に現実味を帯びてくる先に、意外などんでん返しが仕掛けられているのです。七〇年前に同じ部屋に住んでいた、もう一人の少女が登場してきます。古いビルの中に積み重なった時間と空間が寄木細工のように組み合わされ、その隙間《すきま》から過去の記憶が湧き出すような巧みな構成。不思議な世界をみごとに映し出した鉛筆画の挿絵が微妙に響きあって、心地よく酔わせてくれます。（野上）

社会・歴史・戦争・世界の人々

ともしびをかかげて　★★★

ローズマリ・サトクリフ・作、チャールズ・キーピング・絵、猪熊《いのくま》葉子・訳　岩波書店、1969年
→岩波少年文庫（全二巻）、2008年

歴史小説家であるサトクリフの作品は、今回取り上げた中でも、もっともハードルが高く思える本かもしれません。一つには、サトクリフが「歴史の教科書ではたった一ページしかない時代」を取りあげているためでしょう。イギリス人ですら詳しく学んだことのない一〇六六年のノルマン征服以前の時代に光をあて、サトクリフは類《たぐい》まれな想像力と鋭い歴史洞察の目によってローマ・ブリテン四部作を描きました。三作目である本書では、ローマの属州であったブリテンを舞台に、サクソンの襲来やローマの撤退《てったい》をブリテン生まれのローマ人アクイラの目を通して描くことで、この時代の持つ意味を浮かびあがらせています。運命に翻弄《ほんろう》されるアクイラという存在そのものが、歴史の激動を体現しているのです。ですから、英国史云々《うんぬん》よりも、アクイラ個人の物語として手にとれば、それで十分なのです。まずは読んでみてください。必ずこの時代の持つ空気が伝わってくるはずですから。（三辺）

ぼんぼん　★★

今江祥智《よしとも》　理論社、1973年→新版、95年

かつてこの国も大きな戦争をしました。太平洋戦争です。それは大切な歴史として新しい世代にちゃんと受け継いでいく必要があります。児童文学の中にも継承《けいしょう》のための戦争児童文学はたくさんありますが、一つあげるとすれば、この作品となるでしょう。舞台は大阪。浪速《なにわ》のぼんぼん、洋《ひろし》の日々を描いています。戦

争、子どもとくれば、悲惨な目にあった子どもを描き、戦争はいけないことだと主張する作品を考えがちですが、これは違います。どんな時代にも子どもは、遊びやいろんなことに興味を持ち、初恋でドキドキし、兄弟げんかをする。そんな日常を、丁寧《ていねい》に、丁寧に描いているのです。今の子どもが読んでも、ああ昔の子どもはこんな風にすごしていたんだと、今の自分との違いを知ったり、逆に変わらないなと思ったりできます。そして、そこにやがて戦争が顔を覗《のぞ》かせるから、本当に身近に戦争を感じられるのです。日常に忍び寄る戦争を。ずっと読み継がれてほしい一冊です。（ひこ）

あのころはフリードリヒがいた ★★

ハンス・ペーター・リヒター・作、上田真而子《まにこ》・訳　岩波少年文庫、1977年
↓新版、2000年

ナチス政権下、ドイツ人の「ぼく」の目を通して、幼なじみのユダヤ人、フリードリヒの一生を描いています。家族でつきあっていた楽しい思い出。けれど、失業した「ぼく」の父親は職を得るためにナチス党員になります。時代の流行で、「ぼく」もフリードリヒもヒットラーユーゲントに憧《あこが》れます。「ぼく」の父親は党員だから情報が入るので、フリードリヒの両親に早く亡命するように勧めるのですが、間にあいませんでした。フリードリヒの両親は収容所送りとなり、一人町を逃げまどうフリードリヒ。空襲《くうしゅう》の恐ろしさに、「ぼく」たちが隠れている防空《ぼうくう》壕《ごう》を必死で叩《たた》く彼。でも入れてはもらえません。空襲が終わって、防空壕から出た「ぼく」が見たのは、死んでしまったフリードリヒでした。「ぼく」は思います。彼の死に、自分は責任がないのかと。後に作者は語ります。「この物語の『ぼく』は、私です」。暗い物語ですが、戦争を知るためにもぜひ読んでほしい傑作《けっさく》です。（ひこ）

ブラッカムの爆撃機 ★★★

ロバート・ウェストール・作、金原瑞人《みずひと》・訳　福武書店、1990年↓宮崎駿《はやお》・編、岩波書店、2006年

第二次世界大戦中、高校を出たゲアリーはドイツ語の能力を買われ、通称「親父」の率《ひき》いるウェリントン爆撃機チームの無線士となります。ある時、同じ基地

から飛んだブラッカム軍曹《ぐんそう》の爆撃機がドイツのユンカース機を撃ち落とし、乗っていたゲーレン中尉を嘲笑《ちょうしょう》します。ゲーレンが目の前で「ドイツ万歳！」と叫びながらむごい死に方をしたことにゲアリーらはショックを受け、その上、彼の亡霊はブラッカムの爆撃機にとりついて、搭乗した空軍兵たちに不吉な運命をもたらすようになりました。ウェストールには反戦思想はありません。しかし、戦争を背景として描かれる緊迫した人間ドラマは秀逸《しゅういつ》です。骨太な作風にひかれたら『海辺の王国』や『猫の帰還』もどうぞ！　ちなみに、同時収録の「チャス・マッギルの幽霊」は戦闘とは無縁の心温まる短編です。（鈴木）

恐竜の谷の大冒険　★★
（マジック・ツリーハウス1）

メアリー・ポープ・オズボーン・作、食野《めしの》雅子・訳
メディアファクトリー、1992年

ジャックは八歳の男の子、妹のアニーは七歳です。ある日、二人は森の中でツリーハウスを見つけました。登ってみると、ツリーハウスの中には、本がどっさり置いてあります。そして、ジャックが恐竜の図鑑をひらき、「本物のプテラノドンに会ってみたいなあ……」とつぶやくと、外の世界は恐竜だらけになっていました！　この魔法のツリーハウスからは、本を使ってどんな世界にもいくことができます。でも、魔法を信じている人でないと、ツリーハウスを見ることができません。定番のお約束ですが、じゃあ魔法を信じていたらツリーハウスが見えるかも？　という期待が高まります。その後、二人は、月、古代ギリシャ、地底、アマゾンなど、時間と空間を飛び越えていろいろな場所を訪れます。また、いく先々で本を広げ、その世界に関する情報を入手するので、子どもたちも、知らず知らずのうちにもの知りになっていくでしょう。知識をつけることと、物語を楽しむことが、うまく結びついたシリーズです。（神戸）

夜の神話　★★★

たつみや章《しょう》・作、かなり泰二・絵
講談社、1993年

父と離れて母方の実家で暮らすことになったマサミチは、都会から離れた田舎暮らしに辟易《へきえき》していました。そんなある日、学校帰りに寄り道した神社で、アマテラスの兄弟神であるツクヨミに出会い、サトリ草で作られたサトリまんじゅうを食べてしまったところから、動物や虫や植物と対話できるようになり、見えないものも見えるようになるのです。マサミチには、小さい時からよく遊んでもらった、原子力発電所に勤める父の友人が、放射能に汚染され全身に青い炎をまとっている姿が見えました。父が主任を務める原発の制御室を舞台に、暴発を最小限に食い止めようとして展開されるやりとりは後半のクライマックスですが、そこには鬼気迫るものがあります。人類が現代科学の最先端で抱え込んだ難しい問題を、民間伝承や神話の神々を登場させ、時代に警鐘《けいしょう》を鳴らす異色の冒険ファンタジーです。（野上）

第八森の子どもたち　★★

エルス・ペルフロム・作、野坂悦子・訳　福音館書店、2000年

この物語は作者自身の体験を元にして、戦時下ドイツ国境近くにあるオランダのアルネムの町から田舎に疎開《そかい》した一一歳の少女ノーチェの日々を綴《つづ》っています。近くの森にドイツ軍のロケットが落ちるような日常で、人生をしっかりと見ておこうとする子どものまなざしがとてもいいです。戦争を描いた子どもの本には、反戦平和を性急に訴えるものが多い中、この物語は、起こったことと見たことだけを子ども読者の前にありのまま差し出しています。そうした描き方こそ、戦争を知らない子どもたちに、戦争の姿を伝える真の力となり得るのだと私は思っています。機会を得て私がした質問に、エルス・ペルフロムさんは「耐えられないほどおそろしい体験をしたわけではありませんし、『おそろしい体験』を書くべきだとも思いませんでした。それ

に私は、そんな希望のない形の子どもの本を書きたくはないのです」と答えてくださいました。子どもの目線から描かれた戦争の姿を今の子どもたちに伝えたいです。（ひこ）

どうぶつたちへのレクイエム　★★

児玉小枝、桜桃書房、2000年
↓日本出版社、05年

この本に登場するイヌやネコたちは、もうこの世にはいません。動物収容施設で殺処分《さつしょぶん》になったからです。この処分の方法は、「安楽死」ではなく、「炭酸ガスによる窒息死《ちっそくし》」です。毎年、三〇万頭以上のイヌとネコが、動物収容施設で殺処分にされています。飼《か》い主がみずから持ちこむケースも少なくありません。でも、その理由を聞くとただただ驚きます。「子犬（子猫）の処置に困った」「引っ越し先でペットを飼えない」「鳴き声がうるさい」「世話が面倒《めんどう》」「お金がかかる」。理由はなんであれ、一度は家族にむかえた命を、どうしてそんな簡単に「処分」できるのでしょう？　写真のイヌやネコは、みな悲しそうな表情をしています。人間の身勝手《みがって》さ、みにくさが、浮きぼりになっています。直視するのがつらい写真ばかりですが、現実を知らなければ、こういう悲しい状況はいつまでたってもなくなりません。ぜひ、この子たちの瞳《ひとみ》がうったえているものを感じて、動物との共生する意味やその責任について考えてみてください。（神戸）

ハンナのかばん　★★

―アウシュビッツからのメッセージ
カレン・レビン・著、石岡史子《ふみこ》・訳
ポプラ社、2002年

第二次世界大戦の時、ドイツのナチス政権は、障碍《しょうがい》者やユダヤ人などを迫害《はくがい》しました。この本に出てくる女の子ハンナは、犠牲《ぎせい》になったユダヤ人の一人です。訳者の石岡さんは、ユダヤ人たちの収容所だったアウシュビッツのことを、日本の子どもたちに伝える運動をしています。アウシュビッツに残されていたというかばんを資料館から借りた石岡さん

は、そこに記されたハンナという名前を手がかりにして、彼女の短い生涯を調べ始めます。同じ年頃である現代の日本の子どもたちは、ハンナの話に共感を覚え、遠い昔、遠くの国での出来事だった、ユダヤ人への迫害を、まるで自分の身近で起こったことのように受けとめます。読者のみなさんもきっとそうでしょう。もう一つ、重要なのは、このかばんが実は本物ではなく複製品だと後でわかったことです。本物は事故で失われたのですが、たとえ複製品でも、一度抱いた、ハンナを襲った悲劇への想像力は失われることはないでしょう。（ひこ）

走れ、走って逃げろ ★★★

ウーリー・オルレブ・作、母袋夏生《もたいなつう》・訳
岩波書店、2003年

第二次世界大戦下のポーランド。ブオニェの敬虔《けいけん》なユダヤ教徒の家に生まれたスルリック少年は、ワルシャワのゲットーに移り、八歳で親兄弟と別れます。ゲットーを脱出し、森や農村を転々としながらユダヤ人狩りの嵐を生きのびる中で、助けになったのは前向きな心と知恵、そしてあどけない「顔」でした。ユダヤ教徒、キリスト教徒、ドイツ、ポーランドといった外側の枠組《わく》みが異常に複雑化する中で、重要なのは個人と個人の関係です。スルリックも、ある時は浮浪児《ふろうじ》の仲間になり、ある時は農家に雇《やと》われながら一日一日を乗り越えていきます。しかし、前向きに生きるということは、割礼《かつれい》を隠し、「スルリック」の名前を捨て、事故で右手を失ってもめげないという過《か》酷《こく》さをともなうものでした。イスラエルの数学教授がほんの数年前に初めて語った、ホロコーストへの一つの証言です。（鈴木）

ペーターという名のオオカミ ★★★

那須田淳《なすだじゅん》
小峰書店、2003年

新聞記者のお父さんの都合で、ドイツのベルリンに住んでいる一四歳の少年が主人公。森で捕まったオオカミの群れが、

輸送中のトラックが横転《おうてん》して逃げ出します。そのうちの一頭が散歩中の犬を襲って警察官に射殺され、残りの一〇頭も逃走中で大騒ぎになります。少年たちは、子犬だと思ってひろってきたのがオオカミの子どもだったことから、それを群れに返し森に逃がそうとします。群れを捕獲しようとする警察や猟友会の作戦に対抗して、少年たちの手に汗を握るハラハラドキドキの冒険物語がスリリングに展開していきます。そこに、第二次世界大戦が終わった後に、東と西に分断されたベルリンの悲劇が重なり、否応《いやおう》なく人びとが抱え込んだ複雑な過去を巧みに織り込み、印象的なエンディングに向かいます。歴史的な事実を現在につなげ、見事な構成で展開した、読みごたえのある作品です。（野上）

いのちの食べかた　★★★

森達也
理論社、２００４年

肉はいろいろな料理に使われ、日々の暮らしになくてはならない食べものです。スーパーには、いろいろな肉がパックされて売られていますが、それがどのように肉になって流通しているかは、あまり知られていません。ウシやブタの肉がどうやって食卓にとどくのか、それをたどっていく中から、様々な問題が浮かびあがってきます。食肉の解体に関わる仕事と差別の問題。「穢《けが》れ」や「不浄《ふじょう》」という言葉や考え方が、どういう歴史的経緯の中から生み出されてきたのか。食肉について考えながら、日本人の差別や排除の歴史を浮かびあがらせ、偏見や蔑《べっ》視《し》を当然のように受け止めてきた人々の感覚の麻痺《まひ》を、著者は現代に問いかけます。肉を食べるということは、生きていた動物たちの「いのち」を犠牲にしていることです。それに目を背《そむ》けず、きちんと見ようとする気持ちを持つだけでも、いろいろなことを知ることができると、著者は言います。深く考えさせられる一冊です。（野上）

戦争が終わっても　★★

―ぼくの出会ったリベリアの子どもたち

高橋邦典
ポプラ社、２００５年

この写真絵本に出てくるのは、戦争を体験した子どもたちのその後の暮らしで

す。一四年間内戦が続いているリベリア共和国。銃撃戦の中を逃げ惑《まど》う子どもたち。戦争の一番の犠牲者は子どもだとよく言いますが、ここでの事情はもっと深刻です。子ども自身が兵士になったのです。モモは一三歳の時、捕虜《ほりょ》を殺したこともあります。「ぼくは兵士になったから生きのびることができたんだ」。そう言う彼を誰が非難できるでしょうか。でも心の傷は重いままです。廃墟ビルで共同生活を送る元少年兵たちは「将来の希望もほとんど」なく、虚《うつ》ろな目をしています。暴力に慣れてしまった子どもたちが、戦後をどう生きればいいのか？　大人はどうサポートすればいいのか？　大きな問いですが子どもと一緒に考えてほしいです。前著『ぼくの見た戦争　2003年イラク』もぜひ。（ひこ）

アントン　★★

――命の重さ

エリザベート・ツェラー・作、中村智子・訳　主婦の友社、2007年

ナチスによる迫害というとすぐにユダヤ人を思い浮かべますが、それだけではありません。障碍者《しょうがい》抹殺《まっさつ》計画もその一つです。これは進化論の「生存競争」という考え方を人間に適応した「適者生存」という概念から始められました。「不治《ふち》の病や障害のある人たちは、役に立たない有害な人間とみなされる時代へと変わろうとしていた」のです。学校でのいじめだけではなく、友人もアントンに近寄ってこなくなります。そうした事態は何も特別な時代の特別なことであるだけではなく、いつでも起こる可能性があります。人を人として見ない差別の目を、私たちは完全に払拭《ふっしょく》などできません。ですから大切なのは、それが差別の目であることに気づく知識や想像力です。この物語はそれを育んでくれます。アントンは家に隠されますがそれも限界があり、彼に残された道は……。アントンのモデルは著者のおじさんです。（ひこ）

チャンスがあれば　★★★
―ストリートチルドレンの夢

「チャンスの会」・編／訳
岩崎書店、２００７年

アジア開発銀行主催の「第二回ストリートチルドレンによるアートコンテスト」の応募《おうぼ》作品と、絵にそえられた文で構成された本です。インドネシア、カンボジア、ネパール、パプアニューギニア、バングラディシュ、フィリピン、モンゴル。恵まれた子どももいる一方で、多くの子どもが路上やスラムで必死に生きています。その願いは、医者や教師、NGO職員になりたい、麻薬や暴力をなくしたい、空を飛びたい、など様々。家族を捨てたひどい父親にも「会いたい」と願う切実な絵があります。「宇宙に行きたい」という壮大な夢を描いた少年の父親は餓死《がし》しています。絵だけでは推《お》し量《はか》れない過去と現在をそれぞれが背負っています。ストリートチルドレンという枠《わく》を超《こ》えて、様々な個性と背景のある子どもたちの「チャンス」を一つでもかなえられないかと考えさせられます。（鈴木）

ボーイ・キルズ・マン　★★★

マット・ワイマン・作、長友恵子・訳
鈴木出版、２００７年

子どもたちは、生まれた国の政治や経済の状態によって、様々なプレッシャーを受けます。競争に勝ち抜くことが正しいというサインが、親や学校から折にふれ出ている日本では、受験勉強や成績の上がり下がりが子どもを追いつめています。そんなギスギスした環境の中では、豊かな友愛を育むこともなかなか難しく、友達関係でもプレッシャーがかかっています。一方、全く別のプレッシャーをかけられている子どもたちもいます。この物語の語り手ソニーは、コロンビアのある町で暮らす貧しい家庭の子どもです。親から暴力も受けている彼には将来への希望もなく、ただ毎日を生き抜くことだけに必死です。ソニーが得た仕事は、麻薬密売人の下で動く暗殺者。子どもだと敵が油断《ゆだん》するからです。もちろんソ

ニーも、そんなことをしたいわけではありません。しかしほかに生きる道がわからないのです。ここには救いは描かれてはいません。悲惨な現実があるだけです。この地球の中にこんな状況に置かれている子どもたちがいることを、静かに伝えています。（ひこ）

うまれてきたんだよ ★★★

内田麟太郎《りんたろう》・文、味戸《あじと》ケイコ・絵
エルくらぶ、2008年

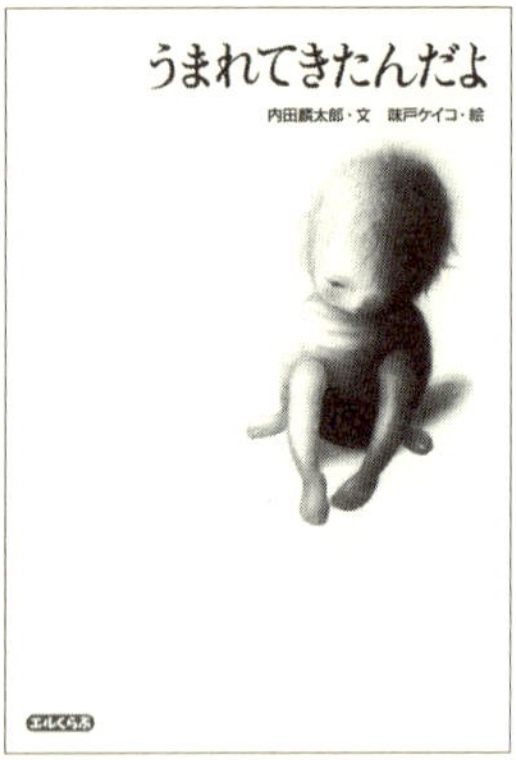

児童虐待《ぎゃくたい》で殺された子どもからのメッセージとして描かれた絵本です。「ぼくうまれたんだって」の次は、「さんねんで　しんだんだって」と展開しますから、かなりきつい作品です。これは小さな子ども向けの絵本ではありません。大人に子どものことを考えてもらいたい絵本です。「ぼく」が知っている、三歳児までの生活が語られます。「いつも　なぐられていたんだって」。そして、「ぼく」が知らない生活「わらうって　どんなこと?」が、問いかけの形で語られます。死を扱った作品はあります。が、死は、これまで生きてきた生を肯定する形ででも描けるのですが、児童虐待はそうはいきません。これから世界を受け入れ、世界に受け入れられる子どもに向かって、世界とその子を否定しているのですから。しかしそれは現実にあります。だから、この絵本はとても必要です。主に子ども向けに作られる絵本の形式を使って、大人へのメッセージを伝えているからです。もう大丈夫だと思える子どもには、隠さないで読ませてあげてください。（ひこ）

世界じゅうの子どもたち ★★

―いろいろな幸せのかたち
ベアトリクス・シュニッペンケッター・著、清水紀子・訳　主婦の友社、2008年

世界80ヶ国以上の子どもたちに「すきなことは?」「将来の夢は?」「こわいものは?」「動物になるなら?」といった質問をし、それぞれの答えと、出身国の現状を簡単に紹介しています。貧しい国

や戦争に苦しんでいる国の子どもは、さぞかし悲しく辛《つら》い回答を寄せているのでは？　と想像しますが、必ずしもそうとは限りません。もちろん「お金があったら？」という質問に「食べ物を買う」（フィリピン）、「ストリートチルドレンを助けてあげたい」（アルメニア）、「学校で使う教材を買いたい」（中国）など、各国の状況を窺《うかが》わせるものもありますが、「自分の中で変えたいところは？」「かわいくなりたい」（ブルキナファソ）、「すきなことは？」「『ハリー・ポッター』を読むこと」（スペイン）など、身近に感じる答えもあります。先入観や偏見で答えを「編集」せずに紹介していることで、かえって読者の純粋な興味をかきたて、「世界」に目を向けるきっかけを与える本になっていると思います。（三辺）

ムーンレディの記憶　★★★

E・L・カニグズバーグ・作、
金原瑞人《みずひと》・訳
岩波書店、２００８年

六年生のアメディオは、引越し先のフロリダで同級生のウィリアムと親しくなります。ウィリアムの母は家財鑑定人《かざいかんていにん》。アメディオの家の隣に住むゼンダー夫人が邸宅を引きはらうにあたって財産の分類・整理を引き受け、少年たちも手伝い始めました。やがて、膨大《ぼうだい》な物品の中からモディリアーニの絵「ムーンレディ」が現われた時、ナチスによるオランダ支配の時代にさかのぼる物語と、アメディオのゴッドファーザーのピーターに連なる歴史が明らかになります。理知的なアメディオは考え深い野心家で、ゼンダー夫人は、カニグズバーグの登場人物らしい個性が光るつわものです。一枚の絵と古い写真から様々な声が呼び起こされ、生と死、多数派と少数派、英雄と卑怯者《ひきょうもの》など人間と社会の複雑さが浮かびあがります。『スカイラー通り19番地』とあわせてお楽しみください。（鈴木）

詩の本

まめつぶうた ★

まど・みちお・作、赤坂三好《みよし》・絵
理論社、1973年→新版、97年

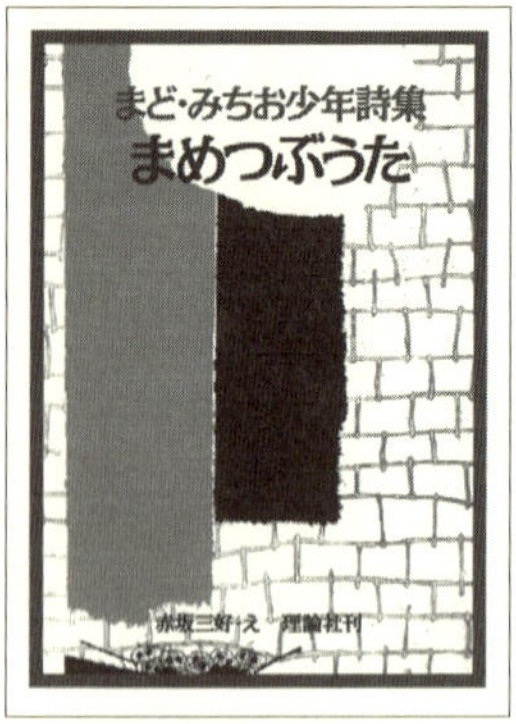

まどさんにとっては、動物も植物も、山や海や石ころも、星や太陽も、自然のすべてが友だちです。友だちを見る目は、宇宙にまではてしなく広がり、それがまどさんの詩の魅力です。「生きもののうた」「にんげんのうた」「けしつぶうた」「ぼくと　わたしのうた」「いろいろのうた」と、五章に分かれていますが、幼児でも理解できるような、やさしい言葉をつらねて、いのちや自然のすばらしさを楽しく歌いあげています。「さんぱつは　きらい」というのは、「ケムシ」というタイトルの一行詩。毛虫が散髪したら、毛虫じゃなくなっちゃうから嫌いが当然。同じ一行詩で「カニ」という題名の「なきながらに／わらいながらに」や、「ノミ」の「あらわれる／ゆくえふめいに　なるために」というのも笑ってしまいますね。「ワニ」の「かんがえている／かんたんに／うしろを　むく　ほうほうを」や、「もやし」の「うえを／したへの／おおさわぎ」や、「サツマイモ」の「かおがない／あたまばかり」なども、そうだよな、その通りだよなとうなずかされます。心が自然に温かくなってくる、楽しい詩集です。（野上）

夕方のにおい ★★

阪田寛夫・詩、織《おり》茂《も》恭《きょう》子《こ》・絵
教育出版センター、1978年
→銀の鈴社、82年

「サッちゃん」「おなかがへるうた」「ね

こふんじゃった」などの童謡で親しまれている、芥川賞作家で詩人の著者が、主《おも》に歌うために書いた詩を中心にまとめたものです。「川と少年」は、少年少女合唱隊のために作った組曲の詩。「どんぶらこっこ」から始まり、「お化け煙突」「空の川」「水の匂い」と、東京の荒川を舞台にした作品が続きます。「遠足」は、「遠足はバスに乗って」「おべんとう」「城あと」など、うきうきした楽しい気分に浸《ひた》れます。「アビと漁師」は、瀬戸内海の小さな島に群生してイカナゴを追う、鵜《う》に似た黒い鳥〝アビ〟をテーマに描いた混声合唱組曲のための詩。歌うために書かれた詩ですから、どれもリズミカルで、しかもユーモラスです。「三年生」と題された一二編の作品だけは、雑誌「小学三年生」に連載されたもので、「ちこく王」「世界地図」「学芸会のげき」「童話」など、学校生活や季節の変化にあわせた詩が、子どもたちの共感をよぶでしょう。

（野上）

てつがくのライオン　★★

工藤直子・作、佐野洋子・絵
理論社、1982年

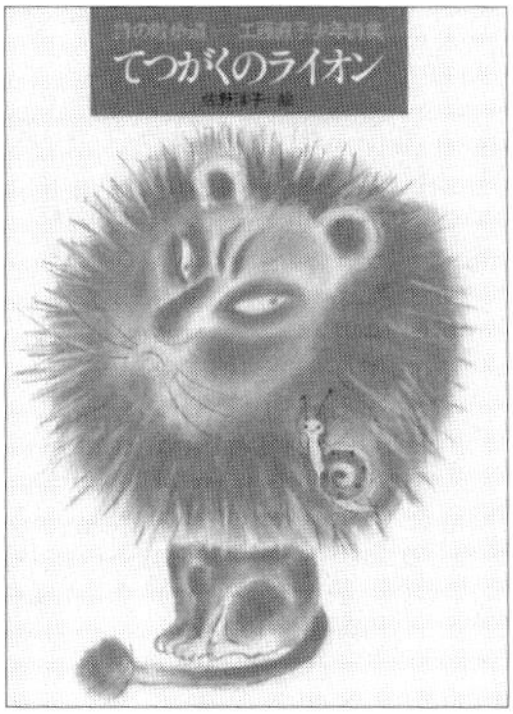

五章立ての詩集です。動物の声をひろった「いきものたち」、対話をめぐる「出合いのものがたり」、みずみずしい感性で自分を見つめる「たくさんの心」、自然と感情がとけあう「胸のなかの風景」、季節を描く「春・夏・秋・冬そして春」。いずれも、ライオンと女房が「しみじみと縞馬《しまうま》を喰《た》べ」るサバンナや、「愛が／湯気になって　のぼっていく」朝など、豊かなイメージが喚起《かんき》されます。この世の中では、一人でいることも、仲間といることも大事でしょう。「夕焼け」で静かに「あしたも　わたしは／たしかに生きるだろうなあ」と一人思いをめぐらせる一方、「夕陽のなかを走るライオン」では、初めて縞馬と友だちになったライオンが「ヒゲがふるえるほど嬉《うれ》しく」なって、爆発しそうな喜びを胸に、共に夕陽を眺《なが》めます。表題作の「てつがくのライオン」も、ポーズをキメて「てつがく」

するライオンがユーモラスで、「とても美しくて、とても立派《りっぱ》」とほめるカタツムリともいい関係です。私もちょいと「てつがく」したい気分になります。（鈴木）

どきん ★

谷川俊太郎・作、和田誠・絵
理論社、1983年

現代日本を代表する詩人の少年詩集で、Ⅰ・いしっころ、Ⅱ・海の駅、Ⅲ・どきん、と全体が三部に分かれています。ⅠとⅢはすべてひらがなで書かれた詩ですから、文字を読み始めたばかりの子どもも楽しめるでしょう。詩ってこんなに面白いのと、びっくりするくらい面白い作品がいっぱいです。「うんこ」は、「ごきぶりの　うんこは　ちいさい　ぞうの　うんこは　おおきい」と始まって、「どんなうつくしいひとの　うんこも　くさい／どんなえらいひとも　うんこを　する／うんこよ　きょうも　げんきに　でてこい」なんて、思わず笑ってしまいます。「あなにおちたよ　あいたたた／アイロンさわって　あっちっち／あるいてあせかく　あついあさ」の「あいたたた」や、「うしの　うしろに　うまがいる　うまい　うなぎは　うりきれだ」の「うしの　うしろに」のように、「あ」と「う」のつく言葉だけで書かれた作品も、声に出して読むと、リズミカルで楽しいですよ。（野上）

のはらうたⅠ ★

くどうなおこ
童話屋、1984年

この本は、野原村に響きわたる四季折々の自然のつぶやきや歌をまとめたものです。きっかけは、詩人が野原を散歩している時に、〃かぜみつるくん〃が耳元を通り抜けながら話してくれた言葉でした。それから詩人は、野原村のみんなの代理人として、みんなのおしゃべりや歌を書きとめます。だから作者は「くどうなおこ　のはらみんな」。花や虫や動物たちの、かわいくてすてきなことば

が、いっぱいつまっていて楽しめます。たとえば、〝こいぬけんきち〟くんの「こころ」という作品。「かなしいと　おもく　ひきずる／うれしいと　かるく　はためく／しっぽは　ぼくの　こころだ」。わずか三行の中に、喜びや悲しみを尻尾《しっぽ》で表現する犬の習性が歌われています。野原村では、池も石も虹までが、それぞれに歌を歌います。自然が奏《かな》でる命の賛歌が野原をかけめぐり、詩人はそれを第V集までかわいい本にまとめました。子どもも大人も楽しめる、にぎやかで心地よい詩集です。（野上）

うそうた　★★

中江俊夫・詩、広野多珂子《たかこ》・絵
理論社、1986年

タイトルとなった「うそうた」は、「あかいからすに　くろいゆうひが　じゅずつなぎ」で始まります。「赤いカラスに黒い夕日が数珠繫ぎ」なのでしょうが、不思議なイメージが浮かび上がります。最終行の「だれもいない　なにもない　じゅっちょうめいない　ぜんぶうそ」は、「誰も居ない何も無い　十丁目以内　全部嘘」なのでしょうか。意味を探ろうとすると、こんがらがってしまいます。「だれか」という作品は、「うちのまえでよるおそく　だれか」と最初にあって、二行目は、「よよよよよよよ」と「よ」が七つ。二行目は横になった「つ」の字が七つ。三行目は、「ぱぱぱぱぱぱぱ」で、四行目はひっくり返った「ら」が七文字。五行目は「いいいいいいい」で、六行目は横向きの「だ」が七文字。七行目は「ななななななな」。そして最後に、「うちのまえでよるおそく　しょうべんしてるだれか」で結ばれます。平仮名の文字遊びやことば遊びが、不思議で楽しい詩集です。（野上）

おめでとうがいっぱい　★

神沢利子《かんざわとしこ》・詩、西巻茅子《にしまきかやこ》・絵
のら書店、1991年

よちよち歩き始めた赤ちゃんが外に出ると、見るもの聞くもののすべてが新鮮に見えるのでしょうね。道路にしゃがみ

こんで、アリの行列を不思議そうにながめたり、ひらひらと舞うチョウを追ってころんだり。そんな幼い子どもたちの、やわらかな感受性に寄りそって、日々を祝福するような、おめでとうがいっぱいの詩の本です。「そらに　ねそべって／くもさんが／こっちを　みてるよ」という「くも」は、まるで俳句みたいな短い詩ですが、幼児の共感を呼ぶでしょう。「ありは　あんまり／ちいさいから／なみだを　こぼしても／わかりません」という「あり」も、幼い子の気持ちが映し出されているようで、微笑《ほほえ》ましくなります。「ちょうちょ」は、「ちょうちょが／ひらひら　ひらひら　くると／あたしのなかでも／ひらひら　なにかが／うごきだすみたい」と始まり、「あたしのなかにも／ちいちゃな　ちょうちょが／いるのかしら」と結ばれます。読んでいると、心が温かくなってきます。（野上）

まど・みちお全詩集　★★★

伊藤英治・編　理論社、1992年
↓新訂版、94年

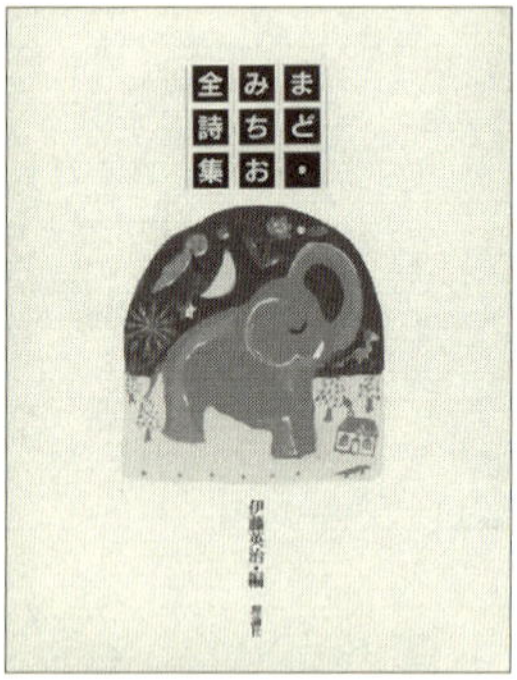

だれもが知っている童謡「ぞうさん」の作詞家で、日本人作家として初めて国際アンデルセン賞の受賞者となった、まどさんの作品がすべて入った詩集です。一九〇九年（明治四二年）に、山口県の徳山で生まれたまどさんは、一〇歳の時に両親のいた台湾に渡り、台北の工業学校の土木科に入学。一九歳のころから同人誌に詩を発表していたということですが、それはまだ見つかっていません。この本には、二〇代の初めのころに書いた「かたつむり角出せば」から始まり、なんと一二〇〇編以上の作品が紹介されています。第一部は、「けしつぶうた」のような短い詩から、それまで詩集にも入らなかった、ものすごくたくさんの詩が、発表年代順に網羅《もうら》されていますから、まどさんの作品世界がどのように変化してきたかもよくわかります。第二部は、散文詩。巻末には、編者の詳細な解説と、全作品の索引として、初出と定本が紹介されていますから、資料としても貴重です。まどさん自身による「あとがきにかえて」には、その誠実な人柄が滲《にじ》み出ています。（野上）

まくらのひみつ　★

山中利子・詩、若山憲《けん》・絵
リーブル、1993年

タイトルになった「まくらのひみつ」

は、「まくらの中にはなにがいる／コソコソガサゴソ　ゴヤゴヤゴヤ／なにかやってる音がする」と、ベッドに入って眠ろうとする時の不思議な気分が魅力的です。この詩集には、「つくし」「タンポポのわたげ」「スイートピー」「さんぽねこ」「わらび」「雨つぶ」と、野原の草花や生き物や自然を歌ったものや、「ひるさがり」「風とカーテン」「おわんのユーフォー」「おはか」などのように、暮らしの中の情景を、しなやかに映し出した作品などが、全部で三〇編おさめられています。夜をこわがるおばけを描いた「よるとおばけ」や、ブドウの種をのんでしまって、ブドウの木になってしまうという「ぶどう」など、常識をくつがえすナンセンスな作品には、思わず笑ってしまいます。作品のそれぞれにそえられた線画のさし絵も、詩の内容を一齣《ひとこま》マンガのように工夫して表現してあって、ユーモラスで楽しめます。（野上）

これこれおひさま★

小野寺悦子・詩、飯野和好・絵
のら書店、1994年

ふだん何気なく見ているものも、ちょっと視点を変えるとイメージが広がって、とっても不思議に見えてきます。「ももいろの　くもが／そらに　ないしょで／ももいろの　ゆきを／ふらしてくれた」で始まる、「さくら」という詩は、「ぼうしを　とって／おはようっていった／あたしに」とつながります。すてきですね。「まんなかって」は、「まんなかって／あんこだよ」から、「まんなかって／うめぼしだよ」と続き、最後は「そ、ぼく／さんにんきょうだいの／あんこで　うめぼし」。面白いですね。この詩集には、自然や季節の変化をイメージ豊かに歌った「はるのくびかざり」「かみなりさん」「ゆきのあさ」「つらら」などの、すてきな詩。身のまわりの事象を、面白く表現した「きっぷ」「ぼくのかおと」「ぎったり　ぎったり」などの、ちょっとナンセンスな作品。ことば遊びのうたなど、四一編が紹介されています。さし絵もユーモラスで楽しめます。（野上）

刺繍《ししゅう》日記 ★★

木坂涼《きさかりょう》・詩、ミヤギユカリ・画
理論社、２００５年

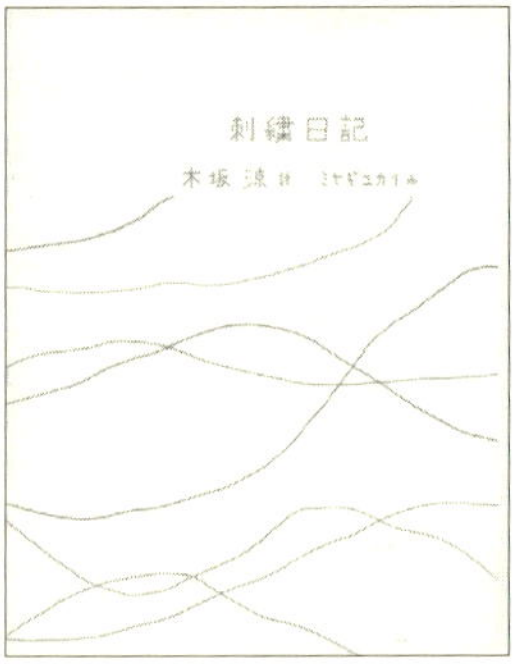

木坂さんのたくさんの詩作品の中から三〇編を選んで、ミヤギユカリさんのイラストと構成した、ちょっとおしゃれな詩集です。「料理」というタイトルの作品は、「まぶしい光の窓ぎわで／本をよんでいると／わたしよりさきに／光が／活字をたべていく」と書き出されます。「雨の日は鳥を」は、「雨の日は鳥を／みんな木の中にかくす／雨の日がつづく／木の耳が少しつかれる」と歌われます。自然や生き物が、まるで人間のいとなみのように、豊かな命をふきこまれていきます。「蜘蛛《くも》」という作品は、「網戸／だけの家」と、たったこれだけです。そういえば、風通しがよさそうですね。「傘立てに」は、「傘立てに一本分の春の雨」と、わずか一一文字。木坂さんの作品には、言葉の力のすばらしさが、キラキラとかがやいているようです。赤色だけで描かれた挿絵も、それぞれが工夫されていて楽しいですよ。（野上）

あーちゃん

ねじめ正一・作、村上康成・絵
理論社、２００６年

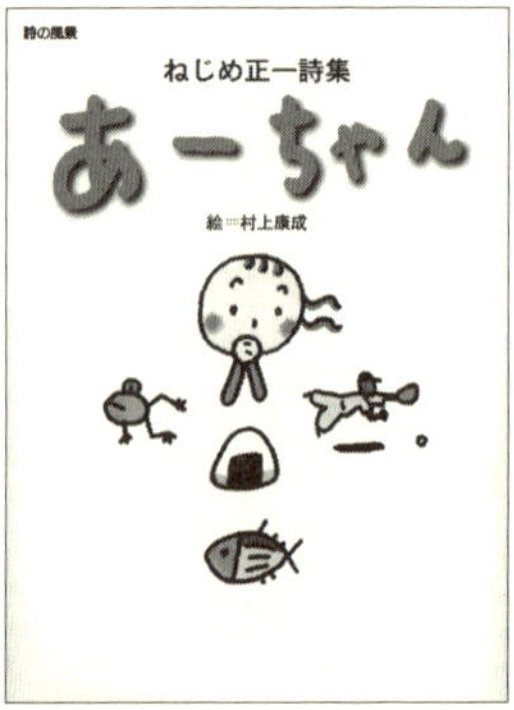

「おしっこたいふう」「すき」「みち」「あーちゃん」の四章に分かれ、全部で五〇編あまりの作品が入った詩集。「おしっこたいふう」は、〝ぼくんち〟がお店を開いていて、父さんも母さんもおばあちゃんも、毎日〝ばんばん店番〟をしている、「ばんばん店番」から始まります。子どもの日記やつぶやきのような語り口で、家族のことがおもしろく紹介されていきます。おばあちゃんが亡くなった時の様子を描いた「おばあちゃん」。お父さんと野球を見に行った時の緊張感をユーモラスに描いた「おしっこたいふう」など、子どもの率直《そっちょく》な感情や気分が鮮《あざ》やかです。第二章の「すき」には、転校してきた女の子に対する気持ちが。第三章の「みち」には、身のまわりに起こる出来事や事物、「たぬき」「きつね」「きりん」

などの動物が、イメージ豊かに表現されていきます。最終章の「あーちゃん」では、大好きな〝さとるくん〟のことを中心に、少女の日常や気分がしなやかに表現されていて楽しめます。（野上）

きんじょのきんぎょ ★

内田麟《りん》太《た》郎《ろう》・詩、長野ヒデ子・絵
理論社、２００６年

全体が四章に分かれ、六四編の作品が入った詩集です。「いちねんせい」という最初の作品は、「うれしい　たのしい　いちねんせい／おっとせい　くんせい　らっかせい／せいせきおちたら　きがせいせい」と書き出され、「きんせい　もくせい　めいおうせい」とか、「よそみせい　ぽっとせい　あくびをせい」などと語呂合わせが続き、最後は「ほっとせい　あっとせい　みちくさせい／せいがのびたら　にねんせい」。これには、先生も両親も、びっくりでしょう。「カッパ　ツッパレ　ツッパレ　カッパ」という「カッパ」も笑っちゃいます。ひらがながほとんどで、たまにカタカナが登場するくらい。幼児でも理解できるような、やさしいことばで書かれていますが、どの作品にも、ことばの面白さや楽しさが巧みに表現されていて、声を出して読んでいくと、舌をかみそうになったり、思わず吹き出したり。子どもも大人も、日常的な常識がくつがえされ、ことばの魔法に酔《よ》わされます。（野上）

あいうえおパラダイス（全一〇巻）

二宮由紀子・作、高畠《たかばたけ》純・絵
理論社、２００７～０９年

言葉は人と人とがコミュニケーションするためにもっとも重要な道具です。考えや感情を正確に伝えられるようになるのが一番いいので、そのために子どもの時から人と話し、小説やマンガを読み、テレビや映画を見て、私たちはそうした能力を養っています。でも、ただ正確なだけではロボットのようで、つまりません。人間関係をスムーズにするには、言葉で遊ぶことも必要です。だじゃれなん

かもそうしたことの一つですね。この『あいうえおパラダイス』はなんと、「あ」の物語は、「あ」で始まる言葉だけで作ってしまおうという、とんでもなく無謀《むぼう》な言葉遊びをしている絵本です。「あるひあひるが　あるいていたら」というふうに。「あ行」で一冊、「か行」で一冊って作り方ですから、一〇巻にもなってしまいました。それも一冊ずつ違った画家を起用する大盤振る舞い！　もう読むしかないでしょ。言葉の豊かさとおかしさが満喫《まんきつ》できます。（ひこ）

絵本　かがやけ・詩（全五巻）　★★

小池昌代・編
あかね書房、2007〜08年

俳句や和歌には、ある程度のお約束があります。そのお約束に縛《しば》られながら、どんな表現をするかを楽しむのね。詩にもないことはないけれど、現代詩は自由

です。自由でいいと言われるとかえって何をどう作っていいか悩むかもしれませんが、そこを一つ勇気を振りしぼって、なんでもいいから、思いついたこと、面白そうな音や言葉を並べてみてください。自分でそれを読んで、「あ、面白いや」と思えたら、それはもう本物の詩です。そう、詩は面白かったらいいのです。小池さんが集めてくださったこのたくさんの詩は、彼女が面白いなと思ったものを集めています。それも、一冊一冊、似た素材やテーマをあつかった詩を集めていますから、人それぞれで、いろんな詩ができるのがわかります。ホント、みんな気持ちがいいくらい好き勝手に詩を作っています。「なんだ、こんなのなら簡単《かんたん》にできるや」と、どんどん思ってください。その通りですから。一巻ずつ違う画家が、それぞれの詩に刺激《しげき》されて、自由に描いていて、これも楽しいですよ。（ひこ）

あの犬が好き　★★

シャロン・クリーチ・作、金原瑞人《みずひと》・訳　偕成社、2008年

詩ってちょっととっつきにくいと思っ

ている人が多いような気がします。この本に出てくるジャックも同じ。新学期が始まり、新しい先生は毎回、いろいろな詩を読んでくれます。でも、ジャックの反応はこんな感じ。「いやだ／だって、女の子のもんだよ。／詩なんてさ」。けれども、先生の朗読を聞いているうちに、もしかしたら詩って面白いかも、と思い始めます。「あのさ／よくわからなかったんだ。／虎《とら》よ虎よって詩。／だけど、ことばが／かっこいいよね」。そして、とうとう、聞くだけではあき足らず、自分でも詩を書くようになるのです。題して、『ウォルター・ディーン・マイヤーズさんの詩に感動して』。マイヤーズは、やはり若い世代に詩や小説を発表している実在のアメリカの作家です。マイヤーズに憧《あこが》れるジャックに、作者は最後、すてきなプレゼントを用意しています。そして、読者にも。そう、そのころには、きっと読者も「詩を愛する心」というプレゼントを受け取っているはずですから。

（三辺）

ゴミの日　★★

アーサー・ビナード・詩、
古川タク・絵
理論社、２００８年

アメリカで生まれ育った詩人が、日本語で書いた詩集です。生きものや自然や身近な事物をていねいに見つめ、日本語の面白さを楽しみながら、ある時はユーモラスに、ある時は皮肉をこめて詩に歌います。たとえば「トノサマガエル」という作品。オタマジャクシに小さな足が生えてくるとオタマジャクル。後ろ足が伸びてくるとオタマジャエル。そこに前足が片方出るとオタマガエル。両方出るとオサマガエル。しっぽがなくなるとノサマガエル。成長とともに変化するネーミングが笑えます。「ねむらないですむのなら」では、眠らないですめばどんどん能率が上がって、産業は躍進をとげるだろうと言いながら、働きすぎると、森林は切り倒され海は放射能のスープとなり、ぼくらは産業廃棄物《はいきぶつ》に埋もれて永遠の眠りにつくだろうと皮肉《ひにく》ります。詩人の鋭いまなざしに深く考えさせられ、気持ちが様々に揺り動かされる詩集です。タイトルの「ゴミの日」も意味深長です。

（野上）

図鑑・事典・科学絵本

やってみよう・観察しよう

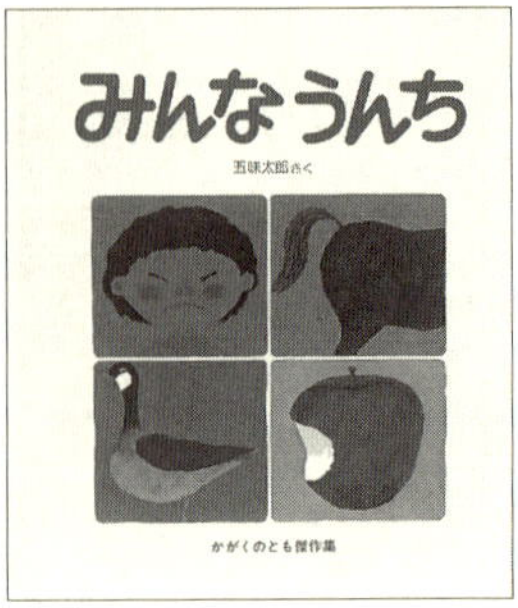

みんな うんち ★

五味太郎・作
福音館書店、１９７７年

食べ物を食べたらうんちが出ます。その色や形も、うんちの仕方も、生き物によって様々です。「とまってうんち」「あるきながらうんち」「いろんなどうぶつ」「いろんなうんち」。あたり前のことですが、その事実を確認し、自分のトイレと引き比べてみることは、小さな子どもにとって大きな喜びになるでしょう。幼児は、自分の排泄物《はいせつぶつ》に親しみを感じ、トイレで流れていくうんちに「ばいばーい」と挨拶《あいさつ》をしたりします。自分だけでなく、動物はみんなうんちをすること、それは健康に生きている証《あかし》なのだということをしっかり理解すれば、学童期にトイレを恥《は》ずかしがったり便意をこらえたりすることもなくなるかもしれませんね。五味太郎の絵は、やや色調を抑《おさ》え気味。動物も極端《きょくたん》にデフォルメされておらず、科学的なマジメさを感じます。トイレ・トレーニングにもおすすめです。（鈴木）

海辺のずかん　★

松岡達英《たつひで》・作
福音館書店、１９８３年

磯《いそ》遊びをしたことはありますか？　都会に近い岩場や砂浜だと、打ち上げられた貝殻《かいがら》やフジツボ、あとはせいぜい小さなカニを見つけられれば、ラッキーだと思っているかもしれません。けれど、ひと度この図鑑を手にとれば、ともすれば殺風景に見えていた景色が、あっという間に、生命に満ちあふれた場所に変わります。岩にはりついている生きものだか石だかわからないようなものは、クロフジツボや、ヒザラガイや、イボニシかもしれません。砂地にはトベラやヤブニッケイ、ハマゴウ、ハマエンドウなど数多くの植物が根をはっていますし、砂の中にも、バカガイやアサリ、ゴカイやスナモグリなど無数の生物が隠れているのです。しかも、ただ羅列《られつ》してあるのでなく、実際に自然の中に置かれた姿で描かれているので、読むのに面白いだけでなく、目指すものが見つけやすく、図鑑としてもとても優れています。知識を得ることで、新しい世界が開ける喜びを味わってください。（三辺）

冒険図鑑　★★

さとうち藍《あい》・文、松岡達英《たつひで》・絵
福音館書店、１９８５年

自然を知り野外生活を楽しむ、アウトドアライフのバイブルのような本です。見返しの持ち物リストから始まり、導入部はマンガ展開で「はじめてのキャンプ」が一一ページ。これが簡単なインデックスにもなっていますが、もちろんその後には詳細な目次もあります。最初の「出かける前に」では、自然の中での約束ごとや、計画の立て方など。次は「歩く」で、靴の選び方や紐《ひも》の締め方から、ザックのつめ方や背負い方。地図や等高線の見方や天気図の読み方、四季の星座まで紹介されます。「食べる」では、野菜の切り方や野外料理の作り方、山野草の図鑑やそのおいしい食べ方。「寝る」では、テントの張り方から野外トイレの作り方、火の起こし方や道具の作り方まであっ

て、まるでサバイバル教本。「作って遊ぶ」では、ナイフの使い方や研《と》ぎ方から、自然の中でのいろいろなものの作り方や、草花遊びまで。全五〇〇項目が、三〇〇〇点のイラストで解説された便利な一冊です。（野上）

林と虫たちの一年　★

海野《うんの》和男・文／写真
岩崎書店、1987年

古くから薪《まき》や炭の供給場所として人工的に作られてきた雑木林は、日本独特の里山の風景を形づくってきました。この絵本では、山梨県長坂《ながさか》町（現・北杜《ほくと》市）周辺の雑木林が日本の豊かな四季の変化とともに刻々と姿を変えていくさまを、美しい写真でとらえています。春の花に集まる蝶《ちょう》や、徐々《じょじょ》に若葉をつけていく木々、田んぼの水を泳ぎまわるアメンボやゲンゴロウ、樹液に群がるカブトムシやクワガタ、冬を越すカマキリの卵やミノムシなど、ひと昔前まではごくあたりまえに日本人が親しんでいた風景や虫たちが、次々と紹介されます。日本の原風景の一つと言ってもいいかもしれません。しかし、この写真が撮られたのは、今から二五年ほど前であり、著者は「あとがき」で、薪炭《しんたん》林として利用されなくなった雑木林が荒れていく現状を憂《うれ》えています。身近な生き物を載せた図鑑であるはずのこの本が、希少な生物を紹介するレッドデータブックなどになりませんように！（三辺）

工作図鑑　★★

木内勝《まさる》・作、木内勝／田中皓也《こうや》・絵
福音館書店、1988年

「作って遊ぼう！　伝承創作おもちゃ」とサブタイトルにあるように、一七〇種類の手作りおもちゃの作り方や遊び方が、約六〇〇〇点のイラストで、わかりやすく解説された、便利で楽しい一冊です。まず材料探しから始まりますが、そのあとの展開がユニークです。「手」「はさみ」「小刀」「千枚通し」「かなづち」「のこぎり・きり」「ペンチ・かん切り」と、身近で扱いやすい道具から順に、それらを使ったおもちゃの作り方が紹介されて

いきます。「手」では、折り紙を筒状にしてセロハンテープで止めただけの「UFO1号」。次は折り紙の「紙飛行機」や「ぼうし」など。「はさみ」では、その種類や使い方の後に、ポリ袋をはさみで切り抜いただけの「ビニールマスク」を最初に、「アメリカインディアンのテント」まで、少しずつ難しくなります。一七〇種のおもちゃのタイトルの頭には、作り方の難度をあらわすⒶからⒹまでの記号がついていますので、一つの目《め》安《やす》になります。（野上）

どうぶつのあしがたずかん　★

加藤由子《よしこ》・文、ヒサクニヒコ・絵、中川志郎・監修　岩崎書店、1989年

まずは、一ページ目の綴じ込み折りになっているインドゾウの足型に圧倒されます。大きい！　この本の足型はすべて実物大です。キリン、フタコブラクダ、インドサイ、まるで手のようなチンパンジーの足や、指が六本あるパンダ、恐ろしい爪のついたハリモグラなど、驚きはつきません。さらに、それぞれの説明のページにある足の裏の写真にまたびっくり。ゾウの足なんて切り株みたいですし、クッションのように見えるサイの足や、人差し指と中指がくっついている珍妙なコアラの足なども、印象的です。説明部分では、足の役割がイラストつきで解説され、キリンのひづめキックがライオンもやっつけてしまうことや、水辺に住むバクが柔らかい土に沈まないように足指を開いて歩くこと、ゴリラが下手投げの名ピッチャー（上手投げはできない）であることなどが紹介されています。ここまで読んだら、自分の目で見たくなりませんか!?　あとはぜひ、本を開いてみてください。（三辺）

森のきのこ　★★

小林路子・作　岩崎書店、1991年

森や林に生える様々なきのこの姿が、四季の変化にあわせて白バックの画面に鮮《あざ》やかな細密画で紹介されていて、その

美しさと不思議な姿に目をうばわれます。表紙は赤い傘をかぶったベニテングタケ。毒きのこですが、ヨーロッパではこのきのこにまつわる民話や伝説がたくさんあり、絵本にもよく登場してきます。きのこは菌類《きんるい》が子孫を増やすための胞子《ほうし》をつくる器官ですが、その色や形は様々で、ファンタシカルな想像力を刺激します。妖精のようなかわいいキャラクターや、擬人化《ぎじんか》した森の動物たちを各場面の案内役に配し、きのこの不思議な姿や生態が紹介されていきます。自然の中に育つ色とりどりのきのこのほか、栽培きのこや「毒きのこのみわけかたの迷信」「きのこってなあに」「きのこの一生」「きのこのはたらき」など、自然界のリサイクルにも役立っている、きのこの不思議さとその魅力がびっしりつまった、お徳で利用価値がいっぱいの一冊です。（野上）

昆虫のかいかた そだてかた ★★

三枝《さいぐさ》博幸・文、松原巌樹《いわき》・絵
岩崎書店、1993年

昆虫を飼《か》ったり育てたりするためには、まずその習性を調べて探してこなければなりません。アゲハチョウは、ミカンなど柑橘《かんきつ》類の新芽や若葉に卵を産みますから、飛んでいる姿を見つけたら、その近くの柑橘類の木の葉を丹念に探すと、卵や幼虫を見つけることができます。カブトムシは、オスとメスを一緒に飼っていると、腐葉土《ふようど》の中に卵を産みますから、成虫が死んだ後に新聞紙などに腐葉土をひろげると、卵が見つかります。身近で見られる昆虫たちの生態を紹介しながら、それをじょうずに飼って育てるための方法を、イラストでわかりやすく解説した本です。米粒の半分くらいの小さな卵が孵化《ふか》して幼虫になり、脱皮《だっぴ》を繰《く》り返しながら蛹《さなぎ》になり、美しいチョウに変身するアゲハチョウの成長を追うだけでも、生命の不思議を観察できます。巻末には、標本の作り方も紹介されていますから、飼っていた虫が死んだら、標本にして保存するのにも役立ちます。（野上）

カエル観察事典 ★★

小田英智《ひでとも》・構成／文、桜井淳史《あつし》・写真
偕成社、1996年

カエルは、田んぼや池に行くと比較的簡単に見ることのできる、身近な生きものです。梅雨《つゆ》時には、公園や庭でも見られますね。春先の田んぼでは、冬眠から

醒《さ》めたカエルたちの声がにぎやかです。オスの鳴き声を合図にメスがやってくると、オスはメスの背中に抱きついて離れません。オスが前脚でメスの胸もとを締めつけて、産卵《さんらん》をうながすのだそうです。アカガエルの黒い卵は、寒天質の透明の膜《まく》につつまれて、びっしりと固まっています。ヒキガエルの卵は、長いひも状の寒天質につつまれ、伸ばすと一〇メートルにもなることがあるそうです。田植えの時期になると、アマガエルやトノサマガエルも産卵します。カエルの卵は、種類によっていろいろです。この本には、池や田んぼから卵やオタマジャクシを採集してきて、それを育てながら成長を観察するための方法やポイントが、詳細に解説されています。生き物のなぞに迫る、「自然の観察事典」シリーズの中の一冊です。（野上）

いろんな場所の虫さがし　★★

藤丸篤夫《あつお》
福音館書店、1997年

虫さがしをするとしたら、どんな場所を思いつきますか？　カブトムシやクワガタの集まりそうな樹液がたっぷり出ている木や、ハチやチョウの舞う花畑などは、すぐ頭に浮かぶでしょう。この本では、そうした場所ももちろん紹介されていますが、ほかにも「公園」「お寺や神社」「ススキ」「ヨモギ」「キャベツ」「カキ」といった「場所」が登場します。カキの木だけでも実に一九種類もの虫が見つかるなんて、信じられますか？　さらに、雑木林の地面に落ちている「葉っぱの巻きもの」や、葉や枝にできる「虫こぶ」の正体の解説や、「汗にくる虫」などという項目もあって、虫の集まる「場所」は本当にいろいろあるのだな、と感心してしまいます。著者は、子どものころ『ファーブル昆虫記』に出会って、昆虫生態カメラマンの道を進んだということです。虫好きの子どもがそのまま大人になったような視点が、この本の魅力です。（三辺）

ダイズの絵本　★★

国分牧衛《こくぶんまきえ》・編、上野直大《なおひろ》・絵
農文協、１９９８年

ダイズはとっても身近な食べものです。豆腐や納豆、味噌《みそ》や醤油《しょうゆ》も、みんなダイズから作られます。熟すまえのダイズは、枝豆として食べられます。「１　ダイズは畑の牛肉だ！」で、まずダイズの栄養価が語られます。「２　鬼はそと、福はうち、でもなんでマメをまくんだろう？」は、ダイズにまつわる風習や民俗について紹介。「３　ダイズの葉は運動がすき」では、葉の不思議な動きや、マメの育ち方が解説され、「４　ダイズはマジシャン！……」で、根粒菌《こんりゅうきん》というバクテリアを根にすまわせ、空気から窒素《ちっそ》を取り入れて養分にする仕組みを図解します。そして、ダイズの栽培の仕方や観察のポイント、栽培上の注意などが丁寧《ていねい》に説明されていきます。枝豆をつぶした〝じんだもち〟や、豆腐の作り方まで、ダイズのことがなんでもわかる、「そだててあそぼう」シリーズの一冊です。このシリーズは、トマト、ナス、ジャガイモなどの野菜類から、ニワトリ、ブタなどの家畜まで、八五巻あります。（野上）

虫さがし　★★

海野《うんの》和男・文、筒井学・写真
偕成社、１９９８年

カブトムシは、買うものだと思っている子どもも、少なくないでしょうね。大人でも、都会には昆虫なんていないと思っている人がたくさんいます。ところが、東京のまん中でも、虫のすむ環境はありますから、探す目と意欲さえあれば、たくさんの虫たちと出会い、観察することができるのです。この本では、いつどこでどんな虫に出会えるかを、四季の変化にそって、家の近所や雑木林、水辺などの場所を写真で紹介し、探し方をわかりやすく解説していきます。「近所の虫のさがしかた」では、まず公園の花壇や空き地に咲く花が昆虫の宝庫だといいます。家の庭や歩道の植え込みの花にも、四季折々たくさんの虫たちが集まりま

す。こんなにたくさん虫たちが、身のまわりで見られるというのはびっくりです。「虫の飼《か》いかた・観察のしかた」（全六巻）の最初の一冊で、二巻では「虫を採る・虫を飼う・標本をつくる」で、観察記録のまとめ方や標本作りのこつなども解説されています。（野上）

川原の石ころ図鑑　★★

渡辺一夫
ポプラ社、２００２年

何気《なにげ》なく転がっている川原の石ころには、地球の歴史が刻み込まれています。石ころは、火成岩、堆積《たいせき》岩、変成岩と大きく三つにわけられ、石ころを作る鉱物も、できる場所もでき方も違うから、一つ一つが個性的なのだと著者は言います。地球の火山活動で噴出したマグマが、冷えて固まった火成岩をはじめ、堆積岩、変成岩のでき方が、最初に図解で説明されます。それに続けて、北海道の十勝川、東北の北上川、日本一長い信濃川、四国の四万十川、九州の筑後川など、日本中の五八の代表的な川ごとに、そこでひろった様々な石ころが写真で紹介されていきます。そのそれぞれには、川や地域に固有の特徴が刻み込まれているのです。石ころから、こんなことまでわかるのかと、実際に川原に出て探してみたくなります。同じ著者による、姉妹編『海辺の石ころ図鑑』も、同様な構成でいろいろと教えられ楽しめます。（野上）

ダンゴムシ　★

今森光彦・文／写真
アリス館、２００２年

都心の小学校に通う子どもが、ダンゴムシを教室に持ちこんで、「そんな気持ち悪い虫！」と叱《しか》られた話を聞いた時、すぐに思い出したのが、この絵本。写真家の作者は、二歳の息子がダンゴムシをもぐもぐやっている場面に遭遇《そうぐう》し、思わず大笑い。それをきっかけにダンゴムシの観察を始め、この写真絵本を作りました。これまで気にもとめていなかったダンゴムシが、実は「にくめない顔」をしていることや、真っ白い皮を脱皮《だっぴ》するこ

と、卵は母親の体の中で孵化《ふか》することなど、驚きの事実が明かされます。それぞれの瞬間をすべてカメラに収めた作者には脱帽するほかありません。本当のことを言うと、冒頭の話を聞いた時、カブトムシやクワガタがいれば子どもだってそっちを取るのに、自然のない都会に住んでいる子はかわいそう、と思ったのです。たしかにダンゴムシが脚光《きゃっこう》を浴びるのは、それも理由だと思いますが、案外《あんがい》子どもたちはダンゴムシの魅力に気づいているのかもしれません。（三辺）

水木しげる　妖怪大百科　★★

水木しげる
小学館、2004年

現代の妖怪画家といえば、なんといっても水木しげるでしょう。妖怪に興味がなくても、漫画、アニメ、実写版の『ゲゲゲの鬼太郎』を見たことがある人は多いと思います。この本は、子ども向けの妖怪入門の決定版です。コンパクトな一冊ですが、内容はたいへん充実しています。「人間の妖怪」「動物の妖怪」という大きな分類に加え、それぞれの妖怪の住む場所を山、水、里、家のいずれかに表示してあり、特徴《とくちょう》がすぐにつかめて親切です。妖怪地図もあるので、どの妖怪がどこにいるかも調べられます。妖怪がどうして生まれたか、なぜ存在しているかを知ることは、日本の文化や、人間の心理への理解にもつながります。怖《こわ》そうな妖怪、親しみやすそうな妖怪、とにかくたくさんいます。迫力と滑稽《こっけい》さをそなえた水木の妖怪画は、とにかくいつまで見てもあきません。まずは、お気に入りの妖怪を見つけることから始めてはいかがでしょうか。（神戸）

ぼくの鳥の巣絵日記　★

鈴木まもる・作／絵
偕成社、2005年

「山のなか」に住んでいる著者が、ヤマガラ、メジロ、シジュウカラ、ホオジロなど、身のまわりで見かける鳥たちの姿を春夏秋冬を通して描いています。タ

イトルのとおり、クモの糸やガのまゆの糸でコケをくっつけて作るエナガの巣や、ススキの枯れ葉で作るホオジロの巣、コケをちゃんと水で洗って使うカワガラスの巣などが紹介されているほか、その巣で鳥たちが卵を産み、雛《ひな》を育てていく過程や、山桜が咲き、畑の作物が育ち、梅雨《つゆ》や嵐が訪れる、山里の自然の移り変わりも描かれています。都会で見つけられる鳥たちも登場するので、親しみを感じる子どもも多いでしょう。これで鳥の巣に興味を持ったら、同じ著者の『鳥の巣いろいろ』（偕成社）、『鳥の巣の本』『世界の鳥の巣の本』（岩崎書店）などにもぜひ手を伸ばしてみてください。芸術性と機能性と神秘性を備えた鳥の巣に、自然の驚異を感じずにはいられません。こうした絵本を通して、自然を敬う心を育ててくれればと思います。（三辺）

ずら〜り マメ ★

—ならべてみると

深石隆司《りゅうじ》・写真、高岡昌江・文
アリス館、２００６年

タイトルそのままの、ひたすら豆が並んでいる写真絵本です。豆は知っていても案外《あんがい》そのさやは知らなかったりするので、へえ、こんなのに入っているんだと、興味はつきません。こんなにたくさんの種類の豆があるんですね。ほとんどが初めて見る豆です。それと、いつもは食べるのに忙しくて豆を一粒一粒じっくり眺めたことがないので、とても新鮮です。豆を植えて、芽が出て、いろんな花が咲いて、また種（豆）を作っていく過程もおさめられています。普通の図鑑と違うのは、絵本として流れがあるので、豆に表情が出ていること。だから親しみやすいというか、よく頭に入ってくる。クールに解説だけが書いてある図鑑のほうが好きな子どももきっと多いと思います。でも、一方でこういう見せ方が好きな子どももいます。大人はついつい図鑑のほうが勉強になると考えてしまいますけれど、そんなことはありません。（ひこ）

たまごのはなし ★

—かしこくておしゃれでふしぎな、ちいさないのち

ダイアナ・アストン・文、シルビア・ロング・絵、千葉茂樹・訳　ほるぷ出版、２００６年

もちろん卵が何かを子どもも知っています。大好きな子も多いでしょう。たいていそれはニワトリの卵。あと、家で飼《か》っている鳥の卵も見たことがあるかも

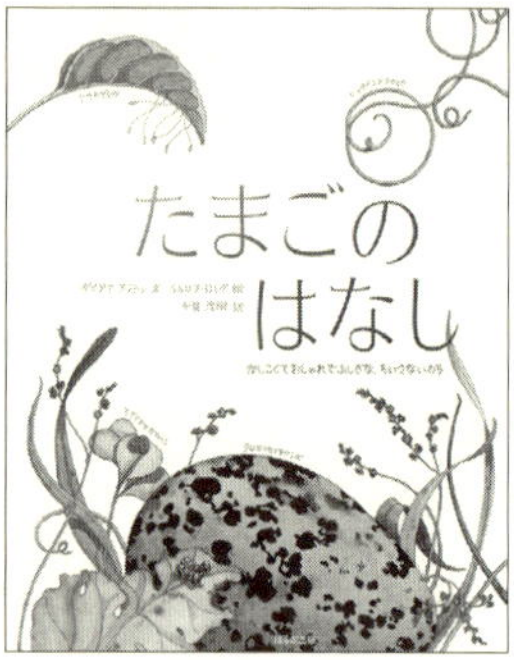

しれません。魚の卵を食べたり、見たこともあるでしょう。でもこの絵本に描かれているのは、名前は知っているし、姿も見たことはあるけれど卵は見たことがない様々な生き物の卵です。ある見開きには五〇以上の卵、卵、卵！　大きさも形も色もみんな違います。それは、孵化《ふか》するまでの間、卵を守るための保護色なのですが、産む場所が違うから柄《がら》も違っているのですね。絵本にしてはけっこう細かく解説も入っていて、読み出すとちょっとした卵博士になってしまいそうですよ。しかしどれもがきれいです。宝石です。いや宝石よりずっと美しい。けれど割れないと命が生まれない卵。きっと、宝石と違って割れてしまうからこそ美しいのです。そんなドキドキを味わって。（ひこ）

きみだれ？

松橋利光《としみつ》
アリス館、２００７年

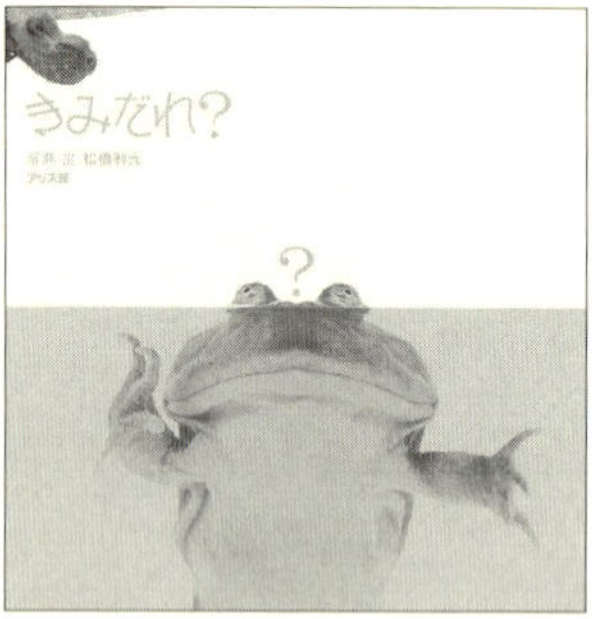

小さな子って、昆虫や両生類など、大人がちょっと怖《こわ》がったり、気持ち悪がったりする生き物を好きですよね。それは、大人になるほど、いろんな生き物が怖くなったり、気持ち悪くなったりするだけで、人間って元来はそんな生き物が嫌いじゃないんです。だって、この写真絵本をご覧なさい。カエルもトカゲもヘビも世界にはたくさんの種類がいて、どれもみんなきれいじゃないですか。しかも、人間とはずいぶん外見が違いますから、見ていて面白いに決まっているのです。子どもたちはきっと、この写真絵本を見て、次々と出てくる昆虫や両生類に、興味津々《しんしん》、大喜びします。それって、とても大事だと思います。世界が人間だけで動いているわけじゃないこと、世界にはたくさん知らない生き物がいること、そして自分はその中の一つであることを知っていくのですから。出てくる生き物を、今ではもうちょっと怖い、気持ち悪い大人の人も、写真だから大丈夫。見て、見て。（ひこ）

どこにいるの？ シャクトリムシ ★

新開《しんかい》孝
ポプラ社、２００７年

春の雑木林で、新緑の木の葉にへばりついて、からだを伸ばしたりちぢめたりして移動する、小さな虫がいます。これがシャクトリムシです。シャクトリムシは、シャクガというガの仲間の幼虫で、色や形も微妙《びみょう》に違ういろいろな種類がいて、それぞれ違ったガになるのです。シャクトリムシは、林の忍者みたいに、木の葉に隠れたり、木の枝みたいになって敵から身をまもります。木の芽にそっくりだったり、鳥の糞《ふん》になりすましたり、ときには目玉模様で相手をおどかすこともあります。動きも面白く、変身の名人のシャクトリムシの様々な面白い生態が、色鮮やかで鮮明な写真で紹介され、実際に見てみたくなります。冬の雑木林や、春先の若葉の季節に注意深く探すと、きっと見つかるでしょう。庭の植え込みや、公園の木々などでも見つけることができますよ。（野上）

まちのコウモリ ★

中川雄三・写真／文
ポプラ社、２００７年

最近はコウモリをあまり見かけなくなったと感じている人も、コウモリを見たことがない人も、けっこういらっしゃると思うのですけれど、実は夕暮れ時に空を眺めていると群れを見つけることができる可能性は想像している以上にあるものです。この写真絵本は、身近で暮らしているコウモリたちの姿をおさめています。ほら、いっぱいいるでしょう？　側《そば》に寄って観察するのは難しいかもしれませんが、この絵本の中には彼らの暮らしぶりや表情がクローズアップで写っていますから、たっぷり楽しめます。吸血鬼なんてイメージもありますけれど、かわいいでしょ。さっそく外に飛び出して、探してみてください。それでね、身のまわりを注意深く見つめれば、まだまだ新

しい発見があることに、子どもと一緒に驚いたり、ドキドキしたりしてください。遠くに行かなくても、世界はものすごく広くて、大きいのを実感できますよ。（ひこ）

いのちのカプセル まゆ ★

新開《しんかい》孝・写真／文
ポプラ社、２００８年

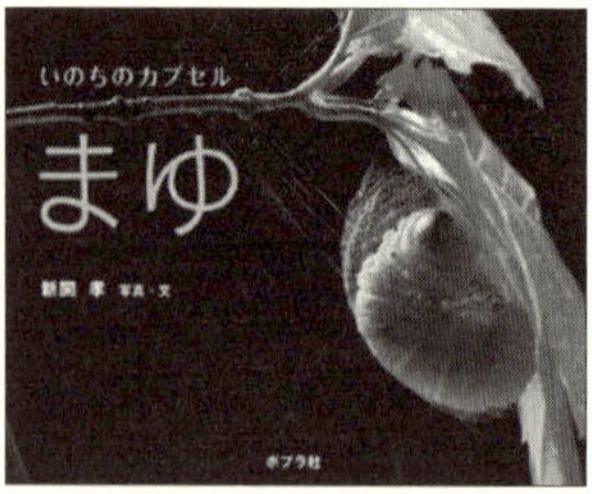

表紙を開くと、見返しにはいろいろなマユがびっしり並び、その色や形の美しさにひきつけられます。夏、葉っぱの影に隠れた卵形のヤママユガのマユと、木の枝にぶら下がった巾着《きんちゃく》みたいなウスタビガのマユ。ヤママユガとウスタビガの幼虫の、マユを作る様子がどちらも見開きで紹介されます。できあがったマユはいずれも薄緑色ですが、自然の造形美の不思議さにはびっくり。からだじゅうがトゲトゲの、イラガの幼虫のマユ作りも不思議です。できあがると、白と茶色の模様が入った、まるで卵形の陶器のようです。それぞれのマユの中で幼虫がサナギに変身し、成長していく様子も不思議ですが、マユをやぶって成虫が登場する瞬間はドラマティックです。マユは虫たちの成長をまもる、命のカプセルなのです。小さな生命の神秘が、すばらしい連続写真を駆使して紹介され感動的です。（野上）

クマのすむ山 ★★

宮崎学
偕成社、２００８年

中央アルプスの遊歩道に、無人で撮影できるデジタル・ロボットカメラを置いて、ツキノワグマの姿や行動を追跡する中から、意外な事実が見えてきます。著者は、一九八二年から、ほぼ同じ地点の〝けもの道〟に、三年間にわたって五台の無人カメラを設置して、大がかりな撮影をしたことがあります。このときツキノワグマは、一台のカメラにたった一回写っただけだったといいます。ところが、

それから二十数年たった今回は、たった一年のあいだに、一〇〇枚を超える写真が記録されていました。まるで人間のように立ち上がって無人カメラにいたずらする巨大な野生のクマなど、カメラがとらえた鮮明な生態写真を紹介しながら、著者は二十数年のあいだに起こった自然の変容を見逃《みのが》しません。〝クマはぎ〟といって、森林関係者にはクマの被害として見られていることも、弱った樹木を間引《まび》く役割をはたしていると見るのは、著者ならではの卓見《たっけん》です。「森の写真動物記」シリーズの一冊です。（野上）

里山百年図鑑　★★

松岡達英《たつひで》
小学館、２００８年

祖先が育《はぐく》み大切にまもってきた、身近な自然である里山を舞台にして、森や林、田んぼや川などで、動植物を観察したり、採集したものを食べたりしながら、野遊びを楽しむ大型パノラマ図鑑です。最初の見開きには、ツバメが飛びチョウが舞う、田植え時期の里山の光景が横長の画面いっぱいに広がります。ページをめくると、まず一〇種類のあぜ道に咲く花が紹介され、次の見開きでは、植物の名前や特徴を覚えるには、スケッチするのが一番と、そのポイントが解説されます。次は春の山菜で、その後に山菜の探し方や採り方、おばあちゃんに習う山菜料理。田んぼの生きもの、里山の魚、雑木林の昆虫、秋の木の実やキノコ、冬に出会う野鳥や動物たちまで、四〇年以上にもわたって野山を歩き、自然を知りつくした著者渾身《こんしん》の、見るだけではなく役に立つ実用図鑑です。百年図鑑という言葉には、この先百年も千年も、世代をこえて里山を守っていきたいという願いがこめられています。（野上）

葉っぱのあかちゃん　★

平野隆久・写真／文
岩崎書店、２００８年

葉っぱのあかちゃんと言われても、ちょっとイメージがわかなくて困るかもしれませんね。「冬芽は葉っぱのたまごです」とあって、最初のページにはオニグルミの冬芽の写真が。次のページでは一二種類の樹木の冬芽が載《の》っています。どれもツンツンとんがって自己主張をしていますが、こうして並べてみるとその中で命が育っているのが感じられます。そして春が訪れ、冬芽からいよいよ葉っぱのあかちゃんが顔を出します。新芽の色も鮮《あざ》やかに、みんなプクプク、ヒラヒラかわいいです。新芽がこんなにかわいく見えるのは、そういう見方を教えてくれるこの絵本の力なんですね。少しずつ葉が開いて日ざしを浴びていく姿は、大げさでも何でもなく生き物への愛《いと》しさを心に育ててくれます。写真というのは写真家の眼が切り取った画ですから、素人《しろうと》が日頃気づかない感動を伝えるのです。そしてもちろん、この絵本を見た後は、子どもと一緒に外に出ましょう。あ、葉っぱのあかちゃんは一年中はいませんよ。（ひこ）

むしを たべる くさ ★

渡辺弘春《ひろはる》・写真、伊地知英信《いじちえいしん》・文
ポプラ社、２００８年

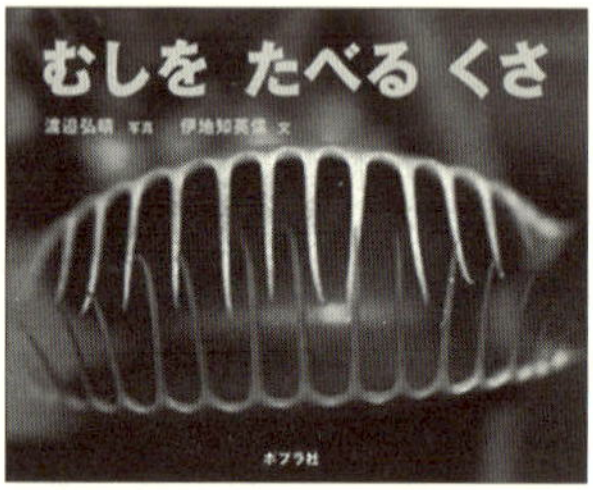

食虫植物の写真絵本です。昆虫を大好きな子どもにとって、これらの植物は許せないものなんでしょうか？ 私自身を振り返ると、そんなことはなくて、昆虫も面白いし、それを食べてしまう食虫植物にもすごく関心がありました。それはきっと、どっちが好きとかではなくて、いろんな生き物が互いに関係しあって生きているところに興味をひかれていたからだと思います。とはいえ、イメージとしてはおとなしい感じがする植物の中で、昆虫を食べてしまうこれらは、ドキドキ感を与える存在だったのは確かです。登場するのはハエトリグサ、モウセンゴケ、ウツボカズラ。どれも本物を見たことはないかもしれませんが、知っている人がほとんどでしょう。それだけ印象が強い植物なのです。残酷《ざんこく》に思える写真もあるでしょうけれど、それは、食虫植物たちが生きている証《あかし》ですから、じっくり眺めてあげてください。愛《いと》おしくなれとは言いません。でも、すごいって感動するんじゃないかな。さ、植物園へゴー！（ひこ）

調べてみよう

どうぐ　★

加古里子《かこさとし》・文／絵　福音館書店、1970年→瑞雲舎《ずいうんしゃ》、2001年

道具ってなんでしょう。朝歯をみがく歯ブラシも、水を飲む時のコップも、文字を書く鉛筆も、みんな道具です。耳かき、小さじ、大さじ、しゃもじ、杓子《しゃくし》、スコップと、ものをすくったり掘ったりする道具がだんだん大きくなり、その後にパワーショベルが登場。道具のイメージが、どんどん大きくなっていくのも面白い展開です。腕時計の、ほとんど目に見えないくらい小さな部品や、数ミリのねじから歯車やバネなど、細かな材料をすべて紹介。これを間違えずに組み立てていくと、とても役に立つ道具になりますと述べた後に、自動車の全部品が見開きいっぱいに描かれて、圧巻です。小さい道具、大きい道具、いろいろな仕事をする便利な道具を考えて作り出したのが人間ですと、技術士で工学博士の著者は結んでいます。道具の精密な内部も興味をそそる、科学絵本の傑作《けっさく》です。（野上）

はははのはなし　★

加古里子《かこさとし》・文／絵　福音館書店、1970年

この一冊で、子どもが知っておくべき歯のことがほぼ網羅《もうら》されています。食べ物を細かく切る前歯、臼《うす》のようにすりつぶす奥歯など、それぞれの歯の役割を伝え、その大事な歯が虫歯にならないためにはどうすればよいかをユーモラスに教えます。食べ物の残りかすをエサにして増えるばい菌《きん》が酸を出し、歯を溶《と》かしていくので、酸になりやすい甘いものを食べすぎないこと。そもそも丈夫な歯を作

るために、何でも食べ、昼間はしっかり運動をして元気な体を作ること。たかが歯と言うなかれ、歯の不調が全身に及ぶこともあるのだから、大人も子どもも歯を大切にしなければいけないというメッセージには、大人も「はっ」とさせられるでしょう。加古里子その人をモデルにしたような赤いネクタイの解説の先生や、「はっはっはっ」と笑い声と「歯」を掛詞《かけことば》にした工夫など、ユーモアを楽しみながら歯のことがわかる、お得な絵本です。（鈴木）

ほね ★

堀内誠一・作
福音館書店、1974年

「さかなを　きれいに　たべられますか」という呼びかけから、この絵本は始まります。きれいに肉の部分を取ると、魚の形をした骨だけが残ります。次の

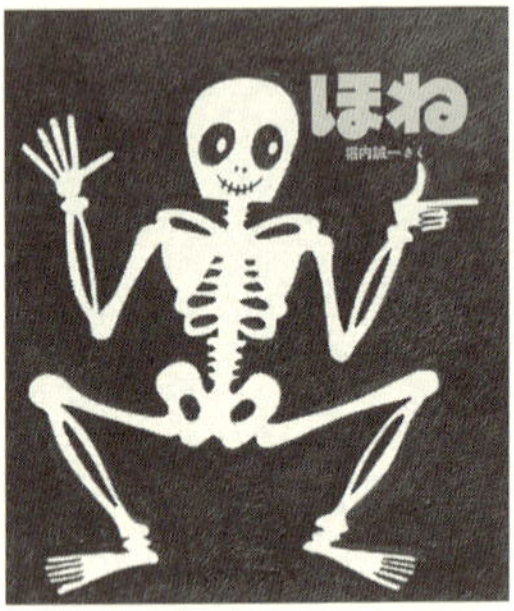

ページ、「でも　たこには　ほねがない」と、見開きいっぱいに、ピンク色のタコの姿がユーモラスに踊ります。もし人間のからだに骨がなかったら、ぐにゃぐにゃになって、立っていられません。前面が濃いブルーの中に、白く抜かれた人間の全身骨格が描かれ、そのガイコツのキャラクターが奇妙に動きながら、骨の仕組みや役割を解説していきます。人間や動物たちの骨格と体の構造を説明し、その構造を様々に工夫して、いろいろな機械を作ったり、地底に埋もれた動物たちの化石や骨から、大昔のことを知ることができるのです。魚の骨をきっかけに、幼児でもわかるようなやさしい語り口で、骨の役割を面白く紹介した、楽しい科学絵本です。（野上）

くだもの王国 ★★

さとうち藍《あい》・文　松岡達英《たつひで》・絵
岩崎書店、1987年

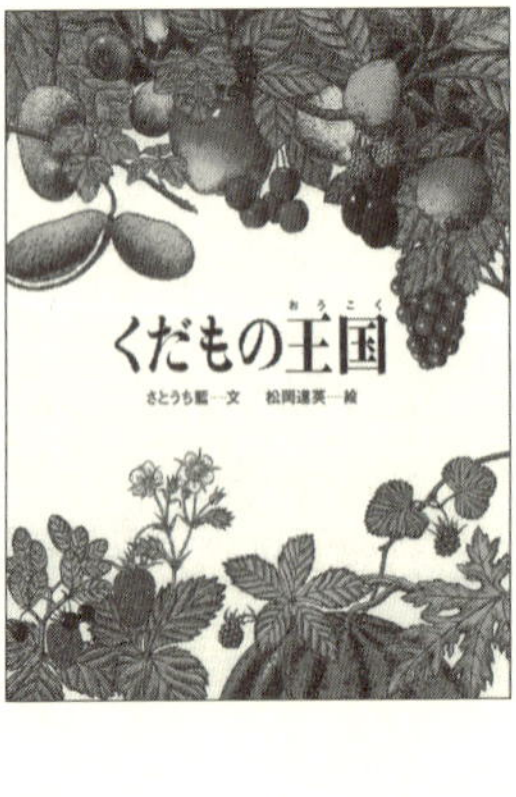

ほとんどが温帯に属し、四季の変化のある日本には、たくさんの果物が育ちます。また、沖縄は亜熱帯に属すので、熱帯の果物も栽培されています。世界でも珍しい果物王国・日本の、春から秋まで

の季節の変化をたどりながら、サクランボ、ビワ、ウメ、モモ、アンズ、スイカ、メロン、ナシ、ブドウ、クリ、カキ、リンゴ、ミカンなど、主な果物の栽培から果実の利用方法などをていねいに解説。マンゴー、パパイヤ、パイナップル、バナナなど、ふだん見慣《みな》れない熱帯の果物の生態も紹介されています。初夏と秋の野山に生育する野生の果物や、果物に集まる虫や鳥についての解説も行き届いていて、図鑑としても楽しめます。カキやミカンの保存方法なども実用的。太陽の光を浴びて育つ果物をとおして、季節のかすかな移り変わりに、微妙に反応する生命のいとなみの不思議さが伝わってきます。果物を手にした時に、ついつい開いてみたくなる重宝な絵本です。（野上）

ぼくらの地図旅行　★★

那須《なす》正幹《まさもと》・文、西村繁男・絵、福音館書店、1989年

「ぼく」は、ともだちのシンちゃんと一緒に、中辻から野浜の岬までの約一二キロを、地図をたよりに徒歩旅行することになりました。ところが、スタート地点の駅に降りたとたん、不安になります。地図に書いてない道があったのです。でも、気を取り直して線路沿いに歩いていくうちに、地図どおりに歩いているのがわかり、自信がついていきます。途中で、地図を読み間違えますが、逆に思わぬ収穫もあったりして、最後は目的地に無事到着できました。各ページに、その場所の絵と地図が両方のっていて、一緒に旅をしているような臨場感《りんじょうかん》を味わえます。あたり前ですが、風景と地図が一緒だと、うれしくなってしまうものなのですね。地図の記号についても、適宜《てきぎ》「ぼく」が説明してくれるので、いつのまにか地図の見方も身についてきます。地図ってこんなに面白いとは知りませんでした。次はきっと、自分の町を地図旅行してみたくなるでしょう。（神戸）

21世紀こども百科　★

濱田《はまだ》隆士《たかし》・日高敏隆・森隆夫・監修
小学館、1991年

「あい」「あいさつ」「アイスクリーム」から始まり、「ロケット」「ロボット」ま

で、二百数十項目が、それぞれ見開きで解説されるビジュアル百科。小学校の教科書に登場するテーマから、「コンピュータ」などの最新知識もわかりやすく紹介。「カブトムシ」「恐竜」「自動車」「電車」などでは、それぞれ何十点もの豊富な図版が載《の》っているから、図鑑としても使えます。「アニメーション」「おばけ」「怪獣」などには、人気キャラクターがせいぞろいしているので、小さな子も大喜び。「自由研究ガイド」として、関連博物館などの案内もあるから便利です。巻末には、教科書に登場する二〇〇人近くの人物事典。約三六〇〇項目の索引があるので、そこから調べたい項目がさがせます。一九九一年の初版発行以来、一〇〇万部近く発行されているロングセラーですが、改訂され毎年何回か重版されているので、つねに最新情報がわかります。幼児から大人まで見て楽しめる、楽しい事典です。（野上）

昆虫の擬態《ぎたい》 ★★

海野《うんの》和男
平凡社、1993年

擬態《ぎたい》というのは、自分とは違ったものの様子や形に似せることです。昆虫は、擬態の名人です。虫をねらう鳥の目をあざむいたり、敵から身をまもるために植物のまねをしたり、餌《えさ》をとるために変身して身をかくしたり。昆虫カメラマンの著者が、世界中をかけめぐって撮影したカムフラージュする虫たちの姿は、その不思議な習性と自然界の巧妙な仕組みで、見るものを圧倒します。自然の中で見られる葉の色や模様は多種多様ですが、コノハムシは色や模様を様々に変えて変身してみせます。木の葉の形に合わせるかのように、色や形を似せるコノハチョウ。枯れ葉にカムフラージュするカレハガ。木の枝や幹に似せて身を隠すエダナナフシやシャクトリムシの仲間。熱帯のコケに似せて身を隠すサルオガセギスやヨロイコケギス。熱帯の花そっくりに変身して餌をねらうハナカマキリ。自然の巧妙な策略を、膨大《ぼうだい》な写真で紹介し

た、まさに驚異の一冊です。（野上）

ジャングル　★★

松岡達英《たつひで》・作／絵
岩崎書店、1993年

ジャングルという言葉を聞くだけで、なぜかわくわくしませんか？　そんな人にぴったりの絵本です。期待に胸をふくらませて表紙を開いた人は、この本の見返しを見ただけでノックアウトされてしまうでしょう。作者がジャングルで記した日誌と、ホエザルやケツァール、タイラ（イタチの仲間）などのイラストで埋めつくされているのですから。そしてページをめくれば、そこにはコスタリカの豊かな自然が広がっています。変化に富んだ地形を持つコスタリカは、生物の宝庫なのです。ベアードバクやクモザル、ヤドクガエルなどの珍しい生き物はもちろん、三〇種類もの植物が「着生」している大木や、学者でも名前のわからないような木の実など、数々の不思議が読者を待ち受けています。ジャングルには、まだ何万種もの未知の生物が暮らしているそうです。世界には知らないものがたくさんあること、知りつくすのは不可能であることを知るのは、とても大切なことのような気がします。（三辺）

世界昆虫記　★★

今森光彦・文／写真
福音館書店、1994年

世界中のめずらしい昆虫たちの生態を、大自然の中にとらえた写真による昆虫記。といっても、紹介されるのは昆虫ばかりではありません。辺境と言われる地域に住む、様々な人々の暮らしや文化とともに、自然の中にひそむ虫たちの驚異的ないとなみが、鮮明な写真で繰《く》り広げられていくのですから、目をうばわれてしまいます。始まりはアジアから。世界最大の花・ラフレシアのつぼみが開花し、それが朽ちていくまでが、小さな虫たちとの関わりをとおして紹介されます。次は、「熱帯のクリスマスツリー」と題した、ホタルの集団発光。樹木全体

にうす黄緑の光を放つ光景が、場面いっぱいに広がり、まるでファンタジーの世界です。中南米の、五〇〇〇万匹のオオカバマダラの越冬場面にも圧倒されます。一三〇〇枚の珍しい虫たちの写真を、巧みな構成で展開して、子どもから大人まで、虫たちをめぐる世界の旅が堪能《たんのう》できる、ずっしりと重い驚異の写真昆虫記です。（野上）

滅びゆく日本の動物たち ★★

黒川光広・作
ポプラ社、１９９５年

日本全国の絶滅のおそれがある動物やめずらしい昆虫を、南は八重山《やえやま》・沖縄・奄美《あまみ》諸島から、北は北海道まで、地図とともに図解的に紹介した大型絵本です。現在、日本では絶滅のおそれがある動物が、六八〇種ほどいると言われています。国鳥で天然記念物のトキ。カッパ伝説のもとになったといわれるカワウソ。自然破壊で餌《えさ》が少なくなり、里に下りてきて最近話題になっているツキノワグマ。近年、沖縄で発見されたヤンバルクイナ。かつては全国の湿地や田んぼでよく見られたコウノトリ。地域別に生息する場所をしるした地図とともに紹介された、およそ二〇〇種の動物や昆虫たち。細密に描かれた絵から線を引き出して、からだの特徴や習性などを丁寧《ていねい》に解説してあって、日本の野生動物図鑑としても便利に使えます。動物名につけられた赤丸が、三つだと絶滅危惧種《きぐしゅ》。二つは生息数が大幅に減少している危急種。この数の多さには、驚かされます。（野上）

たべたら うんち ★

山岡寛人《ひろと》・写真／文
ポプラ社、１９９８年

舞台は、アフリカのケニアの大草原です。ヌーの群れが、草を食べながら移動していきます。動物はみんな、食べるとうんちをします。豆みたいにコロコロとしたうんち、人間と同じようなうんち。草原には、いろいろなうんちが、あちこちにかたまって残されています。大きなゾウのうんちは、とっても大きいけど、風

と太陽の熱で乾いて、草の繊維だけが残ります。それをシロアリが食べ、シロアリのうんちは草の肥やしになります。ライオンはヌーを捕まえて食べ、その残りをハゲワシが食べ、さらに残ったものをブチハイエナが食べます。骨を食べたら白いうんち。毛皮を食べたら毛玉のうんち。みんなが落としたうんちを、スカラべが玉にしてころがし、その中に卵を産み、生まれた子どもはうんちを食べて大きくなります。うんちを手がかりに、アフリカのサバンナに住む様々な動物たちのかかわりや、その暮らしぶりを生き生きと紹介した写真絵本です。（野上）

地球生活記　★★

小松義夫《よしお》・文／写真
福音館書店、１９９９年

サブタイトルに「世界ぐるりと家めぐり」とあるように、世界中の国々と様々

な地域の人びとの家と暮らしを、膨大《ぼうだい》な写真で紹介した豪華な本です。扉を開くと、画面いっぱいに板根《ばんこん》を大地に広げた巨大な樹木の下で、豆粒みたいに小さく見える人びとの会話が聞こえてきます。アフリカのブルキナファンのヤンカソ村の朝の光景です。ブルキナファンといっても、聞きなれない国名だから、どこにあるのかさえわかりません。アフリカから始まり、ヨーロッパ、アジア、オセアニア、アメリカとめぐる、それぞれの最初のページに、著者の取材地図が写真入りで目次のように紹介されています。それによると、ブルキナファンはマリとニジェールの下あたりです。この国のある地域では、木の枝で球形の骨組みをつくり、それをござで包んで家にしています。ヒマラヤ山中のブータンから、南米のチチカカ湖の家まで、あらゆる地域の家と人びとの生活が堪能《たんのう》できるすばらしい一冊です。（野上）

富士山大ばくはつ　★★

かこさとし・作
小峰書店、１９９９年

富士山のでき方を知るために、著者は、

宇宙の誕生から地球の誕生、さらにアジアの東の激しいプレートの動きの中から日本列島が形成されるプロセスをわかりやすくたどってみせます。南方から動いてきた小さな島が列島にぶつかって今の伊豆半島ができ、押しあった所に皺《しわ》ができて、そこから地底のマグマがふき出して富士山のもとになる小御岳《こみたけ》が生まれ、それを包み込むようにして一万年前頃に古富士ができます。その後、噴火が繰《く》り返されて、六〇〇〇年ほど昔に今のような形の富士山が登場するのです。富士山は若い火山で、今はちょっと昼寝をしているにすぎないし、いつまた活動を始めるかわからないから、富士山のことをよく知り、大自然の不思議を学んでほしいと著者は言います。富士山の誕生から、噴火の歴史、気象変化、地形の変化、動植物分布までを、わかりやすく解説した富士山大百科のような絵本で、子どもから大人まで十分に楽しめます。（野上）

太鼓《たいこ》 ★★

三宅都子《さとこ》・文、中川洋典《ひろのり》・絵
解放出版社、2001年

祭り太鼓のリズミカルな音色を耳にすると、ひとりでに体が踊りだしそうになりますね。太鼓には人の心を奮《ふる》い立たせる不思議な魅力があるようです。この本は、太鼓の音のように力強くエネルギッシュな絵で、その魅力や歴史を様々な角度から紹介してくれます。和太鼓の胴に使われるのは、樹齢五〇年から一〇〇年の木目のつまった重い木が適していて、直径二メートル以上の巨大な太鼓の胴にするような木は、もう日本にはないのだそうです。胴に張る膜《まく》は、主に牛革で、毛を抜いてきれいに水洗いし、天日で干した後に、カンナで丁寧《ていねい》に伸ばされます。太鼓職人による製造のプロセスには、初めて知ることがいっぱい。この太鼓職人のすばらしい技術が、世の中で評価されないのはなぜかを、絵本は読者に問いかけています。家庭でもできる太鼓の作り方や、演奏の仕方、世界の太鼓のいろいろなど、豊富な情報がつめ込まれている画期的な太鼓の絵本です。（野上）

ツーティのうんちは どこいった？ ★

松岡達英《たつひで》・絵、越智典子・文
偕成社、2001年

舞台は中米の熱帯雨林。主人公はハナグマの子どもツーティ。横長の絵本を縦

いっぱいに使った場面の上に、真っ赤な花をつけた巨大なデイゴの樹が。眼下には広大なジャングルが広がります。様々な生き物が、まるで隠し絵のように描き込まれた樹上で、ツーティは力みながらウンチをしました。お尻から排泄《はいせつ》されたウンチは、チョウやトンボやインコが飛び交《か》う空を舞い、ジャングルに消えていきます。みんな毎日ウンチするのに、どうして森はウンチだらけにならないのだろうと、ツーティは考えます。そこでウンチ探索に向かうのです。ツーティのウンチにモルフォチョウが来て、吸水して飛び去り、さらに接近すると、ウンチは突然動いたのです。ツーティは、びっくり。恐る恐る見に行くと、ウンチの周囲をハエが飛び、下からたくさんのフンコロガシの仲間が姿を現わしました。ウンチをキイワードに、熱帯雨林の生態系をユーモラスに物語化した、濃密で楽しい科学絵本の傑作です。（野上）

ぼくのコレクション　★★

盛口満《みつる》・文／絵
福音館書店、２００１年

「自然のなかの宝さがし」という副題のとおり、身近な自然の中で見つかる虫や植物などを季節ごとにわかりやすくまとめた図鑑です。とはいえ、春の「白いチョウ　黄色いチョウ」のページに十数種類のチョウが描かれていたり、秋の「赤い実」のページにもびっくりするほどの数の実が載っているのを見ると、本当に「身近な」自然なのか、疑いたくなります。そんな人は、ぜひこの本を抱えて、外へ出てみてください。都会でもちょっと広い公園や神社に行けば、この本に載っているものがたくさん見つかるはずです。裏を返せば、この本は、じつに実用的な図鑑なのです。「これ、なんだろう？」と思って、ふつうの大きな図鑑を探しても、どれかわからないことが多くありませんか？　でも、身近なものに絞ってい

るこの本なら、調べるのも簡単です。いろいろあるドングリだって、あっという間にどの木の実かわかりますから！　明日からでもすぐに使える図鑑なのです。（三辺）

いえのしくみ　★★

もりのこぐ・文、しもだともみ・絵、
岩崎書店、２００２年（現在、品切れ）

全八巻ある「分解ずかん」シリーズ。今回あげた『いえのしくみ』以外にも、超高層ビル、自動販売機、テレビ、冷蔵庫など、身のまわりでよく見かけるのに、中がどうなっているか、どんな仕組みになっているのか知らないものを「分解」して見せてくれる図鑑です。建てかけの家を見て、どうやって建てるんだろうと思ったことはありませんか？　どうやって外から電気を運んでくるんだろう？トイレはどうして流れるの？　そうしたふだん意識しなかったり、当たり前だと思っていたものの仕組みが、わかりやすく丁寧《ていねい》に図解《ずかい》してあります。たとえば、ただの板に見える壁だって、土台、通し柱、間柱《まばしら》、防水シート、断熱材など、様々なものでできており、そのおかげで雨風や暑さ寒さ、音などを防ぐことができるのです。何気なく目にしたり、使ったりしているものが、人間の知識の結集であることを知ると、自然に物づくりへの興味もわきますし、感謝の気持ちも生まれます。（三辺）

動物　★★

（小学館の図鑑ＮＥＯ）

三浦慎悟ほか・指導／執筆
小学館、２００２年

世界中の野生のほ乳類約五七〇種類と、家畜やペット約六〇種類の特徴や生態を、写真とリアルなイラストで紹介した図鑑です。最近の科学知識の急速な発展により、ほ乳類のなかまがどのように進化してきたかが、だんだんわかってきました。表紙を開いた見返しには、その最新情報にもとづいた、ほ乳類の進化の歴史と、二一の大きなグループ（目《もく》）の

分類が図解されています。本文では、「ほ乳類とは何か」から始まり、その生息地域をサバンナ、熱帯雨林、温帯林、ツンドラ・タイガ、高山、砂漠、海洋・極地の七エリアに分け、その特徴を口絵として解説。それに続き、「カモノハシ目」「オポッサム目」「アリクイ目」というように、進化の歴史の古いグループから順にそれぞれのなかまが紹介されていきます。最初のほうは種類も少ないのですが、「ネコ目」「ウシ目」「サル目」などと新しくなるに従いどんどん増えてきます。図を見るだけなら、幼児からでも楽しめる最新動物図鑑です。（野上）

宇宙　★★

（小学館の図鑑ＮＥＯ）

池内了《さとる》・監修／執筆
小学館、２００４年

二〇世紀に「二一世紀に実現される」と予測されていたものは、実際に二一世紀を迎えた今、ほとんど実現しているそうです。食器洗い機、携帯電話、リニヤモーターカー、数々の病気の治療法。しかし、その中で大きく予想をはずれたのは「月旅行」でした。もちろん米ソの宇宙開発競争など政治的な理由もありますが、人類の宇宙への関心・夢が衰えてしまったように見えるのは残念なことです。宇宙こそ、学問が発達すればするほど謎が増える――わかればわかるほどわからなくなるものの代表なのですから。この図鑑は、謎に満ちた存在である宇宙の現在の姿を、さまざまな角度から、比較や例を駆使《くし》して紹介しています。「太陽」「恒星」「銀河系」といった基本的知識はもちろん、「相対性理論」「ダークマター」「ニュートリノ」などといった難解な、しかし宇宙を考える上で欠かせないキーワードにも触れ、読者の興味をかきたてます。人類の、夜空に思いを馳《は》せる気持ちは、今も昔も変わらないのです。（三辺）

知のビジュアル百科（全五〇巻）　★★

あすなろ書房、２００４年〜

知識は、成績を上げるためにあって、成績はいい学校に入るためにあって、いい学校に入ればいい会社に採用されて、といった考え方が流布《るふ》しています。しかし、大人はそんな一本道を子どもの頃から今までずっと歩いてきたのでしょうか？　そんなはずはないと思うのですが。最初に書いた「知識は、成績を上げるために」あるというのは間違いではありませんが、知識の重要さのほんの一部にしかすぎません。知識の多くは、いつ何のために必要かわからないものです。けれど、今自分が興味を持っているのでとりあえず仕入れておく。そんな時間があれば、直接成績に役立つ勉強をしろと言われるかもしれませんが、それは間違いです。子どもがこれから出会う様々なことは成績の上がり下がり用の知識だけでは対処などできません。役立つかどうかわからない知識をどれだけ仕入れているかで、心に余裕ができてうまく対処できるのです。このシリーズは、入りやすく、内容豊富で、知識を次に広げたくなる情報に満ちています。（ひこ）

ポップコーンをつくろうよ　★

トミー・デ・パオラ・作、福本友美子《ゆみこ》・訳　光村教育図書、２００４年

この絵本は、「遊びと冒険」に入れてもいいのですが、ここにします。というのは、本当の知識というものがどんなふうに作られているか実によくわかる楽しい作品だからです。二人の子どもがポップコーンを作って食べる。とはいえ、この子たち、ポップコーンを初めて作るものですから、大人なら簡単にすませてしまうところを、いちいちこだわるのです。ポップコーンって冷蔵庫に置くのがいいの？（植物学）から始まって、それはアメリカ先住民が考えた食べ物（歴史学）で、一四九二年にコロンブスがやってきた時、先住民はそれをアクセサリーにしていた（文化人類学）こと。アメリカ人は一年間に約四七万トンを消費する（経済学）こと、そして何より作り方（料理）！　といったふうに、ポップコーン一つでも、アプローチ方法は様々あることを教えてくれます。これは受験用の学力では身につかないものです。これを教養と言います。この作者のほかの絵本もどうぞ。はずれはありません。（ひこ）

描かれた遊び　（名画のなかの世界９）　★★★

ウェンディ&ジャック・リチャードソン・編、福間加容《ふくまかよ》・訳　若桑みどり・監修　小峰書店、２００６年

絵画を見るのはちょっと苦手という人は大人でも多いと思います。画家がその絵で何を言おうとしたのかをわからなければいけないと、いつのまにか思い込んでいるからでしょう。学校の美術教育が悪いのかどうかはわかりませんが、それで絵画に近づくのをやめてしまってはもったいないです。「名画のなかの世界」シリーズは、絵画の新しい楽しみ方を示してくれています。何冊かのテーマを見てみましょう。『描かれた食べ物』『描かれた都市』『描かれた仕事』。絵画が先にあるのではなく、知りたいテーマを先に立てて、それを絵画で見ていくのです。だから、画家も、時代も様々で、難しいことを考える必要は全くありません。『描かれた遊び』では、紀元前一五〇〇年に描かれた「ボクシングをする少年」の次に二〇世紀初めの画家によるボクシング試合の絵が置かれています。三五〇〇年の時代差でボクシングを比べることができるのです。こんな画集をながめていれば、子どもも気軽に絵画に関心を持つでしょう。（ひこ）

いのちのなぞ　（上・下）　★★

越智典子・文、沢田としき・絵
朔北《さくほく》社、２００７～０８年

生命の不思議や謎《なぞ》について、上下二巻で五五の問いを読者に投げかけ、絵と文で丁寧《ていねい》に答えながら、謎を解きあかしていきます。最初は「いのちのはじまりはとても小さい」で、メダカやカメやアゲハチョウやダチョウの卵を絵で紹介し、「どれがわたしのたまごでしょう?」の問い。そこにはなんと、ゾウの卵まで登場し、卵で生まれる動物も、赤ちゃんで生まれる動物も、もとは小さな卵だったと、人間の誕生の秘密に迫ります。そして、地球最初の生きものは、何から生まれたのか、遺伝子って何、人はいつから人になったのかなど、だんだん難しい問

題にチャレンジしていくのです。下巻は、「わたしって　何だろう」から始まり、最終章では、「いのちは、ただ、自分の子孫にうけつがれていくだけではありません。思いもよらない、無数のいのちに、つながっていくのです」と結ばれます。好奇心を刺激するおもしろい質問とわかりやすい解説で楽しめる一冊です。（野上）

恐竜館 ★★
（21世紀こども百科）

真鍋真・監修
小学館、２００７年

六五五〇万年前に絶滅したと言われる、地球上に実在した巨大生物・恐竜は、子どもたちに変わらぬ人気があります。ところが、化石などの新しい発見があるたびに、恐竜に関する研究は進化をとげてきていますから、恐竜情報は日々更新されていると言ってもいいくらいです。そのため、復元想像図や歩き方などの行動形態も、一〇年前とは大きく変わってきています。この本でも、「ティラノサウルスよりも大きな肉食恐竜がいた！」と、全長一七メートルのスピノサウルスや、二〇〇〇年に中国で発見された羽毛のある恐竜が紹介されています。「生命の歴史」「恐竜の系統と進化」「恐竜のからだ」「恐竜のくらし」「恐竜たちの生きた世界」「発掘・研究の現場から」と全体が六章にわかれ、本文は最新情報にもとづくリアルなイラストや図解、骨格標本をオールカラーで二〇八ページ。巻末資料も充実していて、大人の恐竜ファンも楽しめる最新恐竜百科です。（野上）

コウノトリがおしえてくれた ★★

池田啓《ひろし》
フレーベル館、２００７年

国の特別天然記念物に指定されているコウノトリは、江戸時代には全国各地でよく見られ、その記録はいろいろな本にも残されています。ところが、明治時代になって銃が普及すると、各地で乱獲されて姿を消していきます。その後、わずか

に残った現在の兵庫県豊岡市の繁殖地が保護され、昭和に入ると六〇羽ほどに増えたものの、戦争中の松の木の伐採《ばっさい》で巣がつくりにくくなり、さらに農薬の普及で餌《えさ》も減少し、一九七一年には国内の野生のコウノトリは絶滅してしまいました。この本は、豊岡市を舞台に、ロシアのハバロフスクから寄贈されたコウノトリをもとに、それを飼育して増やし野生にかえすという、困難な計画を推し進めてきた著者が、ついに野生のヒナを飛び立たせることに成功するまでの記録です。コウノトリの野生復帰活動を通して、人と生きものが一緒に暮らせる自然環境の大切さがひしひしと伝わり、それが次世代への貴重な提言となっています。（野上）

こんなふうに作られる！　★★

ビル＆ジム・スレイヴィン・文、ビル・スレイヴィン・絵、福木友美子《ゆみこ》・訳
玉川大学出版部、２００７年

消しゴム、マッチ、プラスチックの恐竜など、ごく身近な六九のものが、どんなふうに作られているかを、わかりやすく図解している本です。公式野球ボールのしんも、ホイッスルの中身も、じつは同じコルクだったのですね。えんぴつは、たくさんのミゾを彫《ほ》った板に、しんをはめこみ、あとで一本一本切っていきます。ボトルシップは、マストをたおしたままボトルに入れ、最後にマストを引っぱって立てるそうです。ポテトチップスや朝食用シリアルが、大きな機械で見事にじゃんじゃんできあがる様子《ようす》は、圧巻です。ふだんあたり前に使っているものが、目の前に届くまでの過程は、あまり考えたりしないかもしれません。でも、今の便利な生活ができるまで、ほんとうにいろいろな工夫が積みかさなっているのですね。あちこちで、長年の不思議が解明されて、すっきりします。あれは？　これは？　と次々と興味がわいてくる一冊です。（神戸）

和の行事えほん１ ―春と夏の巻　★★
和の行事えほん２ ―秋と冬の巻　★★

高野紀子《のりこ》・作
あすなろ書房、２００７年

日本人のアイデンティティだとか、よく言われることがありますが、今この国

で生まれて、この国の国籍を持っている人間は古来からの日本文化だけを継承《けいしょう》しているわけではありません。社会からも学校からも家族からも友達からも、もっとも多く伝えられ、もっとも深く身につけているのは西洋発祥《はっしょう》文化です。ウエディングドレスはすぐにイメージできても、文金《ぶんきん》高島田や白無垢《しろむく》を思い浮かべられる若い人がどれほどいるでしょうか？　和便器を使えない人も増えています。それは忘れたわけではなくて、西洋発祥文化の中で育ってきたからにすぎません。つまり私たちの文化アイデンティティはそこにあると言ってもいいでしょう。それを否定しないで絵本を広げると、この国固有《こゆう》にあった文化がより明確に見えてきてファンタスティックです。文と絵でわかりやすくそして細かく丁寧《ていねい》に伝えてくれます。難しく深く突っ込んだりはしていません。でも、一般の知識よりは多くの情報が入っていて、それが好奇心をくすぐります。（ひこ）

巨大昆虫探険図鑑　★★

山口進
岩崎書店、２００８年

自然界は不思議です。こんな昆虫が実際にいるのかと思うような、巨大で奇妙な虫たちが、Ａ４判のページをはみださんばかりに、ほとんどが実物大で紹介されています。著者は、本で出会った世界の巨大昆虫を、すべて自分の目で見たいという好奇心と探検心で、三〇年間にわたって世界中をかけめぐりました。巨大昆虫は、赤道を中心とした熱帯雨林に生息しています。オスの体長が最大で一八センチもある、南米に分布するヘルクレスオオカブト。それに負けぬくらい大きく、三本の長い角を張り出して黒光りするコーカサスオオカブトは、マレー半島やジャワ島、スマトラ島に分布しています。羽を広げると三〇センチ以上にもなる世界最大のガ、ヨナグニサンの仲間は、沖縄の与那国島《よなぐにじま》にも生息しています。どこでどのように巨大昆虫に出会ったか、豊富な写真とともに、そのエピソードも紹介されていて、冒険心が刺激《しげき》されます。（野上）

クラゲゆらゆら　★

楚山《そやま》いさむ・写真／文
ポプラ社、２００８年

魚のように泳ぐのでもなく、海の中をふわふわゆらゆらと漂《ただよ》うクラゲは、なんともたよりなさそうな生きものです。でも、下村脩《おさむ》さんがオワンクラゲから光るタンパク質を取り出して、ノーベル化学賞を受賞したことから、すっかり水族館の人気者になりました。この本には、海中を漂うクラゲの姿が、鮮明な写真でたくさん紹介されていて、その不思議な形と美しさには、びっくりさせられます。ラグビーボールのようなウリクラゲ。宇宙に浮かぶ、人工衛星のような形のアンドンクラゲ。まるで幽霊みたいなムラサキクラゲ。タコそっくりのタコクラゲ。かさの直径だけでも一メートル以上もある、巨大なエチゼンクラゲ。クラゲの奇妙な姿や形が次々と続き、後半ではミズクラゲの誕生から成長の様子《ようす》が紹介されます。もちろん、オワンクラゲの不思議な生態も登場。小さな子どもでも理解できるやさしいことばで、海の神秘を幻想的に展開した写真絵本です。（野上）

時間の森～屋久島　★★

山下大明《はるお》
そうえん社、２００８年

屋久島は鹿児島県の南方にある、ユネスコの世界自然遺産に登録されている島です。南の島ですが、一八〇〇メートル以上の高い山が峰を連ねていて、冬には

雪が降り、気温がマイナス二〇度まで下がることがあるといいます。年間降水量は、低地で四〇〇〇ミリ、山岳部では一万ミリに達し、この水の恵みで多様な生態系が育《はぐく》まれ、六〇〇種類ともいわれるコケが台地をおおいます。神秘の森の季節の移ろいと、そこに生息する大小様々な生きものたちの姿が、ほとんど場面いっぱいのすばらしい写真で紹介されていて、目をうばわれます。標高一二〇〇メートルの山肌に根を張りめぐ

らした、推定樹齢が七二〇〇年といわれる縄文杉のごつごつと節くれだった木肌には、ヤマグルマやヤマカマドなどが生えています。深い森の中で、霧に包まれてどっしりと立ちつくす縄文杉の姿は、じつに神々《こうごう》しく、大自然の偉大《いだい》さを静かに語りかけているようです。（野上）

日本の川　たまがわ

村松昭・作
偕成社、２００８年

東京都と神奈川県のあいだを流れる多摩川は、奥多摩を源流にして東京湾にそそぎます。この川の全貌《ぜんぼう》を、山の神様と使いの男の子が雲に乗って空の上から探索します。人びとは多摩川の源流を「水《みず》干《ひ》」というところだと言うけど、ほんとうの始まりは山だと神様は言います。山の木に降った雨が、いくつかの沢を流れ、それが集まって小さな川になり、やがて多摩川になるのです。そこに生息する動物や鳥や、山登りしたり畑を耕《たがや》す人びとなども描き込みながら、二〇〇〇メートル級の山から沢をたどり、川となって流れる情景が、じつにこまやかに描写されていきます。川に作られたダムや堰《せき》や橋、まわりには道路や線路や集落が。さらに下っていくと田畑や工場が出現し、にぎやかな町並みが広がり、やがて羽田空港を左手に見て東京湾へ。最初の見返しには多摩川の全体図、後ろには各場面に描きこまれた七〇〇項目以上の索引が紹介され、この本の情報量の多さがわかります。（野上）

やさいのはな　★

斎藤光一・構成／絵
フレーベル館、２００８年

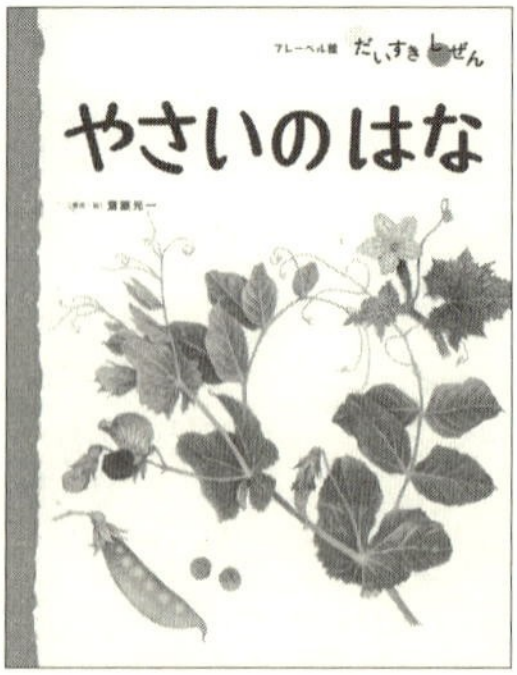

ジャガイモが木になっていると思っていたとか、肉や魚はスーパーのパック詰めの切り身しか見たことがないなどという、笑えない話が飛び交《か》う昨今ですが、食の生産の現場と消費の場がどんどん離れてきているのは、とても不自然なことだと思います。自分が毎日口にするもの

に興味も持たないなんて、どこかおかしいですよね？　たとえばこの『やさいのはな』は、そうしたごく自然な（自然であるべき）興味を、ごく自然に育ててくれる本だと思います。ナスのように実の色を想像させる花もあれば、トマトのように実とはまったく違う色の花もありますし、苦手なニンジンが意外にかわいい花をつけていたり、美しいハスの花の下にレンコンが隠れていたり。めったに咲くことのない竹の花の絵もあります。一度花をつけると、その後、竹林全体が枯死してしまうそう！　人間はいろいろなものを食べて、生かしてもらっているのだなあと実感できます。（三辺）

せかいは　なにで　できてるの？　★

―こたい、えきたい、きたいのはなし

キャスリーン・ウェドナー・ゾイフェルド・作、ポール・マイゼル・絵、ながのたかのり・訳　福音館書店、２００９年

とてもストレートなタイトルですね。大人になると残念ながらほとんどの場合、こんな風に考えなくなってしまいますが、こうしたまっすぐな問いは、いくつになっても忘れたくないものです。読者への最初の問いは「かべを　とおりぬけられる　ひと、みたこと　ありますか？」です。ファンタジーならありそうですけど、もちろん見たことはありません。「ぎゅうにゅうの　くつしたを　はいたことは　ありますか？」。これもないですよね。今あげた例でわかるように、子どもにとってもすぐに思い浮かべられる身近な問いかけが続きますから、固体と液体と気体の違いを自然に理解することができます。だからといって単純かというとそうでもなく、「えきたいは　バニラシェイクのように　どろっとしたのも」ありますと、かなり細かな所まで伝えていく描き方は、とてもうまいです。ここを入口に、科学への関心が広がっていけばいいなあ。（ひこ）

ビジュアル探検図鑑　日本列島　★★★

猪郷久義《いごうひさよし》・著　岩崎書店、２００９年

図鑑は調べるためにあると思っている人が多いですが、読むためにもあります。もちろんそこには、書かれた時点での正しい情報があるのですが、それを必要な時だけ広げるのでは、つまりません。よ

くできた図鑑は、暇《ひま》つぶしに読んでも面白いのです。いま必要な知識ではなく、いつ必要になるかわからない知識を仕入れるのは一見時間の無駄《むだ》なようですが、それこそが人間の豊かさの基礎となります。これ、地質学の図鑑なのですが、過去から現代の地層へと語っていくのではなく、第一章でそれぞれの地方の地層を語ります。だから、自分がいま住んでいる場所の地層を調べるのがすごく簡単《かんたん》。自分の足の下の話から読めるので、興味が増します。そのあと北から南下するのもよし、南から北上するのもよし。引っ越していった友達や、親戚が住んでいるところを読むのもよし。そして第二章から全体的な地層の話を読めます。引き込み方がうまいなあ。もう一冊、世界地理の図鑑もほしいです。（ひこ）

子どもの本の博物館・美術館・図書館

北海道

森ヒロコ・スタシス美術館　〒〇四七-〇〇三四　小樽市緑一-一六-三三　電話0134-22-3772　開館時間一一～一七時　金・土・日曜日、祝日のみ開館

岩手県

宮沢賢治記念館　〒〇二五-〇〇一一　花巻市矢沢一-一-三六　電話0198-31-2319　開館時間八時三〇分～一七時　年中無休（一二月二八日～一月一日はのぞく）

山形県

浜田広介記念館　〒九九二-〇三三四　東置賜郡高畠町大字一本柳二一一〇番地　電話0238-52-3838　開館時間九～一七時（一二～三月は九時三〇分から）　休＝月曜日（祝日の場合は翌日）、祝日の翌日、一二月二八日～一月四日

福島県

絵本美術館　まどのそとのそのまたむこう　〒九七〇-八〇三二　いわき市平中山字矢ノ倉一三一-四　いわき幼稚園　往復はがきに希望日時を書いて申し込む　休＝土・日曜日、幼稚園休園日

栃木県

いわむらかずお絵本の丘美術館　〒三二四-〇六一一　那須郡那珂川町小砂三〇九七　電話0287-92-5514　開館時間一〇～一七時　休＝月曜日（祝日の場合は翌日）、一二月二五～三一日

埼玉県

大東文化大学　ビアトリクス・ポター資料館　〒三五五-〇〇六五　東松山市岩殿五五四　電話0493-35-1267　開館時間九時三〇分～一七時（一二月一日～二月二九日は　六時三〇分まで）　休＝月曜日（祝日の場合は開館）、一二月二九日～一月一日

東京都

赤毛のアン記念館・村岡花子文庫　〒一四三-〇〇二四　大田区中央三-一二-一四　イングルサイドハウス大森一階　電話03-5640-4556　休館中（二〇〇九年九月から閉館予定）

いたばしボローニャ子ども絵本館　〒一七三-〇〇〇一　板橋区本町二四-一　電話03-3967-5261　開館時間一〇～一七時　休＝月曜日（祝日の場合は翌日）、一二月二八日～一月四日

国立国会図書館　国際子ども図書館　〒一一〇-〇〇〇七　台東区上野公園一二-四九　電話03-3827-2053　開館時間九時三〇分～一七時　休＝月曜日、第三水曜日、五月五日をのぞく祝日、年末年始

竹久夢二美術館　〒一一三-〇〇三二　文京区弥生二-四-二　電話03-5689-0462　開館時間一〇～一七時　休＝月曜日（祝日の場合は翌日）

東京子ども図書館　〒一六五-〇〇二三　中野区江原町一-一九-一〇　電話03-3565-7711　開館時間一〇～一七時　休＝火・日曜日

ちひろ美術館・東京　〒一七七-〇〇四二　練馬区下石神井四-七-二　電話03-3995-0612　開館時間一〇～一七時（四月二九日～五月六日、八月一〇日～二〇日は一八時まで）　休＝月曜日（祝日の場合は翌日）、五月四～六日は開館・七日休館、一二月二八日～一月一日、二月一～末日

沼田絵本美術館　〒一五八-〇〇九八　世田谷区上用賀一丁目二五-二〇　電話03-3708-8200　開館時間一一～一七時三〇分　木・金・土・日曜日のみ開館

弥生美術館　〒一一三-〇〇三二　文京区弥生二-四-三　電話03-3812-0012　開館時間一〇～一七時　休＝月曜日（祝日の場合は翌日）

神奈川県

葉祥明美術館　〒二四七-〇〇六二　鎌倉市山ノ内三一八-四　電話0467-24-4860　開館時間一〇～一七時　年中無休

山梨県

絵本の樹美術館　〒四〇九-一五〇一　北杜市大泉町西井出字石堂八二四〇-四五七九　電話0551-38-0918　開館時間一〇～一七時　休＝火・水・木曜日（祝日・八月は開館）、一一月下旬～三月下旬

えほんミュージアム清里　〒四〇七-〇三〇一　北杜市高根町清里三五三四-六〇七九　電話0551-48-2220　開館時間九時三〇分～一七時三〇分　休＝火曜日、一月下旬～二月末

えほん村　〒四〇八-〇〇四一　北杜市小淵沢町上笹尾三三二一-四二六　電話0551-36-3139　開館時間一〇～一七時　休＝水曜日（八月は無休、一～二月は土・日曜・祝日のみ開館）

小淵沢絵本美術館　〒四〇八-〇〇〇〇　北杜市小淵沢町上笹尾三三三一-四四一　電話0551-36-5717　開館時間一〇～一七時（七～九月は九時三〇分～一八時）　休＝水曜日（祝日は開館、七～九月・年末年始は無休）

黒井健　絵本ハウス　〒四〇七-〇三〇一　北杜市高根町清里朝日ヶ丘三五四五-九三七　電話0551-48-3833　開館時間一〇～一七時　休＝火曜日、一二月一日～三月三一日

くんぺい童話館　〒四〇八-〇〇四一　北杜市小淵沢町上笹尾三三三二-九三〇　電話0551-36-4514　開館時間一〇～一七時　休＝火・水曜日（八月は無休）、九月上旬、一一月下旬～三月末

フィリア美術館　〒四〇八-〇〇四一　北杜市小淵沢町上笹尾三四七六-七六　電話0551-36-4221　開館時間九時三〇分～一七時（一二～三月は一〇～一六時）　休＝水曜日（祝日の場合は翌日）、冬季は不規則

森の中の絵本館　〒四〇一-〇五〇二　南都留郡山中湖村平野五四七-二二　電話0555-65-7877　開館時間一〇～一七時　休＝火・水曜日

長野県

安曇野絵本館　〒三九九-八三〇一　安曇野市穂高有明二一八六-一一七　電話0263-83-6173　開館時間四～一〇月は九時三〇分～一七時三〇分、一一～三月は一〇～一七時　休＝

火曜日（祝日の場合は翌日）、一～二月は土・日曜・祝日のみ開館

安曇野ちひろ美術館　〒三九九-八五〇一　北安曇郡松川村西原　電話０２６１-６２-０７７２　開館時間九～一七時（GW・八月は一八時まで）　休＝第二・四水曜日（祝日の場合は翌日）、一二月一日～二月末

イルフ童話館　〒三九四-〇〇二七　岡谷市中央町二-二-一　電話０２６６-２４-３３１９　開館時間九～一八時　休＝木曜日、一二月三一日～一月一日

絵本美術館森のおうち　〒三九九-八三〇一　安曇野市穂高有明二二一五-九　電話０２６３-８３-５６７０　開館時間九時三〇分～一七時（七～九月は一七時三〇分まで）　休＝木曜日（祝日の場合は開館）、GW・八月は無休

軽井沢絵本の森美術館　〒三八九-〇一一一　北佐久郡軽井沢町風越公園一八二　電話０２６７-４８-３３４０　開館時間九時三〇分～一七時（七～九月は一七時三〇分まで）　休＝火曜日、七～九月は無休

黒姫童話館・童話の森ギャラリー　〒三八九-一三〇三　上水内郡信濃町黒姫高原三八〇七　電話０２６-２５５-２２５０　開館時間九～一七時　休＝五・六・九・一〇月の月末日（日曜・祝日の場合は翌日）、一二月一日～四月四日

小さな絵本美術館　岡谷本館　〒三九四-九六七七　岡谷市長地権現四-六-一三　電話０２６６-２８-９８７７　開館時間一〇～一七時　休＝火曜日（祝日の場合は翌日）、一二月下旬～三月上旬

ペイネ美術館　〒三八九-〇一〇〇　北佐久郡軽井沢町塩沢湖二一七　電話０２６７-４６-６１６１　開館時間九～一七時　休＝一一月の火・水・木曜日、一二月二六日～一月一日

斑《まだら》尾《お》高原絵本美術館　〒三八九-二二五七　飯山市斑尾高原一一四九二-二二二四　電話０２６９-６４-２８０７　開館時間九時三〇分～一八時　休＝火曜日（祝日の場合は翌日）、GW・八月は無休

小さな絵本美術館　八ヶ岳館　〒三九一-〇一一五　諏訪郡原村原山　電話０２６６-７５-３４５０　開館時間一〇～一七時　休＝火曜日（祝日の場合は翌日）、一二月下旬～三月上旬

富山県

射水《いみず》市大島絵本館　〒九三九-〇二八三　射水市鳥取五〇　電話０７６６-５２-６７８０　開館時間一〇～一八時　休＝月曜日（祝日の場合は翌日）、一二月二八日～一月四日

静岡県

村上康成美術館　〒四一三-〇二三五　伊東市大室高原五-三八六　電話０５５７-５１-８０２１　開館時間一〇～一六時　休＝火・水曜日

ワイルドスミス絵本美術館　〒四一三-〇二三五　伊東市大室高原九-一〇一　電話０５５７-５１-７３３０　開館時間一〇～一七時　休＝火・水曜日（春・夏休み、祝日は開館）

愛知県

新美南吉記念館　〒四七五-〇九六六　半田市岩滑《やなべ》西町一-一〇-一　電話０５６９-２６-４８８８　休＝月曜・第二火曜日（祝日の場合は翌日）、年末年始

岐阜県

飛騨絵本美術館ポレポレハウス　〒五〇六-〇一〇五　高山市清見町夏厩七一三-二三　電話

0577-67-3347 開館時間一〇〜一七時 年中無休（一二月二六日〜三月一四日は土・日曜・祝日のみ開館）

大阪府

大阪府立国際児童文学館 〒五六五-〇八二六 吹田市千里万博公園一〇-六 電話06-6678-8800 開館時間九時三〇分〜一七時 休＝水曜日、月末日（水曜日の場合はその前日）、一二月二八日〜一月四日

兵庫県

神戸北野美術館 〒六五〇-〇〇〇二 神戸市中央区北野町二-九-六 電話078-251-0581 休＝第三火曜日

島根県

安野光雅美術館 〒六九九-五六〇五 鹿足郡津和野町後田イ六〇-一 電話0856-72-4155 開館時間九〜一七時 年中無休（年末年始、特別展示準備期間はのぞく）

浜田市世界子ども美術館 〒六九七-〇〇一六 浜田市野原町八五九-一 電話0855-23-8451 開館時間九時三〇分〜一七時 休＝月曜日、祝日の翌日、年末年始

子どもの本の専門店

北海道

おとなとこどものプー横町 〒〇八五-〇〇五八 釧路市愛国東四-二-四 電話0154-36-5298 営業時間一〇〜一九時 休＝水曜日

こども富貴堂《ふうきどう》 〒〇七〇-〇〇三七 旭川市七条八丁目 平和通買物公園内 電話0166-25-3169 営業時間一〇〜一八時 休＝年末年始

ちいさなえほんや ひだまり 〒〇〇六-〇八〇三 札幌市手稲区新発寒三条四丁目三-二〇 電話011-695-2120 営業時間一〇〜一九時 休＝金・土・日曜日（祝日は営業）

はろー書店 〒〇六〇-〇〇六三 札幌市中央区南三西一和田ビル三F 電話011-219-2776 営業時間一二〜二〇時（日曜日は一九時まで） 休＝月曜、第二・三日曜日

ぶっくはうす りとるわん 〒〇〇三-〇〇二四 札幌市白石区本郷通六南二-一 電話011-860-1325 営業時間一〇〜一九時 休＝水曜日

ろばのこ 〒〇〇一-〇〇三七 札幌市北区北三七条西六丁目一-一八 電話011-736-6675 営業時間一〇時三〇分〜一八時三〇分 休＝日曜日（祝日は営業）

青森県

絵本専門店 アイウエオの木 〒〇三〇-〇九一八 青森市けやき一-一五-五 電話017-726-2222 営業時間一〇〜一八時 休＝月・火曜日、年末年始

宮城県

絵本と木のおもちゃ 横田や 〒九八一-〇九三一 仙台市青葉区北山一-四-七 電話022-273-3788 営業時間一〇〜一九時 休＝火・水曜日（祝日は営業）、木曜日（サロン

として予約営業）

チャイルドハウス　ねずみくん　〒981-3133　仙台市泉区泉中央1-4-1セルバ4F　電話022-371-2205　営業時間10〜20時　不定休

Book《ブック》 Cafe《カフェ》 火星の庭　〒980-0014　仙台市青葉区本町1-14-30　ラポール錦町1F　電話022-716-5335　営業時間11〜20時（日曜・祝日は19時まで）休＝火・水曜日

こどものほんのみせ　ポラン　〒980-0021　仙台市青葉区中央4-4-4勅使河原ビル1F　電話022-265-1936　営業時間10〜18時　休＝日曜・祝日

eurobus《ユーロバス》　〒980-0821　仙台市青葉区春日町6-18　AXビルディング1F　電話022-266-2557　営業時間11〜20時　休＝月曜日（祝日は営業）

群馬県

絵本と童話　本の家　〒370-0852　高崎市中居町4-31-17　電話027-352-0006　営業時間10〜19時　休＝水曜日

Curio《キュリオ》 Books《ブックス》　〒370-0802　高崎市並榎町193-12　電話027-363-2349　フリーダイヤル0120-840-807　営業時間12〜18時　不定休

千葉県

紀伊國屋書店　流山おおたかの森店　〒270-0121　流山市西初石6-185-2　流山おおたかの森S-C2F　電話04-7156-6111　営業時間10〜21時　不定休

子どもの本の広場　会留府《えるふ》　〒260-0854　千葉市中央区長洲1-10-9　電話043-227-9192　営業時間10時30分〜18時　休＝月・第2日曜日

小さな小さなえほんの館グリム　〒294-0023　館山市神余4561-42　電話0470-28-0477　営業時間10時30分〜17時　休＝火・水曜日

東京都

art《アート》-bookshop《ブックショップ》 &《アンド》 café《カフェ》　〒101-0051　千代田区神田神保町3-19U・I九段下ビル1F　電話03-3230-1811　営業時間10時30分〜18時　休＝日曜・祝日

AMULET《アミュレット》　〒101-0051　千代田区神田神保町1-18-10　三光ビル　電話03-5283-7047　営業時間11〜19時　休＝日曜日（イベント時は営業）

VILLAGE《ビレッジ》 VANGUARD《ヴァンガード》　お茶の水店　〒101-0052　千代田区神田小川町3-14　ILUSAビルB1F　電話03-5281-5535　営業時間10〜23時　無休

絵本の家　〒171-0031　豊島区目白1-7-14　みさとビル1F　電話03-3985-3363　営業時間12〜18時（12月5〜25日の平日は19時まで）無休

絵本の店・星の子　〒145-0061　大田区石川町1-26-8　電話03-3727-8505　営業日・時間＝木・金・土曜日の11〜18時（土曜は17時まで）

えほんや　るすばんばんするかいしゃ　〒166-0003　杉並区高円寺南3-44-18　2F　電話03-5378-2204　営業時間14〜20時くらい　休＝水曜日（古書店）

おばあちゃんの玉手箱　〒180-0004　武蔵野市吉祥寺本町2-31-1山崎ビル1・2F

電話０４２２－２１－０９２１　営業時間一〇～一九時　休＝年末年始

オリオン書房ノルテ店　〒一九〇－〇〇一二　立川市曙町二－四二－四三パークアベニュー三F　電話０４２－５２２－１２３１　営業時間一〇～二一時　不定休

貝の小鳥　〒一六一－〇〇三三　新宿区下落合三－一八－一〇　電話０３－５９９６－１１９３　営業時間一一～一八時　休＝火曜日

KIDS' BOOKS《キッズブックス》　〒一五〇－〇〇一一　渋谷区東二－二〇－一三シャトレー渋谷四〇一　電話０３－３４９８－５２６０　営業時間一〇～一八時　休＝土・日曜・祝日（来店時要予約、最終予約時間一七時）

紀伊國屋書店　新宿南店　〒一五一－〇〇五一　渋谷区千駄ヶ谷五－二四－二タカシマヤタイムズスクエア　電話０３－５３６１－３３０１　営業時間一〇～二〇時（土曜は二〇時三〇分まで）　不定休

クレヨンハウス　東京店　〒一〇七－〇〇六一　港区北青山三－八－一五　電話０３－３４０６－６４９２　営業時間一一～一九時　無休

古書　興居島屋《ごごしまや》　〒一六七－〇〇四二　杉並区西荻北三－三一－六　電話０３－３３９６－３３５０　営業時間一二～二四時　休＝年末年始

古書　上々堂《しゃんしゃんどう》　〒一八一－〇〇一三　三鷹市下連雀四－一七－五　ウェザーコック三鷹一〇一　電話０４２２－４６－２３９３　営業時間一二～二三時（日・月曜は二一時まで）　休＝年末年始

古書　夢の絵本堂　〒一八三－〇〇五五　府中市府中町二－二〇－一三マルゼンビル一〇五　電話０４２－３５８－０３３３　営業時間一一～一八時　休＝水曜日

こどもと本の家　たんぽぽ館　〒一二五－〇〇六二　葛飾区青戸一－一九－五　電話０３－３６９３－７５７７　営業時間一一～一八時（日曜・祝日は一七時まで）　休＝水曜日

子どもの時間がある本屋　りとる　〒一八一－〇〇一二　三鷹市上連雀一－一－五　電話０４２２－３６－４７７１　営業時間一一～一九時（日曜・祝日は一八時まで）　休＝水曜日、旧盆・正月

子どもの本の古本屋　みわ書房　〒一〇一－〇〇五一　千代田区神田神保町二－三神田古書センター五F　電話０３－３２６１－２３４８　営業時間一〇～一八時三〇分（日曜・祝日は一一～一七時三〇分）　休＝第一・三日曜日（四・五月は第三日曜のみ、八月は毎日曜）

教文館　子どもの本のみせナルニア国　〒一〇四－〇〇六一　中央区銀座四－五－一　電話０３－３５６３－０７３０　営業時間一〇～二〇時　無休

子どもの本や　〒一六六－〇〇〇四　杉並区阿佐谷南一－四七－七　電話０３－３３１４－３４５５　営業時間一一～一八時　休＝日曜・祝日

茶房　高円寺書林　〒一六六－〇〇〇二　杉並区高円寺北三－三四－二　電話０３－６７６８－２４１２　営業時間一一時三〇分～二二時　休＝年末年始

ジュンク堂書店池袋本店　児童書売場　〒一七一－〇〇二二　豊島区南池袋二－一五－五　電話０３－５９５６－６１１１　営業時間一〇～二二時　休＝元日

Strovski《ストロフスキイ》　〒一五八－〇〇八六　世田谷区尾山台三－二二－五　電話０３－３７０４－１１５５　営業時間一一～二〇時　休＝水曜日

ちえの木の実　〒一五〇-〇〇〇二　渋谷区渋谷二-二二-八　電話03-5468-0621　営業時間一一～一九時　休＝火曜日

TSUTAYA TOKYO ROPPONGI　〒一〇六-〇〇三二　港区六本木六-一一-一　六本木ヒルズ六本木けやき坂通り　電話03-5775-1515　営業時間七～二八時　無休

TEAL《ティール》 GREEN《グリーン》 in《イン》 Seed《シード》 Village《ヴィレッジ》　〒一四六-〇〇八三　大田区千鳥二-三〇-一　電話03-5482-7871　営業時間一〇～一八時　休＝日・月曜日

トムズボックス　〒一八〇-〇〇〇四　武蔵野市吉祥寺本町二-一四-七　LIVES内一F奥　電話0422-23-0868　営業時間一一～二〇時　休＝木曜日

にわとり文庫　〒一六七-〇〇五三　杉並区西荻南三-一七-五　電話03-3247-3054　営業時間一二～二二時　休＝火曜日

B/RABBITS《ビー ラビッツ》　〒一八一-〇〇〇一　三鷹市井の頭一-三一-一九　電話0422-76-2501　営業時間一一～一九時　休＝日曜日（祝日は営業）

Book《ブック》 &《アンド》 Cafe《カフェ》 Ehon《エホン》 House《ハウス》（絵本の家）　〒一七一-〇〇三一　豊島区目白一-七-一四みさとビル一F　電話03-3985-3363　営業時間一二～一八時　休＝年末年始

ブックギャラリー　ポポタム　〒一七一-〇〇二一　豊島区西池袋二-一五-一七　電話03-5952-0114　営業時間一二時～不定時　休＝月曜日、不定休有り

ブックハウス神保町　〒一〇一-〇〇五一　千代田区神田神保町二-五　北沢ビル一F　電話03-3261-5691　営業時間一一～一八時三〇分　休＝水曜日（祝日の場合は翌日）

プーの森　〒一八一-〇〇一三　三鷹市下連雀三-三〇-一二-一〇四　電話050-3405-8657　営業時間一〇～一九時（日曜・祝日は一二時から）　休＝月曜日、年末年始、GW、盆

古本遊戯《ふるほんゆうぎ》 流浪堂《るろうどう》　〒一五二-〇〇〇四　目黒区鷹番三-六-九-一〇三　電話03-3792-3082　営業時間一二～二四時（日曜・祝日は一一～二三時）　無休

press《プレス》 six《シックス》　〒一五二-〇〇三五　目黒区自由が丘二-八-一三　電話03-3723-7767　営業時間一一～二〇時　無休

丸善　丸の内本店　〒一〇〇-八二〇三　千代田区丸の内一-六-四丸の内オアゾ一～四F　電話03-5288-8881　営業時間九～二一時　不定休

Utrecht《ユトレヒト》　〒一五三-〇〇五一　目黒区上目黒一-五-一〇中目黒マンション四〇七　電話03-5856-5800　営業時間一四～二〇時（来店時要予約）　休＝日・月曜日

リブロ 池袋本店　〒一七一-八五六九　豊島区南池袋一-二八-一　池袋西武書籍館・イルムス館　電話03-5949-2945　営業時間一〇～二二時　休＝元日

Rainy《レイニー》 Day《デイ》 Bookstore《ブックストア》 &《アンド》 Café《カフェ》　〒一〇六-〇〇三一　港区西麻布二-二一-二八　B一F　電話03-5485-2134　営業時間一一時三〇分～二三時（土曜は一八時まで）　休＝日曜・祝日、土曜不定休

Los《ロス》 PAPELOTES《パペロテス》　〒一五一-〇〇六六　渋谷区西原三-四-二　紅谷ビルG一〇二　電話03-3467-9544　営業時間一二～二四時　無休

神奈川県

SONG《ソング》 BOOK《ブック》 Café《カフェ》　〒二四八-〇〇一五　鎌倉市笹目町六-六　電話０４６７-２５-０３５９　営業時間一一～一七時　休＝火・水曜日

長谷川書店 ネスパ北口駅前店　〒二五三-〇〇四三　茅ヶ崎市元町一-一　電話０４６７-８８-０００８　営業時間九時三〇分～二一時　無休

有隣堂本店　〒二三一-八六二三　横浜市中区伊勢佐木町一-四-一　電話０４５-２６１-１２３１　営業時間一〇～二〇時　休＝一月一・二日

長野県

ちいさいおうち書店　〒三九〇-〇八七七　松本市沢村三-四-四一　電話０２６３-３６-５０５３　営業時間一〇～一九時（日曜・祝日は一八時まで）　不定休

コマ書店　〒三九六-〇〇二一　伊那市ますみヶ丘三五一-七　電話０２６５-７８-４０３０　営業時間九～一八時　休＝土曜日、年末年始

石川県

チルクリ　〒九二一-八〇三四　金沢市泉野町五-三-三　電話０７６-２４７-４４７３　営業時間一〇～一八時　休＝日曜・祝日

福井県

じっぷじっぷ本店　〒九一〇-〇〇一七　福井市文京二-八-一一　電話０７７６-２５-０５１６　営業時間一〇～二一時（日曜は一三～一九時）　休＝第三日曜日、祝日

静岡県

子どもの本とおもちゃ 百町森《ひゃくちょうもり》　〒四二〇-〇八三九　静岡市葵区鷹匠一-一四-一二ウインドリッヂ鷹匠一F　電話０５４-２５１-８７００　営業時間一〇～一八時　休＝月・火曜日

子どもの本専門店 ピッポ　〒四二四-〇八八六　静岡市清水区草薙一-六-三　電話０５４-３４５-５４６０　営業時間九～一九時　不定休

さかえ書房　〒四一七-〇〇〇一　富士市今泉三-一四-三　電話０５４５-５２-４８１２　営業時間一〇～一八時三〇分　休＝年末年始、不定休有り

岐阜県

おおきな木　〒五〇〇-八〇四三　岐阜市伊奈波通り三-一一　電話０５８-２６４-２３９３　営業時間一〇～一九時　休＝火曜日

Book《ブック》 Gallery《ギャラリー》 トムの庭　〒五〇七-〇〇一五　多治見市住吉町二-二七-一　二F　電話０５７２-２３-５４０２　営業時間一〇～一八時　休＝月・火曜日

愛知県

えほんのエトワール　〒四六四-〇八一九　名古屋市千種区四谷通二-一三　ルーツストーンファーストビル一F　電話０５２-７８１-７０８８　営業時間一一～一八時　休＝日・月曜日

えほんのみせ リトルベア　〒四五八-〇〇四五　名古屋市緑区鹿山二-二七　電話０５２-８９９-１２８２　営業時間一〇～一八時三〇分　休＝木曜日

krabbe《クラッベ》　〒四六八-〇〇二一　名古屋市天白区焼山一-四〇六　電話０５２-８００-６１１５　営業時間一〇～一七時三〇分　休＝火・水曜日

cesta《ツェスタ》　〒四六四-〇八二一　名古屋市千種区

末盛通一-一七 覚王プラザ一F 電話052-752-1109 営業時間一一~二〇時 休=火曜日

メルヘンハウス 〒四六四-〇八五〇 名古屋市千種区今池二-三-一四 電話052-733-6481 営業時間一〇~一九時 休=水曜日

夢文庫ピコット 〒四六八-〇〇一五 名古屋市天白区原一-一六一六 電話052-803-1020 営業時間一〇~一九時（金曜は二一時まで） 休=水曜日

三重県

メリーゴーランド 〒五一〇-〇八三六 四日市市松本三-九-六 電話059-351-8226 営業時間一〇~一九時 休=火曜日

滋賀県

カーサ・ルージュ（赤い隠れ家） 〒五二〇-一八一二 高島市マキノ町西浜九五三-一七 電話0740-28-8035 営業時間一〇~一八時 休=水・木曜日（祝日の場合は営業）、年末年始

ころぽっくるの家 絵本部 〒五二〇-〇〇四七 大津市浜大津四-一-一明日都浜大津三F 電話077-527-8754 営業時間一〇~一七時 休=月・第四日曜日、年末年始、不定休有り

絵本倶楽部《くらぶ》 〒五二〇-二三五三 野洲市久野部一九五-一 電話077-586-5485 営業時間一〇~一九時 休=火曜日、盆、年末年始

京都府

Vesna!《ヴェスナ》 〒六〇三-八三四一 京都市北区小松原北町一一九 電話075-463-3566 営業時間一二~一九時 不定休

えほん館 〒六一五-八二一二 京都市西京区上桂北ノ口町一八三 電話075-383-4811 営業時間一〇~一八時 休=月・火曜日

キッズいわき ぱふ 宇治店 〒六一一-〇〇二一 宇治市宇治妙楽三一 電話0774-24-4321 営業時間一〇~一八時 休=月曜日、年末年始

恵文社一乗寺店 〒六〇六-八一八四 京都市左京区一乗寺払殿町一〇 電話075-711-5919 営業時間一〇~二二時 休=年末年始

Books & Café WONDERLAND《ブックスアンドカフェワンダーランド》 〒六一七-〇〇〇二 向日市寺戸町久々相八-二 電話075-931-4031 営業時間七~二〇時（祝日は一〇~一七時） 休=日曜日

メリーゴーランド京都 〒六〇〇-八〇一八 京都市下京区河原町四条下ル市之町二五一-二寿ビル五F 電話075-352-5408 営業時間一〇~一九時 休=木曜日

奈良県

新風堂書店 〒六三一-〇八〇五 奈良市右京三-一-二 電話0742-71-4646 営業時間一〇~二〇時（日曜・祝日は一九時まで） 休=水曜日

大阪府

ANGERS ravissant《アンジェラヴィサント》 〒五三〇-〇〇〇一 大阪市北区梅田二-二-二ハービスエント三F 電話06-6456-3322 営業時間一一~二〇時 不定休

絵本と珈琲 ペンネンネネム green 〒五三一-〇〇七二 大阪市北区豊崎三-六-四上野ビル三F 電話06-6375-7838 営業時間一一時三〇分~二二時三〇分 無休

Calo《カロ》 Bookshop《ブックショップ》 &《アンド》 Cafe《カフェ》 〒五五〇‐〇〇〇二 大阪市西区江戸堀一‐八‐二四若狭ビル五F 電話06‐6447‐4777 営業時間一二～二〇時（土曜は一八時まで） 休＝日・月曜日（祝日の月曜は営業）

クレヨンハウス 大阪店 〒六六四‐〇〇六二 吹田市垂水町三‐三四‐二四 電話06‐6330‐8071 営業時間一一～一九時 無休

STABDERD《スタンダード》 BOOKSTORE《ブックストア》 〒五四二‐〇〇八六 大阪市中央区西心斎橋二‐二‐一二 クリスタグランドビル一・B一F 電話06‐6484‐2239 営業時間一一～二二時三〇分（日曜・祝日は二二時まで） 無休

3Feet《スリーフィート》 High《ハイ》 〒五五〇‐〇〇一五 大阪市西区南堀江一‐一四‐二 電話06‐4390‐8015 営業時間一二～二〇時 不定休

nico《ニコ》+ 〒五四二‐〇〇八八 大阪市中央区瓦屋町一‐二‐一 電話06‐6761‐6323 営業時間一二～一九時 休＝火・第一日曜日

MOE《モエ》 絵本スタジオ あべの店 〒五四五‐〇〇五二 大阪市阿倍野区阿倍野筋一‐五‐一 あべのルシアス二F喜久屋書店あべの店内 電話06‐6634‐8606 営業時間一〇～二一時 休＝第三木曜日

MOE《モエ》 Garden《ガーデン》 なんば店 〒五四二‐〇〇七四 大阪市中央区千日前一丁目虹のまち五‐四 電話06‐6213‐8508 営業時間一〇～二二時 不定休

兵庫県

CEDOK《チェドック》 zakka《ザッカ》 store《ストア》 〒六五〇‐〇〇二三 神戸市中央区栄町通一‐一‐一二F 電話078‐393‐3822 営業時間一三～二〇時 休＝木曜日

Fabulous《ファビュラス》 OLD《オールド》 BOOK《ブック》 〒六五〇‐〇〇一一 神戸市中央区下山手四‐一‐一九 西阪ビル四F 電話078‐327‐7883 営業時間一三～二〇時 不定休（主に水曜日）

ひつじ書房 〒六五八‐〇〇七二 神戸市東灘区岡本一‐二‐三 電話078‐441‐6869 営業時間一〇時頃～一九時 休＝木曜日

vivo,《ビボ》 va《バ》 bookstore《ブックストア》 〒六五〇‐〇〇二三 神戸市中央区栄町通三‐一‐一七 ESGビル四F 電話078‐334‐7225 営業時間一一時三〇分～二〇時 不定休

鳥取県

えほんや とこちゃん 〒六八三‐〇〇六七 米子市東町四一〇 電話0859‐34‐2016 営業時間一〇時三〇分～一八時 休＝月・火・水曜日

春秋書店 〒六八二‐〇七二一 東伯郡湯梨浜町田後五九五‐八 電話0858‐35‐2620 営業時間一〇～一八時 休＝祝日、年末年始

島根県

松江今井書店 出雲店 〒六九三‐〇〇六六 出雲市高岡町一二三七‐一 電話0853‐22‐8181 営業時間一〇～二四時 無休

岡山県

くんぺる 〒七〇〇‐〇九七五 岡山市今六‐四‐九 電話086‐246‐2227 営業時間一〇～一九時 休＝月曜日、年末年始ほか

宮脇書店 総社店 〒七一九‐一一二五 総社市井手一〇四九‐一 電話0866‐92‐9229 営業時間一〇～二二時 無休

広島県

えほんてなブル 〒七三〇‐〇八四五 広島市中区舟入川口町八‐七 電話082‐295‐

2189　営業時間一一～一八時　休＝月・火・水曜日

山口県

子どもの本の専門店 こどもの広場　〒七五〇-〇〇〇一　下関市幸町七-一三　電話083-232-7956　営業時間九時三〇分～一九時　休＝月曜日

香川県・愛媛県

ウーフ　〒七六三-〇〇八一　香川県丸亀市土器町西五-八八　電話0877-24-4667　営業時間一〇時三〇分～一八時三〇分　休＝月曜日

ウォルナットグローブ　〒七九四-〇八〇三　愛媛県今治市東村一-一四-二ワールドプラザ二F　電話0898-33-1005　営業時間一〇～二〇時無休

高知県

金高堂書店　〒七八〇-〇八四一　高知市帯屋町一-一三-一四　電話088-822-0161　営業時間九時三〇分～二〇時　休＝元日

コッコ・サン　〒七八〇-〇九一一　高知市新屋敷二-一三-一三　電話088-825-1546　営業時間一〇～一八時（日曜・祝日は一一時から）休＝年末年始

ファミーユ　〒七八〇-〇八六二　高知市鷹匠町一-三-一〇　電話088-873-5818　営業時間一〇～一八時三〇分　休＝水曜日

福岡県

絵本の店 あっぷっぷ　〒八一八-〇一二四　太宰府市大佐野一-六-三〇　電話092-919-6300　営業時間一〇～一八時　休＝火曜日

からすのほんや　〒八二〇-〇七〇一　飯塚市長尾一四二六　電話0948-72-5001　営業時間一〇～一八時（金曜は一九時まで）　休＝火・水・木曜日

子どもの本専門店 エルマー　〒八一六-〇八〇一　春日市春日原東町三-一六-五　電話092-582-8639　営業時間一〇～一九時　休＝第二火曜日

瓢鰻亭《ひょうまんてい》 ひまわりこども　〒八二四-〇一二一　京都《みやこ》郡みやこ町豊津三二六-一　電話0930-33-8080　営業時間一〇時～日没　休＝水曜日

宮崎県

森のほんやさん　〒八八四-〇〇〇四　児湯郡木城町石河内四七五木城えほんの郷内　電話0983-39-1141　営業時間一〇～一七時　休＝月曜日（祝日の場合は翌日）

熊本県

子どもの本の店 竹とんぼ　〒八六一-二四〇二　阿蘇郡西原村小森一八四七-三　電話096-279-2728　営業時間九時三〇分～一八時　休＝年末年始

長崎県

祈りの丘 絵本美術館・童話館　〒八五〇-〇九三一　長崎市南山手町二-一〇　電話095-828-0716　営業時間一〇～一七時三〇分　休＝月曜日（祝日の場合は翌日）、展示入れ替え日、年末年始

メトロ書店本店　〒八五〇-〇〇五八　長崎市尾上町一-一アミュプラザ長崎三F　電話095-821-5400　営業時間一〇～二一時　無休

沖縄県

絵本と木のおもちゃの店 トムテ　〒九〇三-〇一二五　中頭郡西原町上原一-一六-六　電話098-946-6066　営業時間一〇～一九時　休＝日曜日

ら行

わ行

ま行

や行

な行

は行

さ行

た行

か行

書名索引

あ行

子どもの本ハンドブック

2009年6月20日　第1刷発行

編　者―野上 暁（のがみ・あきら）

ひこ・田中（ひこ・たなか）

発行者―株式会社 三省堂 代表者―八幡統厚

発行所―株式会社 三省堂

〒101-8371 東京都千代田区三崎町2-22-14

電話 編集（03）3230-9411　営業（03）3230-9412

振替口座　00160-5-54300

http://www.sanseido.co.jp/

印刷所―三省堂印刷株式会社

装　幀―菊地信義

落丁本・乱丁本はお取替えいたします

Printed in Japan

〈子どもの本ハンド・328pp.〉

ISBN978-4-385-41061-6